ELIZABETH GUMMESSON

# Sprich's aus!

## Frauen, die sagen, was sie wollen, kommen weiter

Aus dem Schwedischen von Kerstin Schöps

BELTZ

Dieses Buch ist auch als E-Book erhältlich:
ISBN 978-3-407-22338-8



www.beltz.de

Titel der schwedischen Originalausgabe:
TALA ÄR GULD. Så kommunicerar du framgångsrikt i alla dina relationer

Umschlaggestaltung: www.anjagrimmgestaltung.de,
Stephan Engelke (Beratung)
Umschlagabbildung: © Elizabeth Gummesson. Foto: Elisabeth Ohlson Wallin
Satz: Lelia Rehm
Druck und Bindung: Beltz Bad Langensalza GmbH, Bad Langensalza
Printed in Germany

ISBN 978-3-407-85974-7
1 2 3 4 5 18 17 16 15 14

# Inhalt

Einleitung 7

## Das A und O der Kommunikation

1. Was ist Kommunikation? 10
2. Nonverbale Kommunikation 12
3. Aktives Zuhören 25
4. Rückmeldung 31
5. Offene und geschlossene Gespräche 36
6. Angst oder Liebe 43
7. Giftpfeile 50
8. Entschuldigungen 58
9. Ungebetene Ratschläge 66
10. Erwartungen 71
11. Nein sagen, Ja sagen 87
12. Heikle Themen 99
13. Sprich's aus! 107

## Kommunikation am Arbeitsplatz

14. Offene und verborgene Kommunikation 112
15. Die lieben Kollegen 118
16. Feedback 134
17. Umgang mit Konflikten 147
18. Ansprachen und Präsentationen 158
19. Fair führen 162

## Kommunikation mit dem Partner

20. Ach, die Liebe 174
21. Keine Konkurrenz 190

22. Schöner streiten 198
23. Nach dem Ende der Liebe 206

**Kommunikation mit Kindern**
24. Kleine Menschen – große Gefühle 212
25. Statt Schimpfen 223
26. Nein heißt Nein 226
27. Mobbing, Scheidung, Tod 242

**Kommunikation mit Freunden und Verwandten**
28. Energiefresser 260
29. Familienbande – Nähe und Distanz 268
30. Klare Worte gegenüber Freunden 273
31. Die Kunst des Tröstens 280

**Kommunikation mit dir selbst**
32. Deine Werte 288
33. Deine Gefühle und Bedürfnisse 293
34. Dein innerer Dialog 309

**Literatur** 317

**Dank** 319

# Einleitung

Untersuchungen haben ergeben, dass die Kommunikation, der am wenigsten Aufmerksamkeit geschenkt wird, in Ehen stattfindet, die acht Jahre oder länger bestehen. Auf dem zweiten Platz befinden sich Sicherheitsdemonstrationen in Flugzeugen.

Dieses Buch ist der zwischenmenschlichen Kommunikation gewidmet – mit deinem Partner, deinen Kindern und Freunden, deiner Familie, deinem Chef, deinen Kollegen – und mit dir selbst. Deine innere Kommunikation bestimmt nämlich, wie deine Beziehungen aussehen. Sobald du anders mit dir selbst umgehst, wirkt sich das auf deine Kommunikation mit anderen aus.

Du entscheidest darüber, ob sich deine Beziehungen entwickeln, tiefer, enger und interessanter werden – oder ob sie stetig vor sich hin plätschern. Wie wünschst du dir deine Beziehungen? Hast du es den Menschen, die dir etwas bedeuten, jemals gesagt?

Dieses Buch dreht sich nicht um Emanzipation und Geschlechterunterschiede, sondern soll dir ein Leitfaden sein, mit dir selbst und anderen in Kontakt zu treten. Sei die Frau, die in dir steckt. Finde heraus, welche Bedürfnisse dein Wesen bestimmen. Und dann: Sprich's aus! Fass deine Wünsche in Worte.

Ich biete dir kein Set für eine Schnellreparatur kommunikativer Probleme. Schnelle Lösungen beruhigen zwar fürs Erste, halten aber meist nicht lange. Mein Ziel ist es, dich zu Formen der Kommunikation zu führen, die Bestand haben, am besten für immer. Sobald dein Innerstes in deinen Worten aufscheint, wirst du eine strahlende Partnerin, Freundin, Mutter, Tochter,

Kollegin und/oder Chefin sein. Du kannst jeden Morgen mit dem Gefühl aufwachen, eine Siegerin zu sein, und ihn damit verbringen, dein persönliches Glück und deine innere Größe zu verwirklichen. Alles beginnt mit dem inneren Dialog.

**Vielleicht besorgst du dir ein Notizheft, bevor du anfängst zu lesen. So kannst du deine Gedanken, Erinnerungen und Entschlüsse festhalten. Nach und nach wächst dein Überblick darüber, wie du funktionierst und kommunizierst und was du verbessern und verändern kannst.**

Auf mein Handgelenk habe ich mir eine Zeile aus einem Gedicht von Marianne Williamson verewigen lassen, das Nelson Mandela bei seiner Antrittsrede vorlas. Nach 27 Jahren Haft hatte er gerade das Gefängnis verlassen und war Präsident von Südafrika geworden:

*It's not just in some of us, it's in everyone.*

Und jetzt geht es los!

Elizabeth Kuylenstierna (geb. Gummesson)
Stockholm, Januar 2014

# Das A und O der Kommunikation

# 1. Was ist Kommunikation?

Das Wort Kommunikation bedeutet das Übermitteln einer Botschaft. Es stammt aus dem Lateinischen, vom Verb *communicare*, was den gegenseitigen Austausch von Informationen bedeutet. Wir tauschen unsere Worte, Gedanken, Erfahrungen und Gefühle, Erinnerungen, Werte, Ratschläge, Informationen und Fakten, Ansichten und Standpunkte aus. Einer sendet, der andere empfängt, das heißt, einer formuliert eine Botschaft und der andere empfängt sie. Oder mehrere senden und empfangen.

## Jeden Tag den ganzen Tag

Kommunikation ist überall. Wenn wir unseren ersten Job antreten, wenn wir von unseren Fehlern und Defiziten erzählen, wenn wir Entschuldigungen aussprechen oder erbitten. Kommunikation findet statt, wenn wir lesen, rechnen und schreiben lernen, wenn wir »Los« oder »Stopp« sagen, wenn wir verhandeln, feilschen, schachern, ein Haus oder ein Auto kaufen, einen Tisch reservieren, telefonieren, im Meeting, beim Bewerbungsgespräch, wenn wir Fragen stellen oder beantworten. Kommunikation führt dazu, dass wir uns Sachen ausdenken, spielen und uns sagen, dass wir einander lieben.

Kommunikation findet jeden Tag den ganzen Tag statt. In allen Ländern, Kulturen und Volksgruppen, in allen gesellschaftlichen Schichten, zwischen den verschiedenen Geschlechtern, Altersstufen und Hautfarben.

Durch Kommunikation erzeugen wir Kontakt. Leider aber auch Distanz.

Überleg einen Augenblick, welche Kommunikation du täglich in dir aufnimmst, wenn du siehst, hörst, fühlst oder mit anderen Sinnen wahrnimmst. Dem Wecker am frühen Morgen folgen Werbung, Informationstafeln, Mails, SMS, Meetings, Gespräche, Reklame, Fernsehen, Bücher, noch mehr Unterhaltung und eine permanente Geräuschkulisse, bis du abends ins Bett gehst. Tausende und abertausende Botschaften werden in dein System eingespeist – ein Teil davon kann »ausgesiebt« werden, der andere Teil bleibt hängen.

# 2. Nonverbale Kommunikation

Wir schreiben das Jahr 1960: John F. Kennedy gegen Richard Nixon. In den USA finden Präsidentschaftswahlen statt. Vor dem Fernseher sitzen die neugierigen Wähler auf ihren Sofas. Kennedy trägt sein Anliegen mit ruhigen sachlichen Worten vor, er ist elegant gekleidet und sehr telegen. Nixon hingegen wirkt verschwitzt, unrasiert und blass, er ist ungeschminkt und trägt einen schlecht sitzenden Anzug. Es heißt, dass Kennedys Körpersprache in diesem wichtigen Fernsehduell entscheidend für seinen Wahlsieg gewesen sei. Nach dieser Sendung wuchs allgemein das Interesse an medialer Erscheinung, Präsentationstechniken und Körpersprache. In den vergangenen fünfzig Jahren wurde eine große Anzahl von Kursen, Seminaren, Büchern und Ausbildungen entwickelt, um unsere Körpersprache besser verstehen und einsetzen und sowie die Zeichen unserer Umgebung besser deuten zu können.

Viele Botschaften erreichen uns gar nicht in Form gesprochener Worte. Eine hochgezogene Augenbraue, eine gerümpfte Nase, verschränkte Arme oder zusammengepresste Lippen signalisieren eine distanzierte Haltung, Angst, Furcht und Entrüstung. Ausgebreitete Arme, ein zur Seite gelegter Kopf, ein lachender Mund oder eine ausgestreckte Hand deuten hingegen auf Wärme, Herzlichkeit, Kontaktbereitschaft und Freundlichkeit hin. Berücksichtigt man, wie viele Signale unser Körper ganz unbewusst aussendet, ist es umso bedeutsamer, dass unsere Worte mit unserer Körpersprache übereinstimmen. Denn nur dann kann der Empfänger unserer Botschaft auch vertrauen.

**Wenn du zum Beispiel sagst:**
*Quatsch, ich bin doch nicht sauer!*
Aber gleichzeitig dein Kinn nach vorne schiebst, deine Worte fauchst und wütend dreinblickst, geht das auf Kosten der Glaubwürdigkeit deiner Aussage, weil du einfach sauer aussiehst. In diesem Moment übernimmt der visuelle Ausdruck das Steuer oder eben (wenn du telefonierst) dein Tonfall.

**Wenn du zum Beispiel sagst:**
*Das macht doch nichts, ich bin auch gerade erst gekommen.*
Aber dabei unbeteiligt klingst und nur so tust, als wäre es dir total egal, und dabei unnatürlich lachst, dann merkt dein Gegenüber sofort, dass du in Wirklichkeit enttäuscht bist, dass er schon wieder zu spät gekommen ist und du wieder auf ihn warten musstest.

Unsere Worte müssen mit unserer Körpersprache übereinstimmen, sonst erhält der Empfänger eine doppelte Botschaft. Du merkst, wie verwirrend das ist, wenn du einmal Ja sagst und dabei den Kopf schüttelst oder Nein sagst und dabei nickst.

## Worte zählen nur sieben Prozent

Die amerikanischen Kommunikationsforscher Albert Mehrabian und Ray L. Birdwhistell haben in zwei unabhängigen Untersuchungen festgestellt, dass die Wirkung einer Botschaft zu 55 Prozent durch die Körperhaltung und Darstellung und zu 38 Prozent durch Mimik, Stimmlage und Augenkontakt vermittelt wird, was insgesamt 93 Prozent unserer Kommunikation entspricht, während das gesprochene Wort lediglich 7 Prozent ausmacht.

## Verräterische Gesten

Unsere Hände verraten, in welchem Gemütszustand wir uns gerade befinden. Wenn wir zum Beispiel nervös sind, werden unsere Hände unruhig. Nervöse Redner oder Vortragende beginnen manchmal über die Bühne zu laufen oder den Blick zu Boden zu senken, weil sie es nicht aushalten, ununterbrochen ins Publikum zu schauen. Auch das Rascheln mit dem Skript gehört zu solchen Übersprungshandlungen, ist aber leider auch sehr störend für die Zuhörer. Denn unglücklicherweise überträgt sich die Nervosität des Redners auf sein Publikum.

## Individuelle Körpersprache

Deine Körpersprache ist etwas sehr Persönliches. Deine Umwelt, die Familie, in der du aufgewachsen bist, und andere Menschen in deiner Umgebung haben sie beeinflusst. Meistens bist du dir deiner Körpersprache gar nicht bewusst, bevor du dich selbst in einer Filmaufnahme siehst oder dich jemand auf deine Bewegungen aufmerksam macht.

Es gibt Menschen, die sehr lebhafte Bewegungen machen und wie wild mit den Händen gestikulieren. Andere wiederum verfügen über eine sehr vielseitige Mimik und können mit ihrem Gesichtsausdruck die eigenen Worte und Gedanken unterstreichen. Wiederum andere sind zurückhaltender und verhaltener, vergraben ihre Hände in den Hosentaschen oder lassen ihre Arme reglos neben ihrem Körper hängen. Auch ihre Mimik ist unter Umständen steifer und verschlossener. Einige haben einen Buckel oder sitzen zusammengesunken, andere dagegen haben eine aufrechte Haltung und bewegen sich graziös und beherrscht.

Ich habe schon Vorträge gehalten und dabei in die Gesichter von Zuhörern geblickt, die alle dieselbe Reaktion auf meine Worte zeigten. Nämlich gar keine. Ich hatte das Gefühl, total versagt zu haben, und fragte mich, was ich falsch gemacht hatte. Da kam einer der Zuhörer auf mich zu und sagte: »Vielen Dank, das war der lustigste Vortrag, den ich seit langem gehört habe!« Ich muss ausgesehen habe wie ein personifiziertes Fragezeichen und ertappte mich bei der Frage, wie diese Leute wohl aussahen, wenn sie sich nicht amüsieren …

Unser Äußeres verrät also keineswegs immer, was wir fühlen, denken und in unserem Inneren erleben.

Einige von uns brauchen ihren persönlichen Raum und wollen anderen Menschen nicht zu nahe kommen, während andere ihren Mitmenschen sehr nahe sind. Die intime Sphäre des persönlichen Raumes bilden der Körper und alles in einem Radius von etwa 50 Zentimetern. Diesen Kreis dürfen unsere Kinder, Liebespartner und Eltern betreten, vielleicht auch besonders nahestehende Freunde. Tritt jemand anderes hinein, kommt es oft zu einer physischen Reaktion: Unser Herz schlägt schneller, wir schieben den Brustkorb vor und drücken die Schultern nach hinten, heben den Kopf, das Blut wird schneller durch die Adern gepumpt, während das Adrenalinniveau steigt, weil sich der Körper darauf vorbereitet, zu fliehen oder zu bleiben, um zu kämpfen.

Ich habe zwei Freundinnen, die diesen kritischen Radius von 50 Zentimetern regelmäßig übertreten. Manchmal fühle ich mich davon ein bisschen in die Enge getrieben, aber ich lasse sie gewähren, weil sie eben sind, wie sie sind, und das ist in Ordnung so. Auf einer Party begegnete ich einer Frau, die sich unbedingt mit mir unterhalten wollte und mir überallhin folgte, dabei kam sie mir viel zu nahe. Ich wich immer wieder nach hinten aus, aber sie kam hinterher. Schließlich sagte ich ihr: *Jetzt bist du mir zu nahe. Wenn wir uns unterhalten wollen, musst du ein Stück zurückgehen, sonst ist das für mich nicht angenehm.*

Erstaunt sah sie mich an, dann wich sie zurück und bedankte sich, dass ich so offen zu ihr war.

Es gibt Menschen, denen Berührungen von anderen unangenehm sind, während andere ihre Mitmenschen gerne berühren und auch selbst gerne berührt werden. Menschen, die es nicht gewohnt sind, von anderen berührt zu werden, gehen nicht gerne zum Arzt, weil dieser ihren Körper bei der Untersuchung berühren muss. Sie meiden Krankengymnasten oder eine Massage, bei der die Haut, die Muskeln, der ganze Körper mit bloßen Händen berührt werden. Besonders für sensible Menschen sind solche Situationen schwierig, und nicht selten brechen sie in Tränen aus. Vielleicht überflutet sie in solchen Momenten die Sehnsucht nach Berührung, und auf einmal wird ihnen der Mangel daran schlagartig bewusst.

Es gibt Menschen, denen es schwerfällt, Augenkontakt zu halten. Sie blinzeln dann, während andere ihren Mitmenschen tief in die Augen sehen und dem fremden Blick standhalten können.

Wenn ich im Fernsehen auftrete, setze ich mich immer auf meine Hände. Ansonsten gestikuliere ich nämlich beim Sprechen mit den Händen, was im Fernsehen ganz anders auffällt. Solange ich auf den Händen sitze, können sich die Zuschauer leichter auf das konzentrieren, was ich zu sagen habe.

## Körpersprache – die Sprache der Seele?

Dein Körper zeigt dir in jeder Situation, wie du dich fühlst. Mit aller Deutlichkeit. Natürlich gibt es viele Bewegungen, die reflexartig sind. Zum Beispiel, wenn du die Hand von der heißen Herdplatte wegreißt. Oder wenn du zu fallen drohst und dann die Arme in die Luft wirfst, um das Gleichgewicht zu halten. Wenn dich etwas blendet, hältst du die Hand vor die Augen. Wenn du etwas Saures gegessen hast, verziehst du das Gesicht. Wenn du entspannt bist, lässt du die Schultern sinken. Und wenn du etwas Niedliches siehst, neigst du den Kopf zur Seite. Darüber denkst du gar nicht erst nach, es kommt von ganz allein.

Bei den Bewegungen aber, die von deiner Erziehung, deinem Umfeld, anderen Menschen und deinen ganz persönlichen Erlebnissen geprägt sind, handelt es sich um Gewohnheiten und Routinen. Es ist nicht leicht, sich solche Gewohnheiten wieder abzugewöhnen, aber es geht. Wenn du zum Beispiel die Angewohnheit hast, dir immer durch die Haare zu fahren, wenn du nervös bist, kannst du dein Bewusstsein trainieren, damit du beim nächsten Mal nicht die Hand hebst, sondern sie in der anderen liegen lässt. Es ist nicht mehr als eine praktische, physische Übung, so wie jedes andere Training auch.

Unsere Seele spiegelt Glück und Unglück wider. Das bedeutet, dass unser Körper Angst, Furcht, Trauer und Verlassenheit signalisieren kann, aber auch Harmonie, Ruhe, Freude, Mitgefühl, Empathie und Euphorie. Je besser wir darin sind, gegenseitig unsere Körpersprache zu lesen, desto leichter fällt es uns, den anderen als Mitmenschen zu begegnen. Und je vertrauter wir mit unserer Körpersprache sind, desto leichter fällt es uns, mit dem Körper auszudrücken, was wir fühlen.

✎ **Nimm dein Notizheft in die Hand und laufe damit durch die Stadt, nimm es mit zur Arbeit oder fahr damit Bus. Was siehst du? Welche Signale senden die Menschen aus, die dir begegnen und die du genau betrachtest?**

✎ **Werde eine Art Körpersprachendetektiv und beobachte deine Mitmenschen mit Neugier, auch deine eigenen Gedanken, wenn du ihre Blicke, Gesten und Stimmen wahrnimmst.**

✎ **Konzentriere dich wieder ganz auf dich. Du hast geübt, andere zu beobachten, jetzt bist du selbst an der Reihe. Werde dir deiner eigenen Körpersprache bewusst, indem du dich selbst studierst. Wie bewegst du dich? Wie sitzt du in einem Meeting, wie verhältst du dich?**

## Was passiert wo?

### Das Gesicht

Wir haben viele Muskeln im Gesicht, die sich unmittelbar unter der Haut befinden. Jeder Gesichtsausdruck wird mithilfe verschiedener Muskeln gebildet und drückt wiederum unterschiedliche Gefühle aus. Es gibt sieben Basisemotionen, die auf der ganzen Welt kulturübergreifend erkannt und ausgedrückt werden:

Fröhlichkeit, Wut, Ekel, Furcht, Verachtung, Traurigkeit und Überraschung.

Der amerikanische Psychologe Paul Ekman hat die Zusammenhänge von Gesichtsausdruck und Gefühl untersucht und die ganze Welt bereist, um herauszufinden, inwiefern sie sich in den unterschiedlichen Kulturen ähneln. Dabei hat er auch Taube und Blinde, Erwachsene und Kinder berücksichtigt und festgestellt, dass die sieben kulturübergreifenden Gefühle bei allen gleich aussehen.

Die daraus von Ekman entwickelte Methode, FACS, eine physiologisch orientierte Klassifikation der emotionalen Gesichtsausdrücke, hilft beim Lesen und Deuten menschlicher Mimik. Es wird heutzutage häufig eingesetzt, zum Beispiel, um Lügner zu überführen, oder bei Schulungen für das Führen von Verkaufsgesprächen.

Lächeln erfordert den Einsatz von weniger Muskeln als zum Beispiel ein schlecht gelaunter Gesichtsausdruck, heißt es. Vielleicht liegt das gar nicht daran, dass tatsächlich weniger Muskeln im Spiel sind, sondern weil die Muskeln beim Lächeln sozusagen Rückenwind haben und gegen keine Widerstände angehen müssen.

Die Muskeln in deinem Gesicht arbeiten ohne Unterbrechung, ob du nun schläfst oder wach bist.

Sie stehen dabei in engem Kontakt zu deinen Gefühlen, Gedanken, Stimmungsschwankungen – und im Laufe deines Lebens werden die Falten in deinem Gesicht zeigen, in welchem Auftrag deine Muskeln gearbeitet haben. Natürlich hängt das auch von deiner Hautpflege und von deiner genetischen Disposition ab.

Die chinesische Heilslehre sagt, dass man am Gesicht eines Menschen nicht nur ablesen kann, wie sein Leben verlaufen ist, sondern auch, wie es sein wird, wie sein Körper und seine Seele in der Zukunft zusammenarbeiten werden. Wer eine tiefe Furche zwischen den Augenbrauen trägt, hat in seinem Leben zu viel gegrübelt, jener mit den vielen Lachfältchen um die Augen hatte viel Spaß. Wenn du schlecht schläfst, mit den Zähnen knirschst und unter Verspannungen leidest, lebst du nicht im Hier und Jetzt, sondern grübelst über das Vergangene und sorgst dich permanent um die Zukunft. Das sieht man dir auch an. Wenn du aber glücklich, fröhlich und im Großen und Ganzen mit dem Leben zufrieden bist, dann ist auch dein Gesichtsausdruck entspannt.

Vor jedem Vortrag mache ich eine kleine Gesichtsgymnastik. Ich strecke und dehne meine Gesichtsmuskeln, massiere meinen Kiefer, gähne, runzele die Stirn und ziehe die Augenbrauen hoch. Damit mache ich meine Gesichtsmuskeln geschmeidig, um sie alle einsetzen und meine Worte mit dem richtigen Gesichtsausdruck unterstreichen zu können.

### Der Mund

Zusammengekniffene Lippen oder ein strahlendes Lachen – entspannte Mundwinkel, die vor Vergnügen zucken? Der Mund verrät viel darüber, wo auf der Gefühlsskala wir uns gerade befinden! Jeder von uns ist sicher schon einmal in einer Situation gewesen, in der ein lautes Lachen vollkommen unangebracht war, wir uns aber nicht beherrschen konnten … Der Mund lässt sich nicht so leicht kontrollieren! Ich habe Freunde, die arbeiten als Nachrichtensprecher im Fernsehen. Manchmal versuchen ihre Kollegen alles Mögliche, um sie von der Seite aus zum Lachen zu bringen, während die Nachrichten mit großem Ernst vorgetragen werden müssen.

Das Lächeln eines Fremden kann den ganzen Tag retten. Und wer einmal ausprobiert, durch die Stadt zu laufen und die Leute anzulächeln, der bekommt am Anfang vielleicht einen kleinen Krampf im Kiefer, aber irgendwann erwidern die Menschen das Lächeln. Ein Lächeln bringt die Menschen einander näher, sei es für immer oder für einen kurzen Augenblick. Lächeln stellt einen Kontakt her, es baut Brücken und öffnet Türen. Das ist doch fantastisch: eine minimale Bewegung im Gesicht, und schon verstehen Menschen einander, haben eine Verbindung.

**Aber ein Lächeln hat viele Gesichter,** von einem weit geöffneten Mund bis hin zu einer verschmitzten Andeutung. Angeblich gibt es über zwei Millionen Arten zu lächeln. Ich muss allein bei dem Gedanken daran lächeln, wie der Forscher wohl zu diesem Ergebnis gekommen ist …

**Übe zu lächeln! Nutze gleich die nächste Gelegenheit beim Einkaufen, im Büro, beim Busfahren oder im Stau: Lächle! Lächle alle an! Wie schlecht gelaunt sie auch aussehen mögen – lächle sie in Grund und Boden! Nimm dein Notizheft und notiere, wie die Leute reagieren.**

Darüber hinaus ist der Mund auch unverzichtbar für eine weitere international anerkannte Geste: den Kuss. Ein romantischer Kuss aktiviert unseren Körper auf sexueller Ebene, obwohl er ursprünglich aus längst vergangener Zeit stammt, als die Mütter vorgekautes Essen in den Mund ihres Kindes mit Zungenbewegungen ›geküsst‹ haben. Wangenküsse hingegen, ob zwei, drei oder sogar vier, wurden erst später als Begrüßungsritual eingeführt.

### Die Augen

Als ein Freund von mir zu seinem vierzigsten Geburtstag eine kleine Rede hielt, meinte er, eigentlich sei es vollkommen uninteressant wie alt man sei, denn:

»In den Augen eines Menschen sieht man, wie lebendig er ist.«

Das hat mir gefallen. Es stimmt, dass eine fröhliche und in sich ruhende Person ein Funkeln in den Augen hat, während man die Niedergeschlagenheit eines unglücklichen Menschen in seinem Blick sehen kann.

Einer der Gründe, warum ich meinen Beruf ausübe, ist, dass ich es liebe, wenn die Augen meines Gegenübers wie Sterne zu funkeln beginnen. Sterne, die schon vorher da waren, aber nur nicht leuchten konnten. Ich kann mich nicht sattsehen, wenn Augen diesen Glanz bekommen.

Ich erinnere mich an ein Fotoshooting für eine Reportage für eine große Tageszeitung. Der Fotograf sollte mich in der Stadt, mitten im Menschengewimmel aufnehmen. In dem Artikel ging es um etwas Positives, um persönliche Entwicklung. Ich hatte vor einiger Zeit ein Angebot für eine Wohnung abgegeben, die ich unbedingt kaufen wollte, und hatte an diesem Tag die Absage erhalten. Ich war traurig, enttäuscht und wütend, und das war alles in meinen Augen zu sehen.

*Ist was Schlimmes passiert?*

Der Fotograf erkannte sofort, dass kein Funken Freude in meinen Augen zu finden war. Es genügt nicht, zu lächeln, um fröhlich und glücklich auszusehen. Die Kamera lässt sich nicht belügen, das war an diesem Tag für mich und den Fotografen fatal.

*Denk an was Lustiges!*

Er tat wirklich sein Bestes, um mich aufzuheitern. Am Ende musste ich ihm sagen, dass es nicht besser werden würde. Das Ergebnis würde niemals perfekt werden, höchstens *good enough*, aber keine Sterne in meinen Augen.

Als der Artikel mit dem Foto veröffentlicht wurde, konnte man von Weitem sehen, wie verzagt ich an diesem Tag war.

Babys können einen mit ihrem Blick förmlich einfangen und fesseln. Plötzlich zaubern sie ein großes Lächeln in ihr Gesicht, und wir schmelzen dahin. Aber auch Erwachsenen geschieht es manchmal, dass sie dem Blick eines Fremden begegnen und sich in diesem Moment verbünden. Vielleicht haben sie gerade dasselbe beobachtet und sich Gedanken dazu gemacht – und erkennen, dass beim anderen etwas Ähnliches stattgefunden haben muss.

**Hannah erzählte mir:**
*Ich arbeite mit schwer kranken Menschen zusammen, die von ihren geringen Überlebenschancen wissen. Heute hatte ich eine Patientin, der es schwerfiel, Wasser zu trinken. Als es ihr aber schließlich gelang, einen Schluck zu trinken, war sie so froh, dass ihre Augen strahlten. Obwohl sie nicht mehr sprechen kann, sagte mir ihr Blick, was sie fühlte. Für uns beide war das wunderschön.*

**Die Stimme**
Stimme ist mehr als die Worte, die aus unserem Mund kommen. Sie umfasst die unterschiedlichsten Laute. Ein Mensch, dem es schwerfällt, vor anderen zu sprechen, empfindet seine Stimme als zitternd, manchmal versagt sie auch ganz. Durch Entspannungstechniken und andere Übungen lässt sich die eigene Stimme trainieren.

Unsere Stimme kann uns auch verraten, wenn sie zum Beispiel unterschwellig die Enttäuschung zeigt, während wir versuchen, möglichst neutral zu klingen und unsere Frustration zu verstecken. Dem Hellhörigen entgeht nicht das Missfallen in einer Stimme, auch wenn die Worte etwas ganz anderes verkünden.

Mitarbeiter in einem Callcenter müssen natürlich über eine gute Stimmlage verfügen, aber auch sie müssen ihre eigene Stimme weiterbilden und lernen, die Signale des Ungesagten am anderen Ende der Leitung deuten zu können. Das kann Stress sein, Zweifel, vielleicht auch Misstrauen, die Angst, über den Tisch gezogen zu werden, oder die Bereitschaft, einen Vertrag abzuschließen. Dasselbe gilt für diejenigen, die im Service tätig sind: Dort entscheiden Stimme und Tonlage zusammen mit dem Gesagten, ob der Ausgang eines Gespräches zufriedenstellend ist oder nicht. Es gibt viele Mitarbeiter in Callcentern, die Anzug und Kostüm tragen, um professioneller zu klingen, und auch Sprecher im Radio können sich besser konzentrieren, wenn sie geschminkt und gut angezogen sind.

Ich bedanke mich immer, wenn die Person am anderen Ende der Leitung freundlich und entgegenkommend klingt, und bitte den Unfreundlichen, anders mit mir zu sprechen, weil ich als Kunde angemessen behandelt werden will.

### Die Körpersprache

Als Kinder verfügen wir über circa 2000 Bewegungsweisen – als Erwachsene wenden wir nur noch etwa 200 davon an. Unsere Körpersprache ist nicht mehr so ausdrucksvoll und spontan. Jahr für Jahr setzen wir weniger Bewegungen ein und die auch seltener. Wir gehen gemächlich von einem Raum zum anderen, statt zu rennen, wir stehen still und lächeln, statt vor Freude zu hüpfen, wir werfen uns nicht auf den Boden und heulen, wenn wir uns wehgetan haben, sondern schlucken den Schmerz herunter.

Leider stumpfen wir im Laufe unseres Lebens ab: Aus einem Kind, das im Hier und Jetzt lebt, werden wir zu Erwachsenen, die gelernt haben sich anzupassen.

Ich bin davon überzeugt, dass die Körpersprache für die Atmosphäre eines Gesprächs entscheidend ist. Allerdings glaube ich auch, dass wir bestimmten Haltungen und Bewegungen wiederum zu viel Bedeutung zumessen. Zum Beispiel sind nicht alle Menschen, die ihre Arme vor dem Körper verschränken, entschlossen und distanziert. Für viele ist es einfach nur eine bequeme Art, seine Arme unterzubringen und auszuruhen.

Neuere Forschungsergebnisse aus der Sozialpsychologie haben gezeigt, dass nicht alle Menschen automatisch Lügner sind, die ihren Blick abwenden, wenn sie nach dem Wahrheitsgehalt ihrer Aussage befragt werden. Das Verhalten kann in gleichem Maße ein Hinweis auf Unsicherheit sein oder offenbart, dass der Befragte sich in der Situation unwohl fühlt.

Schon die Bewegung beim Entspannen der Schultern führt dazu, dass man ausatmet und oft erst dann feststellt, wie müde und erschöpft man ist. Das kann durch akuten Stress, aber auch durch psychischen Druck verursacht sein.

Viele meiner Klienten, die schwere Probleme zu bewältigen haben, stellen eine physische Reaktion an sich fest, wenn sie sich mit ihrer Vergangenheit beschäftigen: extreme Müdigkeit oder neugewonnene Energie, plötzliche Magenschmerzen oder nachlassende Beschwerden, anhaltende Kopfschmerzen, die plötzlich verschwinden. Aber wenn sie die größten Hindernisse gemeistert haben, fühlen sich die meisten besser als je zuvor. Und das, ohne eine einzige Sekunde Sport getrieben zu haben.

Es beeinflusst unseren Körper, wenn wir uns um unsere Seele kümmern.

## Nähe durch Nachahmung

Wenn du die Körpersprache deines Gegenübers nachahmst, wird sich der Kontakt zwischen euch intensivieren. Stützt sie oder er zum Beispiel das Kinn in der rechten Hand auf, dann übernimm diese Geste. Lehnt sich dein Gesprächspartner entspannt zurück, tue es ihm nach. Er wird sich dadurch in deiner Nähe sicherer fühlen und das erhöht die Chance auf eine gute Atmosphäre.

Vor allem bei Verhandlungen und bei Vertragsgesprächen ist es wichtig, das Vertrauen seines Gegenübers zu gewinnen. Und da hat unsere Körpersprache eine größere Bedeutung, als wir es uns oft vorstellen können. Wer sich sicher fühlt, wird Vertrauen schöpfen, was erfolgreiche Geschäftsabschlüsse in der Regel befördert.

Natürlich darfst du nicht jede kleine Bewegung nachäffen, das sieht albern aus, sondern das Spiegeln des Gegenübers muss subtil und geschickt erfolgen, mit kleinen, andeutungsweisen Bewegungen.

Probier es aus und beobachte, was geschieht!

# 3. Aktives Zuhören

*Erzähl weiter!*

Das sind zwei schöne Worte. Denn dahinter verbergen sich nicht nur Interesse, Neugier, Wärme, Hoffnung und Liebe, sondern auch Wachstum, Entwicklung, Freundschaft, Gemeinschaft und Größe.

Wenn du jemanden bittest weiterzuerzählen, fühlt sich der andere poetisch talentiert, gesehen, herausgefordert, eventuell auch wie frisch verliebt – in das Leben und in den Augenblick.

»Erzähl weiter« sagt jemand, der die Größe hat, Zuhörer zu sein.

Es zeugt von Größe, denn so schenkst du deinem Mitmenschen etwas Wertvolles. Gleichzeitig eröffnest du einen Gedankenaustausch und erhältst neue Informationen. Dafür musst du aber bereit sein, deine Standpunkte, Ideen und Wahrheiten neu zu überdenken.

Aktives Zuhören ist die Voraussetzung für ein gutes Gespräch. Damit meine ich, dass alle Teilnehmer in Kontakt zueinander treten, in Kontakt bleiben und während dieser Begegnung mental anwesend sind. Sobald wir das aktive Zuhören beenden, beenden wir den Kontakt und sind nicht länger präsent im Gespräch.

## Was passiert, wenn man dir zuhört?

- Du wächst als Mensch, weil deine Worte Bedeutung haben; jemand will nur dir zuhören. Du bist wichtig.
- Du entwickelst dich weiter, weil du ein aktiver, wertvoller Teil des Gesprächs bist.

- Du bekommst die Gelegenheit, an deinem persönlichen Ausdruck zu arbeiten.
- Du nimmst dich ernst und wirst von anderen ernst genommen.
- Dein Selbstwert wächst, dein Selbstvertrauen wird gestärkt und du gewinnst Respekt vor dir selbst.

## Das mundlose Herz

Es gibt ein Symbol, das ich während meiner Ausbildung als Trauerbegleiterin kennengelernt habe: Stell dir ein Herz vor, ein großes, rotes, wunderbares, warmes Herz. Dieses Herz hat zwei schöne Ohren, die konzentriert zuhören können – aber keinen Mund.

Für mich steht dieses mundlose Herz für ein Zuhören ohne Einmischung, ohne eigene Meinung und ohne verbale Reaktion, nur reines Zuhören und den Worten des anderen folgen.

## Tipps für gutes Zuhören

- **Nie den Augenkontakt verlieren**
  Das zeigt deinem Gegenüber, dass du stabil und dem Gesagten gewachsen bist. Du sollst nicht starren, nur deutlich machen, dass du mental anwesend und aufmerksam bist.

- **Auf gleicher Ebene mit dem Angesprochenen**
  Sprecher und Zuhörer sollten entweder sitzen oder stehen, ansonsten dominiert der Stehende die Situation, was zu einem Ungleichgewicht der Kommunikation führt.

- **Denk an deine Körpersprache**
  Versuch so neutral und offen wie möglich zu sein, d.h. nicht die Arme verschränken oder den Kopf zur Seite neigen. Sei klar, offen und charmant.

- **Den Fokus nicht verlieren**
  Egal was du zu hören bekommst – verlier nicht den Fokus und konzentrier dich auf dein aktives Zuhören. Sollte dir das schwerfallen, dann sag, dass du eine Minute brauchst, um dich zu sammeln, und setz das Gespräch dann fort. Erinnere dich immer wieder an deine Rolle innerhalb der Kommunikation und an dein Ziel als Zuhörer.

*Ich hatte gerade meine Ausbildung zum Coach beendet und gelernt, dass man den Augenkontakt nie verlieren sollte. Da ich meinen Mitmenschen gerne in die Augen sehe, habe ich es am Anfang übertrieben ...*
*Ich war zum Mittagessen mit einem Mann verabredet, der mit mir über berufliche Perspektiven reden wollte. Ich hörte ihm die ganze Zeit zu, ohne den Blick zu senken. Schließlich gingen wir mit dem Versprechen auseinander, wegen der neuen Ideen und Konzepte in Kontakt zu bleiben.*
*Die Überraschung kam am nächsten Morgen, als ich eine lange SMS von ihm bekam, die mein Telefon fast sprengte. Es war eine leidenschaftliche Liebeserklärung in wunderschönen Sätzen mit ausdrucksstarken Beschreibungen. Aber ich konnte seine Liebe nicht erwidern und antwortete ihm ehrlich und aufrichtig, dass wir lediglich eine professionelle Beziehung hätten. Darauf bekam ich eine zweite, ebenso lange SMS, aber diese glühte vor Aggression. Ich hätte ihn reingelegt und ihn mit meinen Blicken in die Falle gelockt. Noch nie zuvor hätte ihm jemand mit solchen Augen zugehört – wenn das keine Liebe sei, wüsste er nicht, was Liebe ist.*
*Aber es war keine Liebe – es war mein Job.*
*Wir beendeten unsere Zusammenarbeit, noch bevor sie richtig begonnen hatte.*

**Christina erzählte mir:**
*Es ist befreiend, einfach drauflosreden zu können, wenn man das Bedürfnis hat – ohne Kommentare und andere Meinungen*

*hören zu müssen. Einfach mal alles rausschleudern. Ich glaube, das tut der Seele genauso gut wie dem Körper eine Runde joggen.*

**Zuhören kann man üben. Nutze dein nächstes Gespräch und hör aktiv zu. Wenn du merkst, dass deine Aufmerksamkeit abdriftet und du dich mit eigenen Gedanken beschäftigst, dann hol dich wieder zurück und fang von vorne an. Wenn es dir schwerfällt, versuch es immer wieder. Bald wird es dir leichter fallen.**

## Sympathie und Empathie

Sympathie bedeutet wohlwollendes Verständnis und die Fähigkeit, für einen anderen Menschen Mitgefühl zu empfinden. Du verstehst die Gefühle des anderen, tauchst aber nicht tiefer in sie ein, sondern wahrst Distanz.

Empathie hingegen ist die Fähigkeit, sich in sein Gegenüber hineinzufühlen, also in die Gefühlswelt eines anderen einzutauchen.

Sympathie besteht darin, dass du Verständnis zeigst und deine eigenen Erfahrungen in die Kommunikation einbringst. Die Gefühlswelt deines Gegenübers tritt somit in den Hintergrund.

Wenn du empathisch sein willst, versuch keine eigenen Urteile, Deutungen und Wertungen aufkommen zu lassen und lass dich ganz auf die Gefühle, Bedürfnisse und Wünsche des Erzählenden ein.

Bei der Empathie sind nicht deine eigenen Gefühle vorrangig präsent, sondern die Einfühlung in den Zustand des anderen. Bei der Sympathie hingegen spielen deine Gefühle und Erfahrungen in ähnlichen Situationen eine Rolle.

Um empathisch zuhören zu können, musst du sensibel und einfühlsam sein. Also legst du deine persönlichen Sachen, deine Pläne, Termine und Gedanken beiseite. Jetzt geht es allein darum, was dein Gegenüber dir erzählen will. Alles andere hat zu warten – auch deine eigenen Einschätzungen, Werte, Ansichten, Ratschläge und Lösungsansätze.

**Wenn du empathisch zuhören willst, solltest du folgende Sätze vermeiden:**

*Ich verstehe.*
*Ich weiß, wie sich das anfühlt.*
*Ich bin auch schon mal in so einer Situation gewesen.*
*Ich erzähl dir mal, wie das bei mir war.*

## Tipps für empathisches Zuhören

- **Schenk deinem Gesprächspartner die volle Aufmerksamkeit**
  Konzentrier dich voll und ganz auf dein Gegenüber und lass alles andere für eine Weile los.

- **Gib dem Erzählenden die Zeit, die sie oder er zum Ausdruck der eigenen Gefühle benötigt**
  Jeder hat sein eigenes Tempo. Solange du das respektierst, findet dein Gegenüber die passenden Worte. Üb keinen Druck aus, sondern sei im Hier und Jetzt.

- **Halte deine Gedanken und Reaktionen zurück**
  Wenn du eine Rückmeldung geben willst, dann artikuliere sie mithilfe von Fragen. Sag nicht: »Ich verstehe, dass du traurig bist, weil du verlassen wurdest!«, sondern: »Wie fühlt sich das für dich an?«

**Empathische Fragen, die du beim aktiven Zuhören stellen kannst:**

*Was hast du gesehen?*
*Was hast du gehört?*
*Was hast du erlebt?*
*Wie fühlt sich das an?*

*Welche Bedürfnisse verbergen sich hinter dem Gefühl?*
*Was brauchst du?*
*Was kann ich jetzt oder später für dich tun?*

Solche Fragen schenken dir und deinem Gegenüber eine größere Selbsterkenntnis, vertiefen eure Beziehung, verstärken die Nähe und den Kontakt zueinander, führen zu größerer Akzeptanz und mehr Einfühlungsvermögen und tragen generell zu einem wärmeren zwischenmenschlichen Klima bei.

*Auch bei mir zu Hause findet empathisches Zuhören täglich statt. Was wir in der Familie inzwischen richtig gut können, ist herauszufinden, was wir mit einem Gespräch bezwecken: Suchen wir Rat oder soll nur jemand zuhören? Wollen wir getröstet werden oder einfach nur erzählen?*
*Unsere gute Übung im Zuhören zeigt sich immer dann, wenn einer von uns traurig, wütend oder aufgeregt ist. In solchen Momenten lassen alle anderen alles stehen und liegen und nähern sich dem Unglücklichen. Alle versammeln sich, um herauszufinden, was jeder Einzelne tun kann. Das gilt für die Kinder und die Erwachsenen gleichermaßen. Wenn ich traurig bin, will ich in den Arm genommen werden. Wenn ich aber wütend bin, brauche ich meinen Freiraum, da darf mir keiner zu nahe kommen. Das wissen auch meine Töchter, darum fragen sie mich, wenn meine Gefühle explodieren: »Mama, willst du umarmt werden oder lieber nicht?« Wenn ich wütend bin, muss ich nur ein bisschen fauchen dürfen, gerne auch in Gesellschaft – aber ohne Kommentare. Dann ist die Wut meistens genauso schnell vorbei, wie sie gekommen ist.*

**PS:** Glaubst du nicht auch, dass es einen Grund hat, warum wir zwei Ohren, aber nur einen Mund haben? So können wir doppelt so viel zuhören wie reden – klingt eigentlich ganz logisch, oder?

# 4. Rückmeldung

Um die Technik der Rückmeldung zu erklären, will ich von einem Gespräch zwischen mir und meiner Tochter erzählen, das vor drei Jahren so stattgefunden hat:

*Es ist Zeit zum Abendessen. Ich habe Thaihühnchen mit Reis und Gemüse und leckeren Soßen gemacht. Der Tisch ist gedeckt, die Lichterketten tauchen den Raum in ein weiches Licht, überall stehen flackernde Kerzen. Gemeinsame Abendessen sind in unserer Familie ein wichtiges Ritual. Ich bin oft unterwegs – kein Tag gleicht dem nächsten, keine Woche ähnelt der anderen. Wir sind alle viel beschäftigt. Wenn wir uns zum gemeinsamen Abendessen treffen, ist die Zeit umso wertvoller. Dann reden wir über alles Mögliche und sitzen lange zusammen um den Tisch herum. Oft sind noch Freunde oder Verwandte und Nachbarn dabei, aber an dem Tag, von dem ich erzähle, waren wir nur zu dritt: meine jüngste Tochter, meine älteste und ich.*

**Ich** *Essen ist fertig! Kommt ihr?*

*Meine Töchter kommen, die älteste holt etwas zu trinken und stellt die Schüsseln auf den Tisch. Die jüngste kommt rein und fragt: Was gibt's denn zu essen?*

**Ich** *Superleckeres Hühnchen mit Reis.*
**Meine Tochter** *Ach, nö!*
**Ich** *Was ist los? Stimmt was nicht?*
**Meine Tochter** *Das hatten wir heute schon in der Schule! Da gab es Hühnchen mit Reis. Ich will lieber was anderes essen.*

*Entschlossen geht sie zum Kühlschrank und reißt die Tür auf.*

**Meine Tochter** *Mal sehen, was ich essen kann ...*

**Ich** *Moment mal, wir essen jetzt, was ich gekocht habe. Das schmeckt auch anders als in der Schule. Hühnchen und Reis kann man auf ganz unterschiedliche Weise zubereiten. Mach den Kühlschrank zu und setz dich, damit wir anfangen können.*

*Es folgen mehrere Durchgänge mit immer dem gleichen Inhalt: »Das Essen ist doof, man kann nicht zweimal am Tag dasselbe essen, ich WILL was anderes« kämpft gegen »Wir sollten froh sein über so gutes Essen, nicht allen Menschen geht es so gut, außerdem habe ich mir viel Mühe gegeben, um ein leckeres Abendessen zu kochen«. Es wird lauter und lauter und schließlich geschrien. Ich ertappe mich bei dem Gedanken: »Das hört man bestimmt im ganzen Treppenhaus, die armen Nachbarn ...«*

**Ich** *Geh in dein Zimmer und reg dich erst mal ab. Dann reden wir vor dem Essen in Ruhe miteinander.*

*Meine Tochter schreit und weint, sie knallt die Tür hinter sich zu. Nach einer Weile sind nur noch Schluchzer zu hören, dann ist es ganz leise.*
*Nun ist der richtige Zeitpunkt für die Rückmeldung.*
*Ich entscheide mich, zu ihr zu gehen, mich auf die Bettkante zu setzen und ihr zuzuhören. Ich will ihr keine Standpauke halten, ihr nicht von hungernden Kindern erzählen, sie nicht als verwöhnt hinstellen oder andere typische Erwachsenensprüche loslassen, sondern ihr zuhören, damit sie danach auch mir zuhört.*

**Ich** *Magst du mir erzählen, was vorhin in der Küche passiert ist? Was ist in dir vorgegangen, als du reingekommen bist und gesehen hast, dass es dasselbe gibt wie in der Schulmensa?*

| | |
|---|---|
| **Meine Tochter** | *Ich fand's einfach nur doof, zweimal dasselbe zu essen. Mehr hab ich gar nicht gesagt. Und dann hast du gleich angefangen zu schreien.* |
| **Ich** | *Du fandst es also blöd, noch mal dasselbe zu essen wie heute Mittag?* |
| **Meine Tochter** | *Genau.* |
| **Ich** | *Du hättest lieber etwas anderes gehabt, das hättest du schöner und leckerer gefunden ...* |
| **Meine Tochter** | *Genau.* |
| **Ich** | *Und dann bist du traurig geworden, als ich laut wurde?* |
| **Meine Tochter** | *Ja.* |
| **Ich** | *Du willst nicht, dass wir uns anschreien?* |
| **Meine Tochter** | *Ja.* |
| **Ich** | *Das kann ich gut verstehen. Bei mir ist angekommen, dass du keine Lust hattest, zweimal dasselbe zu essen, und dass das Streiten und Schreien dich traurig gemacht hat. Hast du das Gefühl, dass ich dir richtig zugehört und dich verstanden habe?* |
| **Meine Tochter** | *Ja, das tue ich.* |
| **Ich** | *Schön.* |
| | *Ich warte eine Weile.* |
| **Ich** | *Darf ich dir erzählen, wie es mir vorhin ging?* |
| **Meine Tochter** | *Ja.* |

*Danach schilderte ich ihr, wie es sich für mich anfühlte, als sie in die Küche kam und mein Essen nicht wollte. Das hätte mich verletzt, als sie im Kühlschrank nach etwas anderem suchte, weil ich mir so viel Mühe gegeben hatte. Außerdem habe mich ihre Reaktion traurig gemacht, weil ich möchte, dass wir dankbar sind. Viele Menschen auf der Welt würden am liebsten jeden Tag Hühnchen und Reis essen, wenn sie nur überhaupt etwas zu essen bekämen … Ich habe ja nicht wissen können, was es heute in der Schulmensa gab. Das Streiten und Schreien habe mich auch traurig gemacht, weil ich so eine Mutter nie sein wollte.*

*Meine Tochter hörte mir zu und nickte.*

| | |
|---|---|
| **Ich** | *Wollen wir in die Küche gehen und was essen?* |
| **Meine Tochter** | *Okay.* |

## Was ist Rückmeldung?

Eine Rückmeldung ist die Bestätigung von dem, was du in einem Gespräch gehört hast. Damit bestätigst du in deinen eigenen Worten, was du gehört und verstanden hast und was du annehmen kannst. Das Gehörte kann auf diese Weise verdeutlicht und eventuelle Missverständnisse verhindert werden. In gleichem Maße ist es für den Sprechenden wichtig, dass seine Worte von dir richtig aufgefasst wurden, dass er sich verstanden, gehört und mit seiner Aussage respektiert fühlt. Es ist kein schönes Gefühl, zu reden und zu reden, ohne zu wissen, ob man überhaupt verstanden wird bzw. ob einem richtig zugehört wird.

In vielen Gesprächen ist es nämlich so, dass der Angesprochene an ganz andere Sachen denkt: das Aussehen des Sprechenden, die eigene Reaktion, wenn der andere aufgehört hat zu reden. Eventuell fragt er sich, wann endlich eine Atempause kommt, um selbst zu Wort zu kommen, wie spät es ist, was es zum Essen geben soll oder ob er sich schon in den Plan für die Waschküche eingetragen hat. Kommt dir das bekannt vor?

In wichtigen Gesprächen kann die Rückmeldung richtig befreiend wirken. Nicht immer will der Erzählende eine Lösung oder auch nur eine Antwort auf das Gesagte – allein das Gefühl, gehört zu werden, kann ungeheure Energien freisetzen. Es stärkt unsere Beziehungen zu anderen Menschen und steigert die Lebensqualität, wenn wir uns gehört fühlen.

Eine Rückmeldung ist nicht mit dem Feedback zu verwechseln. Beim Feedback geht es darum, neue Ideen zu entwickeln, wie wir uns in Zukunft verhalten, wie wir eine Leistung optimieren könnten oder um die Vor- und Nachteile einer Beziehung, Situation oder Leistung. Die Rückmeldung bekräftigt, dass wir gehört und verstanden haben, was der andere getan oder gesagt hat, und es annehmen können.

## Wann helfen Rückmeldungen?

- Wenn jemand seine Gefühle ausdrücken will.
- Wenn jemand über die Konsequenzen seiner Entscheidungen, Handlungen, Standpunkte und seines Verhaltens sprechen will.
- Wenn es zu einem Missverständnis in der Kommunikation gekommen ist.

✎ **Hast du schon einmal jemandem eine Rückmeldung gegeben, so wie sie oben beschrieben ist? Oder hast du in letzter Zeit eine Rückmeldung im Gespräch erhalten?**

## Zu viel Rückmeldung?

Ja, das kann man tatsächlich. Ich erinnere mich an ein Gespräch, bei dem ich das Bedürfnis hatte, dass mir der andere schweigend zuhört, wie ein großes Herz mit Ohren, aber ohne Mund. Mein Gegenüber gab mir jedoch unentwegt Rückmeldung, was mich ganz verrückt gemacht hat. In einer anderen Situation wollte ich etwas klären und hören, was der andere darüber denkt. Statt einer Antwort erhielt ich aber so viel Rückmeldung, dass wir thematisch nicht vom Fleck kamen. Am Ende hatte ich das Gefühl, dass der andere ausweichen wollte und sich um die Antwort drückte, die wir gerade dringend benötigten.

Entwickle ein Gespür dafür, wann es passt. Achtsamkeit ist wichtig, wenn wir in Beziehung zu anderen treten.

# 5. Offene und geschlossene Gespräche

So wie wir Angst mit Verschlossenheit assoziieren und Liebe mit Offenheit, gibt es auch offene und verschlossene Gespräche. Bei Letzteren kommt keiner weiter, weder der Sprechende noch der Angesprochene. Als würden beide in unterschiedlichen Sackgassen feststecken, die kein Weiterkommen zulassen, sondern nur ein Umkehren, ohne etwas Inspirierendes gesehen, gehört oder erlebt zu haben.

**Welche Gespräche haben dich in deinem Leben weitergebracht, weil sie aufgeschlossen und konstruktiv waren? Und welche erwiesen sich als Sackgassen? Und warum?**

## Daran erkennst du geschlossene Gespräche:

- **Unbehagen und Unsicherheit.** Wir wissen nicht, was uns in diesem Gespräch erwartet.
- **Angst vor Kritik.** Die Verteidigungsmechanismen sind aktiviert, falls es zu Kritik kommt, die es abzuwehren gilt.
- **Anzeichen, dass du dich zusammenreißt, statt deine Meinung zu äußern.** Wir alle wissen, dass es Kraft kostet, zu seiner Meinung zu stehen. Wenn wir uns unbehaglich und unsicher fühlen, wagen wir oft nicht, sie zu äußern.
- **Schwierigkeiten, die eigene Meinung vom Selbstwert zu trennen.** Das führt dazu, dass wir uns gleich angegriffen fühlen, sobald jemand unseren Ansichten widerspricht. Alles wird

zum persönlichen Angriff, gegen den wir uns verteidigen müssen.

- **Mangel an Zuversicht und Vertrauen.** Da wir uns unsicher fühlen, vertrauen wir auch unserem Gesprächspartner nicht. Wenn wir früher eine schlechte Erfahrung gemacht haben, ist unser Vertrauen bereits beschädigt.
- **Desinteresse, Engstirnigkeit.** Es gibt nur einen Blick auf die Dinge und keine anderen, neuen Sichtweisen, Möglichkeiten, Wege oder Ideen.
- **Unklare Kommunikationswege.** Es ist nicht durchschaubar, über welche Kanäle der Informationsaustausch läuft.

Geschlossene Gespräche sind oft Situationen, in denen ein Vorgesetzter mit einem Mitarbeiter redet und ihm negatives Feedback geben muss.

Es können aber auch ganz private Gespräche sein, in denen ein Teilnehmer wütend, aufgebracht oder traurig wird, aber nicht wagt, es dem Betreffenden gegenüber zu äußern.

**Arno erzählte mir:**

*Immer wieder wollte ich mit unserem Nachbarn besprechen, wie es mit dem Baum weitergeht, der genau auf unserer Grundstücksgrenze steht. Er wollte ihn fällen, um mehr Sonne zu haben, wir wollten ihn gerne behalten, damit uns niemand reinsehen kann. Als wir eines Tages nach Hause kamen, war der Baum einfach weg. Ich brannte vor Wut und rannte rüber, um unserem Nachbarn die Meinung zu sagen. Dann wurde ich unsicher. Ich stand auf seiner Garagenauffahrt und wusste nicht, wie ich es anstellen sollte, damit er mir wirklich zuhört. Der Baum war schließlich weg, trotzdem wollte ich ihm sagen, wie sauer ich war. Gleichzeitig spürte ich, wie groß meine Angst war, dass er mir über den Mund fahren würde, drehte um und ging nach Hause. Wie ein geprügelter Hund mit dem Schwanz zwischen den Beinen. Tage später trafen wir den Nachbarn auf einem Fest und er fragte mich vor allen anderen, ob ich nicht auch meinte, dass es ohne Baum viel besser sei? Ich antwortete nicht, weil ich fürchtete, vor allen verspottet zu werden. Inzwischen fühlt es sich so an, als hätte ich nicht nur den Baum, sondern auch meine Selbstachtung verloren.*

## Schlechte Prinzipientreue

In einer geschlossenen Gesprächsführung werden Meinungen, Wertvorstellungen und Standpunkte auf harte und abweisende Art geäußert – und jede weitere Diskussion erschwert. Wenn eine Person stur seine Ansichten vertritt und kein gesteigertes Interesse hat, andere Meinungen zu hören oder überhaupt zu akzeptieren, dass es andere Haltungen zu einem Thema gibt, wird die Gesprächsführung zwangsläufig geschlossen. Alle Türen für andere Ansichten und Standpunkte sind dann sozusagen verschlossen. Sie sollen nicht artikuliert werden, denn es herrscht eine panische Angst davor, dass die Fehler und Mängel einer bestimmten Argumentation offenbart werden. Diese Haltung zu akzentuieren, zu ändern oder gar auszutauschen kommt überhaupt nicht in Frage, das ist vollkommen undenkbar. Die entsprechende Person nimmt sie eher mit ins Grab, als sie abzulegen.

Wie würde unsere Welt wohl aussehen, wenn die Menschen nicht permanent in die Sackgassen geschlossener Kommunikation geraten würden? Wie wäre das zwischenmenschliche Klima, wenn wir unsere unterschiedlichen Anschauungen gegenseitig respektieren würden, uns stärker für abweichende Standpunkte interessierten?

Die Grundlage jeder Kommunikation bilden Wertvorstellungen: Wer ich sein will, spiegelt sich in meinem Verhalten meinen Mitmenschen und mir selbst gegenüber wider. Begegne ich der Umwelt streng und kleinlich, leicht reizbar und bissig, dann entspricht das auch meinen persönlichen Werten. Bin ich mir und anderen gegenüber hingegen offen, mitfühlend, empathisch, geduldig und neugierig, beruhen meine Werte auf einem ganz anderen Fundament.

## Meinung geändert?

Vor nicht allzu langer Zeit habe ich meine Meinung über einen Kollegen geändert. Ich war ihm immer wieder begegnet, eine Zeit lang haben wir sogar zusammen bzw. nacheinander Vorträge gehalten, und auch in anderen beruflichen Zusammenhängen hatten wir viel miteinander zu tun. Allerdings mochte ich ihn nicht besonders, fand ihn überheblich, denn ständig redete er über Geld, seine Honorare und Verkaufszahlen, was mir bald jedes Interesse an einer ausgedehnten Unterhaltung nahm.

Als ich zu einem Abendessen eingeladen wurde, bei dem auch besagter Kollege teilnehmen sollte, wollte ich zunächst absagen. Mir fielen ungefähr 200 Dinge ein, die ich lieber gemacht hätte, aber dann ging ich trotzdem hin. Schließlich würde ich dort auch andere Leute treffen, und darüber hinaus war es ein schöner Anlass. Ich nahm mir vor, meine bisherige Meinung zu Hause zu lassen und ganz aufgeschlossen zu sein.

Natürlich saßen wir uns gegenüber. Nach dem ersten Smalltalk entwickelte sich rasch ein lustiges Gespräch, aus dem sich viel Neues und Interessantes ergab. Als die unausweichliche Frage nach meinen Honoraren kam, entgegnete ich, dass ich darüber ausschließlich mit Veranstaltern und Klienten sprechen würde. Er akzeptierte das ohne Umschweife, und im nächsten Augenblick unterhielten wir uns wieder blendend über alle möglichen anderen Themen.

Als ich an diesem Abend nach Hause kam, war ich fröhlich und ausgelassen, vor allem aber überrascht, wie einfach man sich von den eigenen starren Meinungen lösen kann. Und wie amüsant das am Ende ist. Tief eingeprägt hat sich mir die Erfahrung, dass ich umgehend etwas zurückbekomme, sobald ich jemandem Offenheit schenke.

## Am Kern der Sache vorbei

Gespräche mit eifersüchtigen, missgünstigen oder neidischen Menschen konzentrieren sich in der Regel auf die falschen Aspekte, weil das Gespräch von vornherein geschlossen ist. Ein wohlwollendes Feedback-Gespräch kann leicht zur kommunikativen Sackgasse werden, da Ängste und Komplexe den Austausch blockieren.

**Britta erzählte mir:**
*Mein Mann ist schrecklich eifersüchtig und verhört mich regelrecht, wenn ich mal mit meinen Freundinnen aus war, an einer Betriebsfeier oder Ähnlichem teilgenommen habe. Dann will er genau wissen, wen ich getroffen habe, was wir gemacht haben, worüber wir uns unterhalten haben usw. Ich finde das furchtbar unangenehm, als erwachsene Frau dazusitzen und Rede und Antwort stehen zu müssen. Ich weiß, dass ich mich dagegen wehren müsste, aber dann ist erst recht die Hölle los.*

Brittas Mann hat vermutlich eine Heidenangst davor, seine Frau zu verlieren. Anstatt sie aber zu unterstützen und ihr zu sagen, wie viel sie ihm bedeutet, konzentriert er sich auf Verdächtigungen, macht Vorwürfe und unterstellt ihr ungebührliches Verhalten. Was dabei herauskommt, ist kein Gespräch, sondern ein Verhör.

Ein offenes Gespräch wäre dann möglich, wenn beide sich zusammensetzen und es wagen würden, offen über seine Verlustangst zu sprechen. Wie er dieses Gefühl spürt, welche Bedürfnisse unerfüllt bleiben und darum Eifersucht und Unsicherheit entstehen. Britta könnte ihrem Mann Fragen stellen, die er offen beantwortet. Er könnte seine Gefühle beschreiben und ihr sagen, was er sich von ihr wünscht. Genauso wie sie ihm sagen müsste, wie sie sich fühlt und was sie sich von ihm wünscht. Das wäre ein Gespräch zwischen zwei Menschen, die sich lieben und auch weiterhin zusammenleben wollen.

**Mirko erzählte mir:**
*Ich habe aufgehört, meinem Bruder wichtige persönliche Dinge zu erzählen. Er verwendet diese Informationen bei der nächsten Auseinandersetzung nämlich gegen mich, selbst wenn ich sowieso schon am Boden liege. Das tut mir jedes Mal furchtbar weh. Ich bereue es immer wieder aufs Neue und frage mich: »Wie konntest du ihm das nur anvertrauen?« Aber ich wünsche mir so sehr, dass wir eine enge Beziehung zueinander haben, also versuche ich es immer wieder und werde jedes Mal enttäuscht und verletzt. Inzwischen reden wir nur noch über das Wetter miteinander.*

## Daran erkennst du offene Gespräche:

- **Vertrauen und Zuversicht.** Wir wagen es, offen und vertrauensvoll zueinander sein. Wir haben keine Angst, Fragen zu stellen und die entsprechenden Antworten zu hören. Und wir fürchten nicht, Fragen gestellt zu bekommen und darauf zu antworten.
- **Mut**, zu seiner Meinung zu stehen, sich zu öffnen, selbst auf die Gefahr hin, dass das Gesagte früher oder später gegen einen verwendet werden könnte. Mut, die eigene Verletzlichkeit zu zeigen und darüber ins Gespräch zu kommen. Mut, so flexibel zu sein, dass ein Gespräch alle möglichen Richtungen einschlagen kann.
- **Geborgenheit und Sicherheit.** In einem offenen Gespräch fühlen wir uns akzeptiert und nicht verurteilt, wir haben Luft zum Atmen, können offen sein und uns einbringen.

- **Gemeinschaft.** Offene Gespräche führen zu einer tieferen Bindung zwischen zwei oder mehreren Personen. Informationen und Stimmungen werden ausgetauscht. Vertrauen schweißt zusammen und lässt ein Gefühl von Zugehörigkeit entstehen.
- **Kreativität, Unternehmungslust, Neugier und Interesse.** Wenn Gespräche offen sind, kann alles Mögliche passieren. Dann sind wir kreativ und probieren verschiedene Dinge aus, regen neue Gedanken an und stellen ungewöhnliche Fragen. Auf einmal trauen wir uns Sachen zu, treiben Dinge voran, schauen nach vorne, wollen raus oder hoch hinaus. Unsere Neugierde ist geweckt: Wir sind interessiert, wollen Neues erfahren und hören den Antworten auf unsere Fragen aufmerksam zu.

Je mehr offene Gespräche du führst, desto besser, denn sie vertiefen und verbessern die Kommunikation. Am Ende bist du so geübt darin, dass du wählerisch wirst und geschlossene Gespräche vermeidest, weil sie dir uninteressant und banal vorkommen.

# 6. Angst oder Liebe

Kierkegaard meinte: »Es ist wahr, was die Philosophie sagt: dass das Leben rückwärts verstanden werden muss. Darüber vergisst man aber den anderen Satz: dass vorwärts gelebt werden muss.«

Master Oogway aus dem Film *Kung Fu Panda* verwandelt diesen Gegensatz in ein optimistisches Lebensmotto:

*Yesterday is history, tomorrow is a mystery but today is a gift – that is why it is called present.*

Das eigene Leben, die persönlichen Entscheidungen und Verhaltensmuster zu erkennen und zu verstehen, ist ein mutiger Schritt zur Selbsterkenntnis. So bestückt man sein seelisches Bücherregal mit wichtigen Informationen, die sich ergeben, sobald man in sich selbst blickt.

Während ich das schreibe, spüre ich, wie ich mich innerlich aufrichte. Ich strecke meinen Rücken durch, mein ganzer Körper strebt danach, Stärke, Mut und Offenheit bereitzustellen.

Gleichzeitig bedeutet die Arbeit an sich selbst aber nicht, selbstzentriert und egoistisch zu werden. Vielmehr geht es darum, sich besser kennenzulernen, um eine bessere Version der eigenen Persönlichkeit zu entwickeln – für sich selbst und zugunsten der Mitmenschen.

Eine Beziehung, die von Angst geprägt ist, kann sich nicht entwickeln. Wird sie aber von Liebe getragen, kann sie sich entwickeln, wachsen und vertiefen. Der Einzelne geht daraus genauso gestärkt hervor wie die Gemeinschaft.

Ein Blick in unsere Vorzeit zeigt, dass es verschiedener Reaktionsmuster bedurfte, um das Überleben und den Fortbestand des Menschen zu sichern. Unser Überlebensinstinkt beeinflusst bis heute die Art und Weise, wie wir auf unsere Umgebung reagieren – oft geleitet von Gefühlen wie Wut und Abwehr. Wenn wir uns oder uns Nahestehende schützen wollen, handeln wir oft instinktiv und kümmern uns erst später um die Konsequenzen. Manchmal handeln wir nach der Devise »Lieber fliehen, als einen Kampf zu verlieren« – bei anderer Gelegenheit kämpfen wir und fliehen erst, wenn es zu gefährlich wird. Aber meistens ist uns gar nicht klar, gegen wen wir überhaupt kämpfen.

**Jakob erzählte mir:**
*Ich empfinde häufig Dankbarkeit. Das Problem ist nur, dass ich kein Wort herausbekomme, wenn ich meiner Umgebung mitteilen will, dass ich gerade glücklich bin. Dann ist der Augenblick vorbei und meine Gefühle blieben ungesagt. Das ist so schade, denn ich weiß ja, wie gut so etwas tun kann. Aber irgendwie habe ich Angst davor, wie die anderen reagieren, und diese Angst lässt mich verstummen.*

Alles, was wir tun, hat Angst oder Liebe als Ausgangspunkt. Es liegt immer an uns, ob wir aus Angst oder aus Liebe handeln.

Für die Angst habe ich mir das Symbol eines Totenschädels gewählt, für die Liebe ein Herz. Jedes Mal wenn ich reagiere, handele oder kommuniziere, sehe ich den Totenschädel und das Herz vor mir – zwei Symbole, zwischen denen ich zu entscheiden habe. Immer wenn ich mich für das Herz entscheide, fühle ich mich harmonischer und zufriedener. Ich spüre dann förmlich, wie ich aufblühe und tatsächlich jene Persönlichkeit bin, die in mir steckt.

**Nora erzählte mir:**
*Ich kann mich noch gut an den Tag erinnern, als uns ein befreundetes Pärchen mitteilte, dass sie sich scheiden lassen wollten. Ich wurde so wütend auf sie, dass ich ihnen vorwarf, dass sie nicht gründlich genug darüber nachgedacht hätten, und sie*

*an die ewige Liebe erinnerte, die sie sich geschworen hatten – »in guten wie in schlechten Zeiten« usw. Erst jetzt, viele Jahre später, habe ich begriffen, dass ich aus reiner Panik so reagiert habe. Ich wusste ja nicht, welchen Einfluss ihre Scheidung auf das Verhältnis zwischen meinem Mann und mir haben würde, ob Christoph nicht auch auf die Idee kommen könnte, sich zu trennen. Das gesamte Fundament, auf dem ich stand, geriet ins Wanken. Heute wünsche ich mir, dass ich keine Angst gehabt hätte, denn meine damalige Reaktion hat die Freundschaft ganz schön erschüttert.*

**Lena-Maria erzählte mir:**
*Ich habe festgestellt, dass ich mit Angst reagiere, wenn ich zum Essen oder auf eine Party eingeladen werde. In meinem Job habe ich viel mit Menschen zu tun, entsprechend groß ist mein Bedürfnis nach Freiheit, Ruhe und Alleinsein in meiner Freizeit. Wenn mich jemand einlädt, lautet meine Antwort meistens, dass ich wahrscheinlich nicht kommen kann. So verschaffe ich mir Bedenkzeit, indem ich nicht sofort zusage. Ich muss genau wissen, wie lange das Fest geht und wie ich am schnellsten nach Hause komme, sobald ich nicht mehr gesellig sein will. Wenn ich das alles geklärt habe, sage ich hin und wieder zu, allerdings meist mit dem Zusatz, dass ich unter Umständen doch nicht kommen werde. Ich brauche diese Hintertür. Wenn ich darüber nachdenke, hat es zu 100 Prozent damit zu tun, dass ich Angst habe, dass mein Bedürfnis nach Ruhe und Zeit für mich selbst zu kurz kommt und ich irgendwo feststecke, wo ich nicht sein will.*

**Wähle einen beliebigen Tag oder eine ganze Woche und nimm meine Symbole mit in den Alltag – den Totenschädel und das Herz. Zeichne sie auf ein Stück Papier und leg sie in dein Portemonnaie oder visualisiere sie auf andere Weise. Beobachte dann, wie oft du vor der Entscheidung stehst, aus Angst oder aus Liebe zu handeln oder zu kommunizieren. Wenn du zum Beispiel jemanden in der**

**Schlange vorlässt, der es besonders eilig hat, anstatt auf deinen Platz zu beharren. Oder wenn du dich im Straßenverkehr über andere Autofahrer ärgerst und mit Gesten kommunizierst. Wie fühlst du dich in solchen Momenten?**

## Wenn Angst das Gespräch beherrscht

Ängstliche Menschen führen keine Gespräche, sie können sich höchstens unterhalten, dabei in die Luft starren, ohne zu registrieren, wie ihre Worte ankommen. Solches Reden ist kein Gespräch. Sobald wir einsehen, dass unsere Angst uns beherrscht, können wir dagegen etwas unternehmen. Erst so haben wir die Möglichkeit, uns weiterzuentwickeln.

✎ **Erinnere dich an ein Gespräch, bei dem du Angst hattest. Es spielt dabei keine Rolle, wovor du Angst hattest, nur die Tatsache, dass du ängstlich, unruhig, besorgt oder eingeschüchtert gewesen bist. Wie verlief das Gespräch? Wie war das Resultat? Wäre deine Kommunikation eine andere gewesen, wenn du keine Angst gehabt hättest? Oder wenn du deine Angst zum Thema gemacht hättest?**

Kinder handeln weniger aus Angst als Erwachsene. Von Geburt an haben sie eigentlich nur zwei Ängste: die Angst zu fallen und die Angst vor hohen Tönen. Ein kleines Baby zum Beispiel reißt die Arme in die Luft, wenn es zu fallen droht, und zuckt zusammen und weint, wenn es hohe, laute Töne hört. Im Laufe der Zeit lernen Kinder, wovor sie alles Angst haben müssen, weil sie von Erwachsenen ständig zu hören bekommen, was gefährlich ist. Plötzlich sehen sie überall etwas, wovor andere Angst haben, und meinen, dass auch sie sich davor fürchten müssen.

## Angst vor Ehrlichkeit?

Viele Menschen haben Angst davor, Kritik zu üben, aber auch Lob auszuteilen. Denn sie fürchten sich davor, ehrlich zu kommunizieren.

Eine Freundin erzählte mir von ihrem Entschluss, einen Monat lang vollkommen ehrlich und aufrichtig zu sein. Wenn sie zu einem Termin zu spät kam, sagte sie wahrheitsgemäß, dass sie ans Telefon gegangen sei, statt wie geplant aus dem Haus zu gehen, und sich darum verspätet habe. Sie gab nicht dem Verkehr die Schuld oder anderen äußeren Umständen, die nicht der Wahrheit entsprachen. Wenn sie jemand fragte, wie ihr die neue Frisur oder Bluse gefallen würde, antwortete sie ehrlich, auch wenn sie nicht davon begeistert war. Meine Freundin wollte ausprobieren, wie es ist, vollkommen ehrlich zu sein. Soweit ich weiß, macht sie das bis heute so, auch wenn sie damit manche Menschen vor den Kopf gestoßen hat.

Wenn wir Ehrlichkeit als einen liebevollen Akt betrachten, sehen wir sie mit neuen Augen. Ehrlichkeit ist der Wunsch, die eigenen Beziehungen aufrichtig zu führen. Dafür müssen wir bereit sein, ehrlich zu antworten, und das können wir, wenn wir das Vertrauen haben, dass unsere Beziehungen offene Worte aushalten.

Egal ob wir loben oder kritisieren, wissen wir nicht, wie unsere Umwelt auf unsere Ehrlichkeit reagiert. Oft haben wir auch Bedenken, was andere Menschen meinen und empfinden, also ein übersteigertes Verantwortungsbewusstsein für die Gefühle anderer.

## Konfliktangst – Angst auf freundliche Art

Wenn ich die Menschen, die zu meinen Seminaren kommen, frage, wer von ihnen Angst vor Konflikten habe, dann heben ungefähr 40 Prozent die Hand. Und das ist unabhängig von Beruf, Geschlecht, Alter, Einkommen oder gesellschaftlicher Position.

Als Nächstes frage ich, woher diese Angst kommt, und erhalte häufig als Antwort, dass die Person ein Unbehagen spürt:

- Unbehagen vor emotionsgeladenen Situationen
- Unbehagen, ob eine Beziehung den Konflikt verkraftet
- Unbehagen vor der Stimmung, die während eines Konflikts entstehen kann
- Unbehagen vor verletzenden Worten, die man selbst sagt oder zu hören bekommt
- Unbehagen vor Konsequenzen und Nachwirkungen

Solange wir ungeübt sind, Konflikte zu bewältigen, weichen wir ihnen aus – aber wenn wir ihnen ausweichen, haben wir keine Chance, es zu üben. Ein Teufelskreis.

Aus Angst vor Konflikten geben viele nach, kapitulieren und ziehen keine persönlichen Grenzen. Das wiederum untergräbt den Selbstrespekt und das Selbstwertgefühl. Oft wünschen wir uns so sehr, dass uns andere gut finden, dass wir ganz vergessen, uns selbst gut zu finden.

Aber nicht jeder, der konfliktscheu ist, muss zwangsläufig schweigsam sein. Viele äußern ihren Unmut am Arbeitsplatz oder im Pausenraum, bedienen den »Flurfunk«. Nie im Leben hätten sie aber den Mut, ihre Kritik an der betreffenden Stelle zu artikulieren.

Konfliktscheu zu sein ist mitnichten der Gegensatz zu Streitlust. Wer Konflikte nicht scheut, muss Auseinandersetzungen nicht zwangsläufig lieben. Konfliktscheu zu sein kann auch bedeuten, Angst vor der eigenen Wut zu haben – vor dem, was bei anderen Menschen ausgelöst wird, wenn wir in Rage geraten.

**Hast du Angst vor Konflikten? In welchen Situationen? Oder gegenüber welchen Personen? Was passiert mit dir, wenn sich diese Angst meldet? Wovor hast du Angst? Und was ist das Mutigste, das du jemals zu jemandem gesagt hast?**

**Christian erzählte mir:**
*Das Mutigste, was ich jemals gesagt habe, war, als ich meiner Frau den Heiratsantrag gemacht habe. Ich habe am ganzen Körper gezittert, meine Stimme hätte beinahe versagt, aber ich habe es geschafft, die Frage zu stellen. Und sie hat Ja gesagt.*

**Maike erzählte mir:**
*Meine Mutter hat mir schon viele Dinge gesagt, die mich verletzt haben. Eines Tages kommentierte sie den Ausschnitt meines Kleides. Sie griff sogar nach dem Stoff und hat ihn hochgezogen. Das nächste Mal habe ich es nicht einfach mit mir geschehen lassen und ihr ganz ruhig gesagt, dass ich anziehen könne, was ich will, und sie sich da nicht einzumischen habe. Ihre Meinung interessiere mich nicht. Ich war vollkommen ruhig und sachlich, habe niemanden sonst in das Gespräch eingebunden, sondern nur von mir geredet. Das Gefühl danach war großartig.*

Wer mutig ist, hat seine Angst überwunden. Wenn du es zulässt, dass Mut das zentrale Element deiner Kommunikation ist, hast du dich für die Liebe und gegen die Angst entschieden.

# 7. Giftpfeile

**Robert erzählte mir:**

*Vor einiger Zeit hatte ich eine Halsentzündung und konnte tagelang nicht sprechen. Als meine Frau und ich bei einem Spaziergang Freunde von uns trafen, erzählte sie ihnen, was mit mir los war, und dabei platzte es förmlich aus ihr heraus: »Könnt ihr euch vorstellen, wie sehr ich das genieße?« Die Freunde zeigten Mitgefühl für meine Erkrankung und wünschten mir Gute Besserung, meine Frau aber fügte hinzu: »Das muss gar nicht so schnell gehen, jetzt herrscht wenigstens ein bisschen Frieden und Ruhe zu Hause …«*

Wir alle haben sie schon einmal zu spüren bekommen – verbale Giftpfeile, die mit einer scharfen Spitze in Form einer boshaften Andeutung durch die Luft gesaust kommen und erst als solche erkannt werden, wenn sie ins Schwarze getroffen haben.

Es gibt niemanden, der in seinem Leben nicht von ihnen getroffen wird. Einige oft, andere seltener. Manche können ihnen ausweichen, andere sind gezwungen, sich ihnen auszusetzen.

**Beatrice erzählte mir:**

*Einige tun mehr weh als andere. An manchen Tagen ist man anfälliger, dann können sie sich tiefer in einen hineinbohren. Ich erinnere mich genau, wie mich unsere übellaunige Nachbarin einmal fragte, ob ich denn keine Freunde hätte, weil ich sie Tag für Tag grüßte. Darauf könnte sie nämlich gerne verzichten. Das traf mich mitten ins Herz.*

**Alex erzählte mir:**
*Ein Kollege von mir sagte: »Hallo, wie geht's?«*
*Ein anderer Kollege antwortete: »Hast du endlich eine Arztstelle gefunden – oder warum sollte ich dir darauf antworten?«*

Wenn dich ein Giftpfeil trifft, versetzt dich das in einen Schockzustand. In der Trauerarbeit ist das die erste von vier Phasen: die Schockphase, die Reaktionsphase, die Phase der Verarbeitung und die Phase der Neuorientierung. Trauer beginnt mit einem Schock, auf ihn reagieren deine Schutzmechanismen, dann verarbeitest du die schmerzhafte Erfahrung und orientierst dich neu. Dieser Prozess gleicht dem Ablauf, der stattfindet, wenn du vom Giftpfeil einer boshaften Bemerkung getroffen bist.

**Der Schock**

Jemand sagt zu dir etwas, das dich verletzt. Es kann zweideutig oder eine Anspielung sein, es kann subtil und schwer verständlich sein. Aber es tut weh. Es versetzt dich in einen Mini-Schockzustand: Du kannst kaum glauben, was du gerade zu hören bekommen hast.

Dein Körper schützt dich und spaltet deine Gefühle ab, deshalb dauert es meistens ein paar Stunden, manchmal sogar Tage, bis du begreifst, was dir widerfahren ist. Du musst erst den Ort wechseln, nach Hause fahren, zurück zur Arbeit oder wo auch immer du dich befunden haben magst, als du getroffen wurdest. Erst dann setzt der Erkenntnisprozess ein.

**Die Reaktion**

Setzt dann die Reaktion ein, kann es passieren, dass du tief bestürzt bist von dem, was dir gesagt wurde bzw. wie oder in welchem Zusammenhang es gesagt wurde. Du gehst es immer wieder durch, sprichst mit einem Freund darüber und sagst Sätze wie: »Kannst du das glauben, dass sie das zu mir gesagt hat?« oder »Wie zum Teufel konnte er das vor allen Leuten sagen?« Du grübelst lange darüber nach und kommst eventuell zu dem

Schluss, dass du solche fiesen Kommentare nicht zum ersten Mal gehört hast und eigentlich jedes Mal gleichermaßen erschüttert warst.

### Die Verarbeitung

Das Brüten lässt allmählich nach, was nicht bedeutet, dass du das Gesagte akzeptierst, sondern vielmehr, dass du dich beruhigst und Distanz gewonnen hast. Erst jetzt kannst du den Berichten deiner Mitmenschen zuhören, ihre Erfahrungen mit Giftpfeilen und ähnlichen Situationen auf dich beziehen. Davor warst du ziemlich egozentrisch. Deine ganze Aufmerksamkeit richtete sich auf dich selbst. Du hattest ein großes Bedürfnis, dich zu schützen und deine mentalen Wunden zu versorgen. Jetzt erkennst du aber, dass du nicht die einzige Geschädigte bist.

Ein großherziger Mensch kann erkennen, dass das Problem bei demjenigen liegt, der den Giftpfeil abgeschossen hat – bei seiner Unsicherheit und Profilneurose, nicht bei derjenigen, die zufällig in die Schusslinie geraten ist.

### Die Neuorientierung

Den Vorfall hast du nicht vergessen, aber deinen Weg inzwischen fortgesetzt. Du hast die Ärmel hochgekrempelt und dich um deine Belange gekümmert. Du bist wieder fröhlich, fühlst dich stark und denkst: »Das nächste Mal werde ich mich wehren!« Du bist überzeugt, dass die wiedererlangte Stärke und die neugewonnenen Erkenntnisse dir helfen werden. Aber der nächste Giftpfeil wartet schon und droht, dich wieder in einen Schockzustand zu versetzen. Dann beginnt der Prozess wieder von vorne.

## Konsequenzen von Giftpfeilen

Alle Konsequenzen sind ungünstig. Wenn du die Beleidigung hinunterschluckst und die Zähne zusammenbeißt, machst du dich selbst klein und schwächst deinen Selbstwert. Wenn du dir die Sache zu Herzen nimmst, führt das über kurz oder lang dazu, dass du den Kontakt zu der Person, die dich beleidigt hat, einschränkst oder die Beziehung darunter leidet. Unter Umständen verändert sich auf diese Weise dein ganzes soziales Netzwerk.

Vor allem aber hat es Konsequenzen für deine Beziehung zu dir selbst. Jedes Mal, wenn du dich zu Boden drücken lässt, wird es schwerer, wieder aufzustehen.

**Anette erzählte mir:**
*Mein Schwiegervater sagt ständig gemeine Sachen über seine Frau, sodass ich gar keine Lust mehr habe, dorthin zu fahren. Er macht sich über sie lustig und das Schlimmste daran ist, dass alle mitlachen. Das macht meine Schwiegermutter nur noch trauriger. Ich habe meinem Mann schon gesagt, dass ich nicht mehr zu Familienfesten kommen werde, solange sich das nicht ändert. Wie seine Mutter das aushalten kann, ist mir unbegreiflich. Und ich ertrage es auch nicht mehr.*

Anette macht sich Sorgen. Nicht nur um ihre Schwiegermutter, sondern auch um ihre Ehe. Was wird passieren, wenn ihr Mann dem Konflikt mit seinem Vater ausweicht? Und selbst wenn er mit ihm redet, wird er seine Kritik auch deutlich formulieren können? Und wird der Schwiegervater dann verstehen, worum es geht – oder denkt er am Ende, dass Anette wegen irgendetwas sauer ist?

Ich persönlich hätte das Gespräch selbst gesucht und Folgendes formuliert:

*Das fühlt sich furchtbar an, wenn ich höre, wie du dich über deine Frau lustig machst und ihr Essen oder ihr Übergewicht kommentierst. Dass sie sich nicht dagegen wehrt, ist ihre Entscheidung, aber mir tut es in der Seele weh, wenn ich deine verletzenden Worte höre. Ich wünsche mir, dass du diese Kommen-*

*tare über sie sein lässt, zumindest solange wir da sind und sie mitanhören müssen. Respektierst du diesen Wunsch?*

Eine solche Offenheit birgt das Risiko, dass die Familie auseinanderfällt. Aber der Preis, den Anette jedes Mal zahlt, wenn sie sich nicht für sich oder ihre Schwiegermutter einsetzt, ist hoch. Eine Menge positiver Energie geht so verloren, die man nicht wieder zurückbekommt.

## »Du verstehst ja gar keinen Spaß«

Es ist nicht ungewöhnlich, dass verbale Giftpfeile zum festen Bestandteil der Kommunikation unter Kollegen, Verwandten, Freunden oder Partnern werden. Das ist in Ordnung, solange alle Beteiligten den rauen Umgangston akzeptieren und als belebend empfinden. Manchmal ist die Grenze zu einer tatsächlichen Verletzung aber haarfein, sodass man die Wunde erst bemerkt, wenn sie kaum noch zu heilen ist.

**Sophia erzählte mir:**
*An meinem Arbeitsplatz sind kleine Sticheleien nichts Ungewöhnliches, meistens kommen sie von den richtig »harten Kerlen«. Eine Kollegin von mir macht aber genauso mit. Als sie bei uns anfing, wollte sie schon kurz darauf wieder aufhören, weil sie diesem Druck nicht standhielt. Inzwischen gehört sie zu den besonders Schlimmen.*

**Wenn dir jemand seine Giftpfeile als Charakterzug verkaufen will, etwa mit den Worten:**

*Weißt du, so bin ich nun einmal.*
Oder:
*Nimm mich halt, wie ich bin!*

**... dann kannst du darauf antworten:**

*Wenn das so ist, bin ich raus. Ich akzeptiere diesen Umgangston nicht.*

Verletzendes Verhalten muss Konsequenzen haben, ansonsten hört es nie auf. Der Schütze wird seine Giftpfeile so lange abschießen, bis sich jemand wehrt. Ihm oder ihr muss klar werden, wie hässlich seine Äußerungen klingen und welche Folgen sie haben.

## Tipps für den Getroffenen

- **Nachfragen**
  Die Gegenfrage dreht den Spieß um, denn derjenige, der etwas Gemeines, Ironisches oder Zweideutiges gesagt hat, muss sich erklären. Und dann ist es auf einmal gar nicht mehr so lustig, Gehässigkeiten von sich zu geben. Du kannst auch sagen:
  *Könntest du das ausführen? Das verstehe ich nicht ganz ... Es wäre aber interessant zu hören, was du gemeint hast.*

- **Sammle und wehr dich**
  Wenn du dich stark genug fühlst, dann sammle dich, indem du dir ein paar konkrete Beispiele ins Gedächtnis rufst. Dann bitte den Giftpfeilschützen um ein Gespräch ...
  *Mir ist aufgefallen, dass du in letzter Zeit oft kommentiert hast, was ich mache, zum Beispiel am ... Da ich solche Kommentare nicht mag, wollte ich dich bitten, damit aufzuhören, genau genommen sofort.*

- **Wehr dich sofort**
  Das Wissen um die Phasen, die auf einen Schockzustand folgen, hilft dir, beim nächsten Mal schneller zu reagieren. Pack den Stier bei den Hörnern und wehr dich an Ort und Stelle!

Nimm die Person beiseite oder konfrontiere sie ohne Rücksicht auf Umstehende. Andere werden davon profitieren, wenn sie mitbekommen, dass du dich wehrst.

**Betty erzählte mir:**
*Meine Mutter weiß immer alles besser, zum Beispiel: »Kein Wunder, dass die Kinder krank werden – mit so dünnen Jacken!« Mittlerweile wehre ich mich dagegen. Nicht wütend oder gemein, aber ich will dazu Stellung beziehen und nicht – wie früher – alles schweigsam hinnehmen. Wenn sie versucht, mir ein schlechtes Gewissen zu machen, versuche ich, es nicht mehr an mich ranzulassen. Das gelingt mir nicht immer, aber auf jeden Fall fühle ich mich besser als vorher.*

### Was Getroffene vermeiden sollten

- Über den Witz oder die Stichelei lachen oder kichern
- Schweigen und leiden
- Mit gleicher Münze heimzahlen: »Aber du ...!«
- Die Verantwortung für das destruktive Verhalten übernehmen und denken: »Ich bin ganz schön empfindlich ...«

## Schießt du auch?

Vielleicht hast du beim Lesen das Gefühl bekommen, dass du auch fies sein kannst und andere mit deinen Äußerungen verletzt ... Zählst du auch zu jenen, die mit Giftpfeilen um sich schießen?

## Tipps, um dein Verhalten zu ändern

- **Übernimm die Verantwortung für alles, was du sagst**
  »Passiert ist passiert« genügt nicht. Auch nicht »Das ist mir bloß so rausgerutscht«. Und noch nicht einmal »Ich wollte niemanden damit verletzen«. In den meisten Fällen war nämlich genau das sehr wohl beabsichtigt. Mit jeder Gelegenheit, die du für einen gemeinen Kommentar genutzt hast, wurde dieses Verhalten immer mehr zur Gewohnheit. Respektlosigkeit ist in der Regel Methode – nicht Missverständnis.

- **Nimm das Gesagte zurück**
  Gib zu, dass es dumm war, so etwas zu sagen, und dass du es bereust. Der Schaden wird dadurch deutlich verringert. Allerdings musst du deine Reue anschließend beweisen, indem du deine Kommunikation qualitativ änderst. Du kannst nicht immer wieder denselben Fehler machen und danach jede Silbe zurücknehmen, sonst bist du am Ende unglaubwürdig.

- **Sag Entschuldigung**
  Das eigene Verhalten zu ändern ist ein langwieriger Prozess. Wenn du jahrelang mit verbalen Giftpfeilen um dich geschossen hast, dauert es lange, bis du dir diesen Umgangston abgewöhnt hast. Entschuldige dich, entweder gleich nachdem es geschehen ist oder in gesammelter Form für die vielen vergangenen Male:
  *Ich weiß, dass ich oft fiese Kommentare von mir gegeben habe. Dafür entschuldige ich mich, weil ich dich damit verletzt habe. Ich bemühe mich sehr, so etwas in Zukunft zu unterlassen.*

# 8. Entschuldigungen

Früher gelang es mir kaum, mich zu entschuldigen. Ich konnte es einfach nicht eingestehen, wenn ich einen Fehler begangen hatte. Regte sich jemand über meine Worte oder mein Verhalten auf, so wurde ich ganz verschlossen, schwieg und senkte den Blick zu Boden. Ich hörte zwar zu, was der oder die andere zu sagen hatte, aber innerlich führte ich meinen eigenen Monolog, schimpfte und fluchte und empfand die Kritik als total ungerecht und lächerlich. Ich war eine Expertin darin, die Argumente umzudrehen und anderen die Schuld und die Verantwortung zuzuschieben. Ich selbst empfand mich immer als komplett unschuldig.

Zum Glück kann ich mittlerweile Kritik annehmen und meinen Anteil an Konflikten akzeptieren. Ich sehe jetzt auch, welche Konsequenzen mein Verhalten hat. Das bedeutet aber nicht, dass ich mich ergebe und alle Schuld auf mich nehme, sondern ich bin vielmehr offen und höre zu, wie meine Mitmenschen mein Verhalten erlebt haben und was es in ihnen ausgelöst hat.

Das ist alles andere als leicht, aber auf längere Sicht ist es anstrengender, in einer Atmosphäre aus Wut, Unrecht, Enttäuschung und beleidigten Menschen zu leben als an seiner persönlichen Entwicklung zu arbeiten. Wenn du jedes zweite Mal in der Lage bist, offen und aufrichtig zu sein, ist das fantastisch. Gelingt es nur jedes zehnte Mal, sind das immerhin 10 Prozent deiner Begegnungen. Am Ende wird es zur Angewohnheit, zu einer neuen inneren Haltung, die dein Denken und Verhalten prägt.

Sich für etwas zu entschuldigen erfordert innere Größe – eine Größe, die Menschen schöner macht, die es wagen, denen Offenheit und Aufrichtigkeit gelingt.

Dieselbe Größe ist erforderlich, um eine Entschuldigung anzunehmen, Taten und Worten zu verzeihen und weiterzuleben, ohne sich an negativen Erlebnissen festzubeißen.

**Ulrike erzählte mir:**
*Mein Sohn war drei Jahre alt, als wir uns über die Bedeutung von Entschuldigungen unterhielten. Wie wichtig es sei, Entschuldigung zu sagen und es auch zu meinen. Ich erklärte ihm, dass es gut wäre, Entschuldigung zu sagen, wenn man etwas Doofes gesagt oder getan hat. Er schwieg einen Augenblick und schlug schließlich vor: »Ich sag einfach ›Roger over‹.«*

## Entschuldigung sagen

Eine Entschuldigung sollte eine Entschuldigung sein und nichts anderes. Sie sollte nicht als zusätzliche Chance genutzt werden, um persönliche Interessen zu bekräftigen oder das eigene Verhalten zu rechtfertigen.

Um eine glaubhafte Entschuldigung vorbringen zu können, musst du es aufrichtig meinen, d.h. das Geschehene bereuen und deinen Anteil daran sehen. Da du die Konsequenzen deines Handelns erkannt hast, wünschst du dir, dass du dich anders verhalten hättest.

Ich nenne das nicht »um Entschuldigung bitten«, sondern »Entschuldigung sagen«.

Denn der Ausdruck »um Entschuldigung bitten« beinhaltet, dass du eine Bestätigung dafür brauchst – ein Okay, dass deine Entschuldigung akzeptiert wurde. Wir bitten um etwas und erwarten eine Antwort darauf. Wenn eine Entschuldigung nicht angenommen wird, rutscht einem schnell mal ein »Dann eben nicht!« heraus. Dann war die Entschuldigung vielleicht doch nicht so ernst gemeint …

Wenn du aber Entschuldigung sagst, ganz egal, ob die Entschuldigung angenommen wird oder nicht, bleibt sie bei dir und nicht beim Empfänger. Du brauchst nicht unbedingt eine Antwort darauf. Eine Bestätigung deines Anliegens ist nicht zwingend notwendig. Du hast Entschuldigung gesagt und damit Verantwortung übernommen.

✎ **Erinnere dich an Entschuldigungen, die du im Laufe deines Lebens vorgebracht oder um die du gebeten hast. Wie hast du sie formuliert? Wurden sie angenommen, abgelehnt oder ignoriert?**

✎ **Kannst du ein Muster erkennen? Musstest du immer und immer wieder wegen derselben Sache um Entschuldigung bitten?**

✎ **Falls ja, wäre es klug, dir dein Verhalten genauer anzusehen. Gibt es Fallen, in die du immer wieder aufs Neue tapst? Wenn du sie erkennst, kannst du daraus lernen, sodass du dich in Zukunft nicht ständig entschuldigen musst.**

**Mia erzählte mir:**
*Ich habe meinem Sohn einmal in rasender Wut den Hintern versohlt. Danach hatte ich ein so schlechtes Gewissen, dass ich mich hundert Mal entschuldigt habe. Das werde ich nie vergessen. Und mein Sohn auch nicht.*

**Statt:** *Ich möchte mich gerne entschuldigen für das, was ich getan habe, aber …* (es folgen Erklärungen und Rechtfertigungen)
**Sprich's aus:** *Ich entschuldige mich für das, was ich getan habe.* (Punkt!)

Wenn du nämlich im selben Atemzug Erklärungen abgibst, nimmst du deiner Entschuldigung die Kraft. Dann hört es sich so an, als wolltest du dich bloß verteidigen. Dem Angesprochenen fällt es dann schwerer, deine Entschuldigung anzunehmen, denn er hört eher eine Rechtfertigung. Damit schwächst du deine eigene Entschuldigung und übernimmst keine Verantwortung für dein Handeln.

Was du jederzeit hinzufügen kannst, sind Sätze wie »Ich habe gesehen, wie traurig dich das gemacht hat. Das wollte ich nicht«, solange du im Modus der Entschuldigung bleibst.

Willst du dennoch erklären, warum du etwas gesagt oder getan hast, dann mach das bei anderer Gelegenheit. Lass etwas Zeit verstreichen. Du kannst die betroffene Person ja auch fragen, ob er oder sie deine Erklärung jetzt oder später hören will.

## Tipps, wenn du dich entschuldigen willst

- **Vergewissere dich, dass deine Entschuldigung von Herzen kommt**
  Deine Entschuldigung muss deinem Innersten entspringen. Dafür musst du bereit sein, »Entschuldigung« zu sagen, ohne etwas zurückzubekommen oder eine Gelegenheit zu erhalten, dich zu rechtfertigen.

- **Mach nach der Entschuldigung einen Punkt**
  Auf die Entschuldigung soll kein »aber« folgen, sonst endet das Ganze in einer Rechtfertigung. Leider ist sehr, sehr verbreitet, dass wir ein »aber« anhängen, weil wir das Bedürfnis haben, uns zu erklären, und akzeptiert, gemocht und verstanden werden möchten.

- **Entschuldige dich durch Gewaltfreie Kommunikation**
  **Schritt 1: Hör empathisch zu.** Versuch zu begreifen, was dein Verhalten beim anderen ausgelöst hat.
  **Schritt 2: Beschreib dein Gefühl.** Wenn du deinem Gegenüber zugehört und verstanden hast, welche Auswirkungen dein

Verhalten hatte, dann beschreibe, was diese Reaktion in dir auslöst.
**Schritt 3: Welches Bedürfnis hast du befriedigen wollen?** Beschreib deine Motivation, obwohl du dich jetzt – da du die Konsequenzen erlebt hast – anders verhalten würdest.

- **Sei dir über die Motive deiner Entschuldigung im Klaren**
  Es ist nichts gewonnen, wenn du dich entschuldigst, um dich von Schuld- und Schamgefühlen zu befreien. Die Entschuldigung muss aus Empathie für den anderen erfolgen. Sie soll eure Beziehung stärken.

- **In seiner »Last Lecture«, die Randy Pausch kurz vor seinem Krebstod gehalten hat, empfiehlt der amerikanische Informatiker, sich in drei Schritten zu entschuldigen:**
  1. **Sag Entschuldigung.** Allein das Wort lässt das Blut in den Adern des Verletzten leichter fließen.
  2. **Sag, dass es dir leidtut und dass es ein Fehler war.** Etwas ist schiefgegangen. Deine Beteiligung an einer Handlung, die einem anderen Menschen geschadet hat, genügt, um Reue zu empfinden.
  3. **Frag, wie du es wiedergutmachen kannst.** Wenn du etwas tun kannst, erfährst du es besser gleich als später.

## Entschuldigungen annehmen

Die Fähigkeit, eine Entschuldigung anzunehmen, kann tief in einem Menschen vergraben sein. So tief, dass der Großmut von Kränkung und Verbitterung überschattet wird und die entschuldigende Geste nicht angenommen werden kann.

*»Und vergib uns unsere Schuld, wie auch wir vergeben unsern Schuldigern.«* – Im Vaterunser wird Gott um Vergebung angeru-

fen, so wie die Menschen auch einander vergeben wollen. Wenn wir dementsprechend leben, können wir auf die Vergebung hoffen, die wir anderen zugestehen. Wenn uns vergeben werden soll, müssen auch wir vergeben.

»Vergeben« ist mehr als ein Wort, es ist eine Haltung unseren Mitmenschen gegenüber. Nicht der Mensch wird verurteilt, nur seine Handlung. Das ist ein großer Unterschied, denn es ist wesentlich einfacher, ein bestimmtes Verhalten zu unterlassen als seine gesamte Persönlichkeit zu verändern.

✎ **Welche Entschuldigungen hast du im Laufe deines Lebens zu hören bekommen? Waren schnelle »'Tschuldigungs« darunter, bei denen man dir nicht einmal in die Augen schaute?**

✎ **Oder gab es auch Entschuldigungen voller Wärme und Respekt, aus denen Einsicht und Verantwortung sprach? Notier dir die wichtigsten Entschuldigungen, an die du dich erinnerst. Welche davon hat dich am tiefsten berührt? Welche hat die Beziehung nachhaltig gestärkt?**

## Vergeben

Manchmal müssen wir, um frei zu sein, auch Menschen vergeben, die nicht Entschuldigung gesagt haben.

In der Trauerarbeit sind mir viele Menschen begegnet, die einem Verstorbenen vergeben wollten, der sie im Stich gelassen hat, sie verlassen hat oder für andere schmerzhafte Erlebnisse verantwortlich war. Der ganze Heilungsprozess hängt dann von der Fähigkeit ab, dem anderen zu vergeben und auch sich selbst.

✎ **Welche Erfahrungen hast du mit Vergebung gemacht? Wie hat sich das angefühlt? Wie hat sich der Entschuldigende ausgedrückt, wie ist er dir begegnet? Hat es sich richtig angefühlt?**

## Tipps, wenn es dir schwerfällt zu vergeben

- **Solange du nicht vergeben kannst, trägst du den Schmerz mit dir herum**
  Der Schuldige kann sich bereits längst vergeben haben und ist seitdem frei, während du noch immer die schweren Steine in deinem emotionalen Rucksack mit dir herumschleppst. Vergebung ist vielleicht der einzige Weg, einen Schlussstrich zu ziehen und wieder inneren Frieden zu finden.

- **Vergebung bedeutet nicht, das Geschehene zu akzeptieren**
  Es bedeutet nur, dass du dem Schmerz ein Ende setzt. Trauer, Wut, Verletzung und Enttäuschung werden dadurch nicht automatisch vermindert, sicher aber der Energieaufwand, der dabei verloren geht, wenn du weiterhin unversöhnlich bist.

- **Erinnere dich daran, wie dir vergeben wurde**
  War das nicht ein gutes Gefühl? Hat es dir nicht neue Möglichkeiten eröffnet, die Beziehung neu zu gestalten? Dann behandle andere so, wie du selbst behandelt werden willst.

## ... und wenn es dir gelingt

- **Bedanke dich**
  Unabhängig davon, was du von der Entschuldigung hältst, solltest du anerkennen, dass es Größe erfordert, sich aufrichtig zu entschuldigen.

- **Sag, dass du die Entschuldigung annimmst**
  Danach kannst du in ruhigem Ton Auskunft geben, wie du sein oder ihr Verhalten erlebt hast, welche Konsequenzen es für dich hatte und welche Gefühle dadurch in dir ausgelöst wurden.

- **Wenn du die Entschuldigung nicht gleich annehmen kannst, bitte um etwas Bedenkzeit**
  Es ist vollkommen in Ordnung, einige Augenblicke, ein paar Stunden oder sogar Tage Zeit zum Nachdenken zu brauchen.

# 9. Ungebetene Ratschläge

Es gibt viele verschiedene Sorten von Unterhaltungen: oberflächliche, vertrauliche, unter vier Augen oder in einer Gruppe. Es gibt kurze Gespräche, die lange nachklingen, Rituale, die sich ständig wiederholen, oder Unterhaltungen, mit denen man etwas Bestimmtes erreichen will. Und natürlich gibt es auch solche, die ganz offen und ungezwungen sind.

Manchmal wissen wir nicht, wohin ein Gespräch führt, manchmal steht der Gesprächsverlauf von Beginn an fest. Und manchmal wissen wir erst im Nachhinein, was wir von einem Gespräch zu halten haben.

Und dann gibt es Gespräche, in denen ungebetene Ratschläge erteilt werden – Ratschläge, die man ungefragt bekommt, ohne dafür empfänglich zu sein, Ratschläge, die in bester Absicht geäußert werden, aber einen schlechten Beigeschmack haben.

Kommt dir das bekannt vor?

Die meisten von uns haben einen Bezug zu ihren Gefühlen und wollen für ihre Mitmenschen nur das Beste. Darum ist es ein natürlicher Reflex, einen Freund zu trösten, wenn er Sorgen äußert oder traurig ist. Dann wollen wir ihm helfen und suchen eine Lösung für sein Problem.

**Isabell erzählte mir:**

*Ich weiß nicht, wie oft ich schon bei Freunden angerufen habe, nur um mich mal auszukotzen. Du weißt schon, einfach alles von der Seele reden. Als hätte man eine Schubkarre voller Dreck, die man einmal umkippt und alles wegwirft, was einem auf der Seele lastet.*

Aber statt eines empathischen Zuhörers, den sich Isabell so sehnlichst wünscht, bekommt sie Lösungsvorschläge oder – noch schlimmer – Floskeln als Antwort: »Tu das …«, »Sieh's doch mal so …«, »Lass bloß die Finger von …«, »Du musst ihr die Meinung sagen …«, »Sag's so …«, »Sag's anders …« Statt Lösungsvorschlägen sucht Isabell eigentlich Empathie und Verständnis. Bald weiß sie gar nicht mehr, an wen sie sich wenden soll, wenn sie unglücklich ist. Gibt es denn niemanden, der in der Lage ist, einfach nur zuzuhören?

Warum glauben alle besser zu wissen, was sie tun soll?

**Marianne erzählte mir:**
*Meine Mutter wollte mir eine Decke schenken. Sie hatte zwei unterschiedliche gekauft und ich sollte mir eine aussuchen. Aber bevor ich den Mund öffnen konnte, fing sie an, mir zu erzählen, welche ich nehmen solle und warum. Am Ende hat sie die Decke ausgesucht, nicht ich.*

## Tipps bei ungebetenen Ratschlägen

- **Überleg dir, was du dir von dem Gespräch wünschst, bevor du dich jemandem anvertraust**
  Wenn du dir darüber im Klaren bist, ist es einfacher, explizit darum zu bitten.

- **Sag, was du brauchst**
  Wenn du einen Ratschlag haben möchtest, dann bitte darum. Wenn du nur einen Zuhörer brauchst, sag deinem Gegenüber, dass er auf diese Weise an dem Gespräch teilnehmen soll.

- **Beschreib genau, wie du dir das Gespräch vorstellst**
  Gib es zu verstehen, wenn du einfach nur reden willst. Wenn du eine Rückmeldung oder ein Feedback möchtest, sag es. Willst du Trost, dann bitte darum. Und wenn du einen Rat-

schlag oder eine Lösung suchst, frag nach der Meinung deines Gegenübers.

Du wirst sehen, klare Ansagen sind echte Türöffner für zwischenmenschliche Nähe und wahre, tiefe Freundschaften. Je geübter du darin wirst, zu sagen, was du brauchst, desto intensiver werden deine Beziehungen, weil deine Freunde lernen, mit deiner Verletzlichkeit und Aufrichtigkeit umzugehen. Und das schließt euch noch enger zusammen.

*Wenn ich mir etwas von der Seele reden will und nur zu hören bekomme, was ich tun oder lassen soll, läuft es mir kalt den Rücken runter. Ich weiß ja, dass es in der Regel gut gemeint ist, dennoch fühle ich mich schutzlos und ausgeliefert. Manchmal komme ich gar nicht dazu, meine Geschichte zu Ende zu erzählen, bevor ich diverse Ratschläge entgegengehalten bekomme. Hätte mir mein Gegenüber besser zugehört, hätte er erfahren, dass ich bereits Konsequenzen gezogen habe. Mittlerweile habe ich herausgefunden, welche Freunde mir aktiv zuhören und welche sich mit guten Ratschlägen und Lösungsmodellen auf mich stürzen. Aus Wohlwollen und Fürsorge zwar, trotzdem fühlen sich Gespräche nicht gut an, bei denen man nicht bekommt, was man gerade dringend braucht. Es fällt schwer, unerbetene Ratschläge von Freunden abzublocken, aber es ist wichtig, damit unsere Beziehungen authentisch bleiben und wir unsere Gespräche nicht zensieren.*

Eventuell erkennst du dich eher in der Beschreibung jener Menschen wieder, die gerne ungebetene Ratschläge geben? Lässt du im Gespräch mit deinen Freunden häufig den einen oder anderen guten Ratschlag fallen? Wenn sich dir jemand anvertraut, fühlst du dich dann verpflichtet, gleich eine gute Lösung parat zu haben?

Versuch einmal, es anders zu machen, und du wirst sehen, dass ganz andere Gespräche dabei herauskommen.

## Tipps für gutes Zuhören

- **Wenn sich dir ein Freund anvertraut, frag gleich zu Beginn: »Was wünschst du dir von mir?«** Oder: »Soll ich nur zuhören oder willst du einen Rat von mir?«

- **Nachdem du die Geschichte gehört hast, frag: »Willst du wissen, was ich darüber denke?«** Überfordere nicht die verletzliche Person, die sich dir geöffnet hat. In diesem Moment braucht sie vor allem Geborgenheit.

- **Wenn du mit einem Ja aufgefordert wirst, dann formuliere deinen Standpunkt. Wenn du ein Nein zu hören bekommst, akzeptier es.** Sag höchstens: »Wenn du es später hören magst, dann gib mir einfach Bescheid.«

**Eva erzählte mir:**
*Mir fällt es sehr schwer, den Mund zu halten, denn ich möchte so gerne helfen, wenn jemand traurig ist. Ganz besonders, wenn ich genau weiß, was das Richtige für sie oder ihn wäre. Es ist so frustrierend, einfach nur zuzuhören und nicht eingreifen zu dürfen.*

**Carl erzählte mir:**
*Ich finde es in Ordnung, Ratschläge von anderen zu bekommen, wenn ich ein Problem habe. Für mich wäre es undenkbar, dass mein Freund mir einfach nur zuhört oder zustimmt. Ich schütte doch gerade deshalb mein Herz aus, weil ich verzweifelt bin und nicht weiß, was ich machen soll!*

**Viola erzählte mir:**
*Ich frage nicht, ob die Leute meine Meinung hören wollen, um von meiner Erfahrung zu profitieren, sondern ich rede einfach drauflos. Dabei versuche ich immer, die Ratschläge als meine eigenen Erfahrungen zu verkleiden. Es ist mir durchaus bewusst, dass mich niemand darum gebeten hat.*

## »Ich mach mir solche Sorgen um dich ...«

Ängste und Bedenken lassen sich in zwei Typen einteilen. Es gibt Ängste der produktiven und der unproduktiven Art.

Bei produktiven Ängsten bist du handlungsfähig. Wenn du zum Beispiel fürchtest, ein wichtiges Meeting am nächsten Morgen zu verpassen, kannst du dieser Angst begegnen, indem du zwei Wecker stellst. Oder du hast Leute zum Essen eingeladen und machst dir Sorgen, dass nicht alle satt werden, also kaufst du einfach ein bisschen mehr ein. Und wenn du Angst hast, den Zug zu verpassen, gehst du früher aus dem Haus, damit der Zeitpuffer auf alle Fälle ausreichend ist. Produktiven Ängsten begegnen wir durch vorbeugendes Handeln.

Bei unproduktiven Ängsten ist dies nicht möglich. So steht es nicht in unserer Macht, wie das Wetter morgen wird, ob wir gesund bleiben oder was andere Menschen tun oder lassen werden. Viele versuchen aber das Unmögliche, weil sie an einem Bedürfnis nach totaler Kontrolle leiden. Unentwegt grübeln sie und verschwenden eine Menge Energie darauf, Dinge beeinflussen zu wollen, die autonom von ihnen existieren.

Untersuchungen zeigen, dass 85 Prozent dessen, was wir befürchten, niemals eintreten wird. Das Problem ist nur, dass wir nicht wissen, welche 15 Prozent tatsächlich Realität werden. Nur Menschen, die sich um alles Sorgen machen, decken das ganze Spektrum ab.

✎ **Wie gehst du mit den Ängsten und Bedenken anderer Menschen um? Erinnere dich daran, was du normalerweise antwortest, wenn dir jemand erzählt, dass er oder sie sich sorgt über dich, deine Gesundheit oder deine Zukunft?**

✎ **Was würdest du am liebsten antworten? Willst du, dass man dir Respekt und Vertrauen entgegenbringt und davon ausgeht, dass du dein Bestes gibst? Dass du intelligent genug bist, um die richtigen Entscheidungen zu treffen? Dann sag das.**

# 10. Erwartungen

Bei einem halbtägigen Seminar, das ich vor kurzem gehalten habe, fragte ich in den Raum, ob jemand von den Anwesenden unausgesprochene Erwartungen hätte, von denen der Adressat dieser Erwartungen nichts ahnte.

Alle Hände flogen in die Luft.

Das entspricht den Erfahrungen, die ich im Laufe der Jahre gesammelt habe. Die meisten von uns haben Erwartungen, nur ganz selten treffe ich Menschen, die behaupten, dass sie von niemandem etwas erwarten.

Vermutlich hast du in diesem Moment Erwartungen – Erwartungen an dieses Buch, während du es liest … Zum Beispiel die Erwartung, neue Kommunikationsformen kennenzulernen. Oder inspiriert zu werden?

**Robin erzählte mir:**
*Ich habe so viele Erwartungen. Oft bin ich irritiert davon, dass die Leute nicht dasselbe denken wie ich. Dabei stelle ich immer wieder fest, wie viele Erwartungen ich habe, von denen niemand etwas mitbekommt.*

## Erwartungen gehen in verschiedene Richtungen

- **Erwartungen, die du an dich selbst hast**
  Erkennst du dich wieder in diesen Sätzen:
  *Das müsste ich eigentlich schaffen …*
  oder
  *Ich hätte mehr von mir erwartet …*

- **Erwartungen, die andere an dich haben**
  ... die du aber nie überprüft und niemals hinterfragt hast. Viele Menschen überschreiten die eigenen Grenzen, um fremde Erwartungen zu erfüllen – die unter Umständen gar nicht real sind, sondern nur in unseren Köpfen existieren. Meistens lohnt sich der Aufwand gar nicht, weil er nicht gewürdigt wird.

- **Erwartungen, die du an andere hast**
  Oft werden sie gar nicht mitgeteilt, und doch erwartet man, dass sie erfüllt werden – als würden die Mitmenschen Gedanken lesen können.
  Deine Reaktion, wenn die Erwartungen unerfüllt bleiben, kann zum Beispiel so aussehen:
  *Das hatte ich eigentlich von dir erwartet.*
  Oder:
  *Muss ich wirklich alles extra sagen? Denkt hier denn keiner mit?*

**Lotta erzählte mir:**
*Meine beste Freundin und ich wollten unsere lange Freundschaft mit einer kleinen Reise in unsere Heimatstadt feiern. Wir checkten im Hotel ein, stießen mit Champagner auf uns an und wollten danach essen gehen, alte Bekannte treffen und Zeit miteinander verbringen. Aber daraus wurde nichts. Ihr Freund hat die ganze Zeit angerufen und ist am Ende die ganze Strecke dorthin gefahren, um bei ihr zu sein. So ein Mist!*

✎ **Denk einen Augenblick darüber nach, von wem du etwas in welcher Situation erwartest. Hast du die betreffenden Menschen überhaupt in Kenntnis gesetzt?**

Vielleicht fallen dir verschiedene Situationen und Beziehungen ein, in denen Erwartungen im Spiel waren, die nicht artikuliert wurden. Aber dagegen lässt sich etwas tun ...

## Was sind eigentlich Erwartungen?

»Erwartungsvoll. Glitzern in den Augen. Hoffnung und Zuversicht. Etwas wird geschehen, etwas wird passieren, etwas, worauf du gewartet hast …«

Laut Duden bedeutet »Erwartung« so viel wie Annahme, Aussicht, Hoffnung – die Hoffnung, das Warten, dass etwas eintrifft, was du dir wünschst. Und zwar auf eine ganz bestimmte Art und Weise. Deine Erwartungen können übertroffen oder exakt so erfüllt werden, wie du es erwartet hast. Oder sie bleiben unerfüllt.

Für mich sind Erwartungen Sehnsüchte nach etwas, das mir in bestimmten Momenten wichtig ist, weil ich ein bestimmtes Bedürfnis spüre, das erfüllt werden möchte.

## Vorsicht: Große Erwartungen!

- **Geburtstage und andere Jubiläen**
  Wünschst du dir, dass dein Jubeltag auf eine ganz bestimmte Art und Weise gefeiert wird? Erwartest du, dass deine Familienangehörigen und engen Freunde schon morgens anrufen? Vielleicht wünschst du dir Frühstück ans Bett oder eine dicke Geburtstagstorte am Arbeitsplatz … Erwartest du, dass dein Partner euren Hochzeitstag nicht vergisst oder dass dein Arbeitgeber dein Jubiläum gebührend begeht?

**Boris erzählte mir:**
*Meine Mutter erwartet an ihrem Geburtstag immer schon morgens einen Anruf. Einmal haben wir das vergessen und erst am Nachmittag angerufen, da war sie total sauer. Seitdem habe ich einen elektronischen Kalender, der mich daran erinnert.*

- **Weihnachten, Ostern, Silvester und andere Festtage**
  Mich erschöpft schon das Schreiben dieser Zeilen, weil ich

an die Erwartungen auf der ganzen Welt denke, wenn Weihnachten vor der Tür steht … Die großen Erwartungen kleiner Menschen, die sich fragen, was wohl unter dem Weihnachtsbaum liegt oder ob der Weihnachtsmann auch den Weg zu ihrem Haus findet. Gleichzeitig fallen mir die überzogenen Erwartungen von Verwandten ein, die hartnäckig an alten Traditionen und Pflichten festhalten, denen keiner mehr etwas abgewinnen kann.

- **Urlaub**
  Nach unseren Vorstellungen muss der Urlaub nur eines sein: perfekt. Der Himmel soll so blau sein wie im Reiseprospekt, der Sand so weiß und die Wellen so sanft wie auf den Fotos. Das Hotelzimmer soll genauso geräumig sein, wie es auf dem Bild wirkt, und der Meerblick soll ein Meerblick sein, ohne dass man sich unter Lebensgefahr über das Balkongeländer lehnen muss. Außerdem, und das ist fast das Allerwichtigste, soll der Partner bester Laune sein, dankbar, fröhlich und entspannt. Niemals sollte er schlecht gelaunt sein, Magenschmerzen, Blasen an den Füßen oder mehr als einen kleinen Sonnenbrand bekommen.

- **Wochenenden**
  Nach einer harten Arbeitswoche erwarten die meisten von einem Wochenende, dass Aktivitäten verschiedenster Art stattfinden. Andere wünschen sich am Wochenende Ruhe und Entspannung: ohne Störung ein Buch lesen, kein festgelegtes Programm haben, sondern einfach in den Tag hineinleben. Da können die Fronten ganz schön aneinandergeraten, wenn gegensätzliche Erwartungen bestehen – besonders, wenn sie nicht artikuliert werden.

**Björn erzählte mir:**
*Meine Frau arbeitet viel, manchmal nimmt sie sich Arbeit übers Wochenende mit nach Hause. Ich erwarte von unseren Wochen-*

*enden eigentlich, dass wir sie uns frei halten und Zeit für einander nehmen. Deshalb bin ich immer enttäuscht, wenn es wegen der Arbeit nicht so wird, wie ich es mir wünsche. Sie meint, dass ich meine übertriebenen Vorstellungen ändern müsste und wir künftig jedes Wochenende einzeln planen sollten. Vielleicht hilft das ja.*

- **Essenseinladungen, Partys und andere soziale Anlässe**
  Wir laden Leute zum Essen ein und erwarten, dass alle kommen wollen, sofort aus Dankbarkeit zusagen, rechtzeitig erscheinen, ein kleine Aufmerksamkeit mitbringen, viel essen, Nachschlag nehmen, das Essen loben, nicht zu viel trinken, aber auch keine Spaßbremsen sind, sich einbringen, aber auch nicht zu viel. Dann sollen sie sich am nächsten Tag melden, für den schönen Abend danken und in angemessener Zeit eine Gegeneinladung aussprechen, bevor der zeitliche Abstand zu peinlich wird. Sind wir dann zum Essen eingeladen, so erwarten wir, dass der Tisch hübsch gedeckt ist, das Essen gut und ausreichend ist, rechtzeitig serviert wird und ersichtlich ist, dass sich die Gastgeber ebensolche Mühe gegeben haben wie wir.

*Vor ein paar Jahren wurde ich zusammen mit vielen anderen Leuten auf ein kleines Schloss zu einem großen Abendessen eingeladen. Als wir ankamen, wurden wir in verschiedenen Gästezimmern untergebracht, in denen eine Tapete bunter als die andere war. Dann wurden wir aufgefordert, uns umzuziehen und uns zum Begrüßungschampagner im Salon einzufinden. Elegant wie nie zuvor schritt ich die Treppe hinunter, bekam ein Glas des perlenden Getränks, stieß mit den anderen an und amüsierte mich in angenehmer Atmosphäre. Dann bewegte sich die ganze Gruppe in Richtung Speisesaal. Der Tisch dort war reich geschmückt mit Goldbesteck und funkelnden Kristallgläsern. Serviert wurden Wild, Soßen, Gelee, Jahrgangsweine und Parfait. Dazu gedämpfte Gespräche, Stirnen mit tiefen Falten und jede*

*Menge zur Schau gestelltes Interesse – dann ein feines Klirren gegen Glas und die Tafel wurde aufgehoben. Es folgte Cognac und anderes in der Bibliothek, wo wir uns in knarzenden Ledersesseln im englischen Stil niederließen. Ein verhaltenes Gähnen hier und dort, der Satz »Morgen ist ja auch noch ein Tag« fiel und schon verschwanden alle in ihren Gästezimmern.*
*Einige reisten bereits am frühen Morgen ab, lange bevor ich wach war. Als ich meine Augen aufschlug, streckte ich mich und freute mich auf das exquisite Frühstück, das wir jetzt zu uns nehmen würden. Mit frisch gepresstem Orangensaft, Scones, Marmelade und heißem Kaffee. Ich duschte, zog mich schnell an und eilte hinunter in die Eingangshalle des Schlosses.*
*Stellt euch meine Überraschung vor, als die Gastgeberin aus der Schlossküche auf mich zukam und einen Staubsauger vor meine Füße stellte. Dann sagte sie: »Fang hier unten in der Halle an, danach der Speisesaal, die Bibliothek, der Salon. Und vergiss nicht, das Laken von deinem Bett abzuziehen, wenn du es nicht schon getan hast. Kaffee gibt es in der Küche.«*
*So viel zum Thema unterschiedliche Erwartungen!*
*Ich hatte ein feudales Frühstück erwartet und dass ich als Gast auf Händen getragen würde. Die Gastgeberin hingegen erwartete, dass ich mich ins Zeug legte und mit beim Aufräumen half. Die Party war zu Ende, jetzt hieß es putzen. Ich war so baff, dass ich wortlos nach dem Staubsauger griff und mich an die Arbeit machte.*
*Das war das erste und auch das letzte Mal, dass ich ein ganzes Schloss gesaugt habe.*

**Ulla erzählte mir:**
*Ich lade meine Freunde zweimal im Jahr zum Essen ein, damit wir uns nicht aus den Augen verlieren, jetzt, wo alle eigene Familien haben und permanent beschäftigt sind. Nachdem ich dieses Ritual Jahr für Jahr organisiert habe, fände ich es gut, wenn nicht immer alle auf meine Initiative warten würden. Ich erwarte also, dass endlich jemand anders aktiv wird. Mal sehen, ob das jemals eintrifft …*

- **Die Reaktion der Mitmenschen in den unterschiedlichsten Situationen**
  Wenn wir jemandem ein Geschenk machen, wünschen wir uns, dass derjenige sich freut, dankbar oder sogar überwältigt ist. Wenn wir erzählen, dass wir heiraten werden oder ein Kind erwarten, wollen wir Glückwünsche hören. Reagiert die Umwelt dann anders als erwartet, können unsere sozialen Kontakte aus dem Gleichgewicht geraten.

- **Engagement von Freunden, Verwandten und Mitmenschen**
  Hast du jemals von einem deiner Mitmenschen erwartet, dass er oder sie ungefragt etwas für dich tut? Dass sie zum Beispiel interessiert, hilfsbereit und neugierig sind? Leider werden unsere Erwartungen meistens enttäuscht, solange wir die eigenen Wünsche nicht explizit ausdrücken. Außerdem neigen viele Menschen dazu, auf angebotene Hilfe, Gesellschaft oder Zusammenarbeit mit »Nein, danke, ist nicht nötig, geht schon« zu antworten.

**Kalle erzählte mir:**
*Meine Frau ist in Elternzeit mit unserem zweiten Kind und ich bin der Ansicht, dass sie nun eine Menge Zeit hat, um Sachen zu erledigen. Es sind unausgesprochene Erwartungen, wie die Auffahrt zur Garage frei zu schaufeln, Glühbirnen zu wechseln oder andere Kleinigkeiten, die nur wenige Minuten dauern. Ich bin ein »Macher« – sie weniger. Manchmal habe ich große Schwierigkeiten, das zu akzeptieren.*

- **Angestellte, Mitarbeiter, Kollegen, Vorgesetzte**
  Auch das Berufsleben ist von Erwartungen geprägt: Die Belegschaft hat Erwartungen an ihre Chefs, die Vorgesetzten an ihre Mitarbeiter, die Kollegen haben untereinander Erwartungen, die Geschäftsführung erwartet etwas vom Vorstand und umgekehrt.

**Tanja erzählte mir:**
*Ich musste mich leider von meiner Lieblingsmitarbeiterin trennen. Sie war fantastisch, immer guter Laune, hat immer ein bisschen mehr als notwendig erledigt, war loyal und schnell. Dann wurde sie von der Geschäftsleitung für ein größeres Projekt innerhalb des Konzerns ausgewählt und ich musste mir eine neue Assistentin suchen. Die Neue fing bei mir an und machte auch alles richtig und zu meiner Zufriedenheit, aber es fehlte eben das gewisse Etwas. Plötzlich wurde mir bewusst, welch überbordende Erwartungen ich an die Arme stellte. Ich wollte tatsächlich, dass sie all das war, was meine vorherige Assistentin gewesen ist. Das habe ich aber nie offen artikuliert, sondern war nur jeden Tag aufs Neue enttäuscht, wenn sie meine unerreichbare Messlatte wieder mal verfehlt hatte.*

Ich bat Tanja, die Details dieses »gewissen Etwas« aufzuschreiben. Sie sollte sich bewusst machen, was genau sie erwartete, um darum bitten zu können. Gesagt, getan: Tanja verfasste eine Liste mit 28 Punkten, die hauptsächlich Eigenschaften beschrieben. Anschließend lud sie ihre neue Assistentin zum Mittagessen ein und erzählte ihr, welche Erwartungen sie gehabt hatte, und ließ nicht aus, dass sie selbst dafür die Verantwortung trug. Sie wolle ihr aber mitteilen, was genau sie sich von ihr wünschte. Erst danach hatte die neue Mitarbeiterin eine reelle Chance, ihren Job so zu erledigen, wie Tanja es sich wünschte. Und Tanja bekam die Chance, dass ihre Erwartungen erfüllt würden.

- **Lehrer, Mentoren, Schüler**
  Von Lehrern, Mentoren und anderen Ausbildern erwarten wir umfangreiches Wissen und pädagogische Fähigkeiten, damit wir neue Sachverhalte erklärt bekommen. Von Schülern wird erwartet, dass sie ihre Aufgaben erledigen, den Unterricht ernst nehmen und sich anstrengen. Von einem Schüler, der in der Klassenarbeit eine gute Note geschrieben hat, erwartet man die Fortsetzung dieser Leistung.

- **Leute, für deren Leistung wir bezahlen**
  Wir beauftragen einen Handwerker und erwarten, dass er die Arbeit wie versprochen erledigt. Wir bringen unsere Kleider in die Reinigung und erwarten, dass dort sorgsam damit umgegangen wird. Wir gehen zum Friseur und erwarten, dass wir uns danach schöner fühlen als vorher. Und nicht andersherum, was auch schon vorgekommen ist.

## Erwartungen an dich selbst

✎ **Welche Erwartungen stellst du an dich selbst?**

✎ **Schreib deine Gedanken dazu auf. Was geschieht, wenn du deinen eigenen Erwartungen nicht entsprichst? Macht dich das wütend, traurig, mutlos, niedergeschlagen oder sauer? Sinkt dadurch dein Selbstwertgefühl und Selbstvertrauen? Verändert es deine Meinung von dir? Oder berührt es dich gar nicht weiter?**

**Frederik erzählte mir:**
*Am meisten erwarte ich von mir selbst. Ich weiß, was ich erreichen kann, darum will ich vor mir selbst nicht versagen.*

**Susanne erzählte mir:**
*Mich macht es wahnsinnig wütend, wenn ich eine Chance versäume, mich im Job zu profilieren. Ich ärgere mich dann so sehr über mich und vergeude dadurch so viel Energie, dass ich hinterher ganz erschöpft bin. Das ist unglaublich anstrengend. Denn danach habe ich keine Kraft mehr, mich neuen Herausforderungen zu stellen.*

## Erwartungen von anderen an dich

Carolin ist verheiratet und wohnt mit Mann und Kind in einer Großstadt, wo auch ihre Eltern leben. Als die Sprache auf fremde Erwartungen kommt, fallen Carolin sofort Vater und Mutter ein.

**Carolin erzählte mir:**
*Mich stresst schon der Gedanke, dass ich den Erwartungen meiner Familie entsprechen muss. Obwohl ich noch gar nicht mit ihnen besprochen habe, um welche Erwartungen es sich handelt.*

Mit den Eltern ihres Mannes hat sie nie solche Schwierigkeiten. Sie sind wesentlich ruhiger und entspannter, haben mehr Distanz zu familiären Dingen.

Carolin hat mit ihren Eltern über deren Erwartungen gesprochen. Denn ständig verzettelte sie sich, auch wenn niemand etwas von ihr gefordert hat. Miteinander zu reden ist genau der richtige Umgang mit einer solchen Situation, in der imaginäre Forderungen Druck erzeugen.

**Katharina erzählte mir:**
*Ich finde es richtig, dass die Leute Erwartungen an mich haben. In meiner leitenden Position bin ich die Vorgesetzte von so vielen Mitarbeitern und werde mit entsprechend vielen Erwartungen konfrontiert. Das ist vollkommen in Ordnung.*

## Tipps bei fremden Erwartungen

- **Fragen**
  - Was erwartet ihr von mir bei diesem Meeting?
  - Was erwartest du von mir als deiner Schwiegertochter?
  - Was erwartet deine neue Partnerin von mir als deiner Exfreundin?

- **Überleg dann, was du erwartest**
  Was ist aus deiner Perspektive realistisch für dich? Finde deinen eigenen Standpunkt.

- **Sprich aus, was andere von dir erwarten können**
  Sei offen und ehrlich, was du bereit bist zu geben, welche fremden Erwartungen du erfüllen kannst. Sag deinem Vorgesetzten, deiner Schwiegermutter und deiner besten Freundin: »Das hier kann ich im Moment geben.« So kannst du Enttäuschungen in deinen Beziehungen vermeiden.

## Deine Erwartungen an andere

Diese Erwartungen richten die größte Unordnung an, weil sie uns emotional aufreiben, unsere Stimmung drücken, Gefühle von Wut, Trauer und Enttäuschung wecken. Unsere Erwartungen an andere können uns unglaublich viel Energie rauben, weil sie mit Sehnsüchten und Bedürfnissen verknüpft sind, die unerfüllt bleiben.

**Malena erzählte mir:**
*Ich vermeide große Erwartungen an andere, um Enttäuschungen zu vermeiden.*

Offenbar ist Malena sehr enttäuscht worden, vielleicht sogar schon mehrere Male. Darum hat sie sich für eine Strategie entschieden, die sie schützen und unverletzbar machen soll.

**Cecilia erzählte mir:**
*Ich würde mich tierisch darüber freuen, wenn mein Mann mal irgendetwas Romantisches machen würde. Einen Zettel mit einer süßen Nachricht an den Badezimmerspiegel kleben oder einen Tisch im Restaurant reservieren. So etwas mache ich die ganze Zeit, weil ich denke: Was ich mir von anderen wünsche, muss ich auch für sie tun. Leider hilft das überhaupt nicht. Wenn mein*

*Mann alle Jubeljahre einmal was Romantisches macht, freue ich mich so sehr, dass ich fast ohnmächtig werde und tausendmal sage, wie romantisch ich das finde. Das ist sicher total übertrieben, ich will aber, dass er mich versteht und es wiederholt.*

**Elly erzählte mir:**
*Ich würde es ja selbst gerne glauben, dass ich keine Erwartungen habe, und behaupte es auch oft, aber das stimmt natürlich nicht. In Wirklichkeit habe ich eine Menge Erwartungen, und wenn ich sie verberge, werden meine Bedürfnisse nur größer. Und solange meine Wünsche unerfüllt bleiben, wird es immer schlimmer.*

Elly täuscht die ganze Zeit etwas vor. Sie suggeriert ihrer Umgebung, dass sie nichts erwarten würde, obwohl genau das Gegenteil der Fall ist. Implizit signalisiert sie, dass ihre Mitmenschen eine Riesenchance haben, diese coole Person zu überraschen. Aber niemand reagiert, denn schließlich hat sie mehr als einmal betont, wie bedürfnislos sie ist.

Ihre Enttäuschung ist groß, denn tatsächlich hat sie geglaubt, mit dieser Methode ihre Träume und Hoffnungen erfüllt zu bekommen. Weil niemand sie verstanden hat, ist aber genau das Gegenteil eingetreten. Mit ihrer Art zu kommunizieren verbaut sie sich eher die Chance, dass ihre Erwartungen Wirklichkeit werden.

**Robin (15 Jahre) erzählte mir:**
*Ich erwarte jeden Tag, dass mir meine Eltern sagen, wie fleißig ich bin, dass ich eine super Schülerin bin und mich gut entwickle. Aber das sagen sie nie. Manchmal werde ich so wütend auf mich, weil ich die Hoffnung einfach nicht aufgeben kann, obwohl ich jedes Mal traurig bin, wenn sie mich nicht loben. Nur ein einziges Mal würde mich schon überglücklich machen.*

Die Situation von Robin ist leider nichts Ungewöhnliches. Viele Kinder und Jugendliche hören kaum liebevolle Worte, wenn sie etwas gut gemacht haben. Denn die Aufmerksamkeit der Eltern gilt eher den Fehlern, die sie machen. Oft wissen es die Erwachsenen nicht besser, weil sie als Kinder genauso behandelt wurden. Aber die Erwartung von Zuneigung und Lob ist bei Kindern wie Tessan unvermindert groß und die unerfüllte Sehnsucht unvermindert schmerzhaft.

**Petronella erzählte mir:**
*Ich würde niemals laut sagen, was ich mir von meinem Mann wünsche, seien es Blumen oder ein Abendessen – das wäre ja so, als würde ich eine Bestellung aufgeben. Total unsexy. Das würde alles kaputt machen. Natürlich kommt mir manchmal der Gedanke, dass es schön wäre, wenn er sich fragen würde »Was Petronella heute Abend wohl gerne essen würde …« statt immer nur »Mal sehen, was es im Kühlschrank gibt …«.*

## Erwartungen von Vorgesetzten

Linda ist Abteilungsleiterin in einem großen Unternehmen. Sie arbeitet Vollzeit, holt nach der Arbeit die Kinder ab, macht das Essen und kümmert sich zusammen mit ihrem Mann um den Haushalt. Sobald die Kinder im Bett sind, setzt sie sich an den Schreibtisch und bleibt dort bis Mitternacht, mindestens. Die ganze Woche.

Sie mailt Berichte, beantwortet Fragen, entwickelt Konzepte für neue Projekte und stellt Tagesordnungspunkte für Konferenzen zusammen. Sie plant, entwirft, denkt nach und arbeitet jeden Abend unter höchster Konzentration drei bis vier Stunden. Und das nach einem Acht-Stunden-Tag im Büro, meist ohne Mittagspause und nur mit einem schnellen Sandwich vor dem Rechner.

Ihr Vorgesetzter macht es genauso. Er beantwortet ihre Mails noch um 23:58 Uhr und erwartet eine zeitnahe Reaktion. Wenn er das Büro verlässt, um nach Hause zu fahren, sagt er Dinge wie »Da können wir heute Abend noch mal drüber sprechen.« Und erwartet dann, dass sie tatsächlich miteinander telefonieren.

So geht das schon seit Jahren, inzwischen rebelliert aber Lindas Körper: Alles tut ihr weh und sie ist immer gestresst. Außerdem beschweren sich ihre Kinder, dass sie ständig müde ist, während ihr Mann sich nach dem Abendessen direkt aufs Sofa legt, eine schlechte Fernsehserie nach der anderen anschaut, irgendwann einschläft oder alleine ins Bett geht. Es ist Monate her, dass die beiden ein Eheleben hatten, und noch länger, dass sie Gespräche geführt haben, die über Sportbeutel, Einkaufslisten und fehlende Milch im Kühlschrank hinausgingen oder etwas anderes waren als verkappte Streitigkeiten. Ihr Mann hat aufgehört zu fragen, ob sie mit ins Bett kommt, und sie hat aufgehört so zu tun, als komme sie gleich nach.

Aber jetzt ist das Maß voll. Linda hat keine Lust mehr. Nachdem sie sich einen Abend lang den Kopf zerbrochen hat, kam sie schließlich zu der Einsicht, dass sie etwas an der Erwartungshaltung ihres Chefs ändern muss. Seit er praktisch bei ihr eingezogen ist, haben sich die Grenzen zwischen Berufs- und Privatleben aufgelöst. Die Ehe ist auf Sparflamme, die Energie ist aufgebraucht, jede neue Mail raubt Linda den Verstand.

Am nächsten Morgen ging sie zu ihrem Chef ins Büro, holte tief Luft und beschrieb ihm offen und aufrichtig den Zustand ihrer Arbeitssituation. Sie erläuterte die Unvereinbarkeit von Beruf und Privatleben. Dass sie das Büro mit nach Hause nehmen würde, keine Freizeit mehr hätte, sie erwähnte auch ihre Müdigkeit und Unlust. Das alles hätte nun ein Stadium erreicht, das sie zum Handeln zwinge: entweder den Arbeitsplatz neu organisieren, ihren Posten abgeben und sich an eine andere Stelle im Konzern versetzen lassen oder ein neuer Job bei einem anderen Unternehmen.

Lindas Chef wollte sie unter keinen Umständen verlieren, denn er wusste ihre Führungsqualitäten zu schätzen. Das bedeutete, dass die abendlichen Zusatzstunden gestrichen und die

Arbeitsabläufe neu strukturiert werden mussten. Von diesem Tag an sollte Linda nach Feierabend nicht mehr im Einsatz sein. Um die Arbeit dennoch während der Bürozeiten erledigen zu können, begann sie, verschiedene Aufgaben an Kollegen zu delegieren.

Es dauerte ein paar Wochen, dann verlief die neu organisierte Arbeit erfolgreich. Linda war entlastet und konnte sich mehr um strategische Aufgaben kümmern, statt sich mit Details herumzuschlagen, für die es Fachkräfte gab.

Von heute auf morgen hatte Linda abends Freizeit, konnte sich in Bücher vertiefen, den Kindern lange vorlesen und Zeit mit ihrem Mann verbringen, sich mit ihm über interessante Dinge unterhalten, Filme ansehen, zum Sport gehen, das Gehirn von Zahlenkolonnen befreien und einfach sie selbst sein. Heute geht es ihr großartig.

## Tipps, um deine Erwartungen auszudrücken

- **Bitte um die ungeteilte Aufmerksamkeit deines Gegenübers**
  Du hast etwas Wichtiges zu sagen und willst, dass der Angesprochene sich konzentriert und zuhört.

- **Formuliere deine Erwartungen**
  *Ich habe am Freitag Geburtstag und wünsche mir, dass wir das in der Kaffeepause feiern, ich bringe Kuchen mit. Es wäre schön, wenn so viele wie möglich aus dem Büro mit dabei sind.*
  Oder:
  *Wenn ich heute Abend von der Arbeit nach Hause komme, werde ich ganz schön kaputt sein, aber ich koche uns allen noch was Leckeres. Da du nach mir aus dem Haus gehst, würde ich mir wünschen, dass der Tisch abgeräumt und die Spülmaschine angestellt ist, dann ist es für mich leichter, gleich loszulegen.*

Oder:
*Da wir Freunde sind, erwarte ich, dass wir uns ungefähr zu gleichen Teilen für diese Freundschaft engagieren. Ich habe aber das Gefühl, dass immer ich es bin, die anruft, die Initiative ergreift und zum Essen einlädt. Ich wünsche mir, dass du ab und zu anrufst und dir Sachen einfallen lässt, die wir zusammen unternehmen könnten. Was denkst du?*

- **Bereite dich innerlich auf mögliche Reaktionen vor**
  Du formulierst keine Befehle oder Drohungen, sondern Wünsche, über deren Erfüllung du dich freuen würdest. Darauf kann dein Gegenüber dann individuell reagieren. Sei offenen Herzens, wenn der Angesprochene auf deine Botschaft reagiert, und hör genau hin, was du als Antwort erhältst.

- **Führ den Dialog fort**
  Lass das Gespräch nicht abbrechen, lass die Beziehung zu deinen Mitmenschen wachsen. Dies geschieht durch Offenheit ihnen und dir selbst gegenüber.

**Ole erzählte mir:**
*Ich finde es total öde, keine Erwartungen zu haben – dann ist das Leben doch nur der halbe Spaß! Sich vorzustellen, wie etwas werden könnte, wie es da und dort aussehen könnte, was der oder die veranstalten könnte. Ich habe jeden Tag aufs Neue Erwartungen, was wohl passiert, das macht das Leben bunter!*

# 11. Nein sagen, Ja sagen

Nein ist ein kleines Wort – und doch ist es unglaublich schwer auszusprechen. Nicht weil es besonders kompliziert wäre, sondern weil seine Konsequenzen so unverhältnismäßig weitreichend sind.

Ein Nein ist kein Wort wie jedes andere. Es weist Bitten zurück, tötet Erwartungen, enttäuscht Hoffnungen. Ein Nein ist die Ablehnung einer Sache, die jemand lange vorbereitet hat und für die er dich begeistern will. Ein Nein sendet negative Signale aus, sagt »Hier geht's nicht weiter«. Nein-Sager gelten als unglücklich, zurückhaltend und unbeteiligt – so wollen die meisten von uns ja nicht sein.

Dennoch ist Nein eines der wichtigsten Worte in unserer Sprache. Erinnere dich an die vielen mutigen Menschen, die in einer bedrängten Situation Nein gesagt haben. Bei Einladungen, die man ehrlich absagt, ist es im Prinzip genauso.

## Warum ist es so schwer, Nein zu sagen?

Es gibt viele Gründe, warum es uns schwerfällt, Nein zu sagen. Ich habe einige zusammengetragen:

- **Wir wollen es allen recht machen**
  Für die meisten ist es ein Vergnügen, anderen Menschen eine Freude zu bereiten und ihre Wünsche und Träume zu erfüllen. Viele vergessen sich aber selbst dabei und unterdrücken ihre eigenen Bedürfnisse, um andere zufriedenzustellen.

**Elin (9 Jahre) erzählte mir:**
*Nein sagen ist ziemlich schwer, wenn man mal nicht mit der Freundin spielen will. Ich will sie ja auch nicht traurig machen. Und ich will nicht, dass sie dann nur noch mit anderen spielt. Darum sage ich auch Ja, wenn ich keine Lust habe.*

- **Wir wollen unsere Mitmenschen nicht traurig, wütend oder unzufrieden machen und sie auch nicht enttäuschen oder verunsichern**
  Ein Nein von uns kann unser Gegenüber enttäuschen, und das wollen wir am liebsten vermeiden. Außerdem haben wir Angst vor den Gefühlen der anderen und ihren Reaktionen – hauptsächlich vor ihren Reaktionen und viel weniger vor den Konsequenzen für uns selbst.

**Mike erzählte mir:**
*Meine Freundin dreht total durch, wenn ich zu einem Vorschlag von ihr Nein sage. Dann erlebe ich die Hölle auf Erden, denn sie schimpft stundenlang, wie doof, egoistisch und wenig hilfsbereit ich sei. Darum sage ich schon um des lieben Friedens willen Ja, obwohl ich nicht alles toll finde, was sie vorschlägt.*

- **Wir übernehmen die Verantwortung für die Gefühle anderer**
  Wenn du aufrichtig bist und Nein zu mir sagst, dann ist es zu hundert Prozent meine Reaktion, wenn mich das traurig macht. Dafür muss ich die Verantwortung übernehmen. Du bist nicht der Verursacher für die Gefühle deines Gegenübers.
  Vermutlich hast du schon oft Leute sagen hören »Ich muss dahin gehen, sonst ist sie traurig« oder »Wir können nicht absagen, sonst sind sie enttäuscht«. Auf diese Weise übernehmen Menschen die Verantwortung für die Gefühle anderer. Oft beginnt das damit verbundene Zurückstellen der eigenen Emotionen schon in der Kindheit. Dann heißt es: Umlernen!

Solange wir die Verantwortung für unsere Gefühle tragen und uns und anderen mit Liebe und Respekt begegnen, tun wir uns gut – und unseren Mitmenschen auch.

- **Wir wurden dazu erzogen, Ja zu sagen**
  Wir haben unsere Eltern dabei beobachtet, wie sie versucht haben, es immer allen recht zu machen, sich dafür auf den Kopf gestellt haben, die Wünsche und Forderungen der Umgebung zu erfüllen. Bis wir dachten, das müsste so sein.
  Aber wir müssen die Fehler unserer Eltern nicht wiederholen. Jedes Verhalten kann mit deiner Generation beendet werden, du musst keine Traditionen fortführen, die in deiner Familie üblich waren. Mach es anders!

- **Uns fehlt die Übung, Nein zu sagen**
  Das mag merkwürdig klingen, ist aber bei genauerer Überlegung gar nicht so sonderbar. Wenn du zum Beispiel regelmäßig Backgammon gespielt hast, wirst du mit der Zeit ein guter Spieler. Solange du es nicht ausprobiert hast, weißt du nicht, wie es geht. Das trifft auch auf alle Verhaltensweisen und Kommunikationsmuster zu.

- **Nach uns selbst fragen wir zuletzt**
  Da wir so brillant imstande sind, es allen anderen recht zu machen und fremde Bedürfnisse zu erkennen, ist es höchste Zeit, noch jemand anderen in diesen Genuss kommen zu lassen. Nämlich dich!
  Viele sagen Ja, ohne auch nur den Bruchteil einer Sekunde darüber nachzudenken, was sie eigentlich wollen. Hauptsache, die anderen sind zufrieden, alles andere interessiert nicht. Denk ab heute auch an dich.

✎ **Erinnere dich an Situationen, in denen du jemanden einen Gefallen getan hast, ohne vorher zu überprüfen, ob es dir wirklich passte, ob du überhaupt Zeit, Lust, Kraft und Energie dafür hattest.**

✎ **Dann stell dir vor, du hättest dich in Ruhe gefragt, ob du willst oder nicht. Hättest du eine andere Entscheidung getroffen?**

- **Wir haben ein schlechtes Gewissen**
  Von einem schlechten Gewissen haben wir keinen Nutzen. Es raubt uns nur Energie und Kraft und zerkratzt unsere Seele.

Ich habe beschlossen, kein schlechtes Gewissen mehr zu haben. Ich mache alles, so gut ich kann, und wenn mehr nicht möglich ist, muss es reichen. Solange ich niemandem schade, weil ich nicht zu hundert Prozent das erreicht habe, was andere von mir erwarten, will ich mich innerlich nicht selbst zerfleischen.

Es gibt viele Gelegenheiten, in denen du deine Einstellung ändern und dich von deinem schlechten Gewissen verabschieden kannst. Das ist einfach und schwer zugleich. Einfach, weil es uns von starken negativen Gefühlen befreit, und schwer, weil der Wille zu funktionieren so tief in uns verankert ist. Es braucht Zeit und Beharrlichkeit, sich davon zu lösen.

Quält dich, wie so viele andere, bei der Arbeit das schlechte Gewissen, weil du nicht früher den Rechner runterfährst?

Und wenn du dann endlich zu Hause bist, geht es dann mit dem schlechten Gewissen weiter, weil du die Aufgaben nicht alle erledigt, keine Überstunden gemacht und dich für deinen Arbeitgeber so richtig ins Zeug gelegt hast? Richtig anwesend bist du so an keinem Ort.

Also ändere deine Haltung.

Wenn du bei der Arbeit bist – sei hundertprozentig da. Erledige das, was du zu tun hast. Konzentrier dich auf deine Aufgaben und sei mit deiner ganzen Aufmerksamkeit bei der Sache.

Und wenn du zu Hause bist – sei ebenfalls hundertprozentig da. Genieß deine Freizeit und dein soziales Leben, zieh dir etwas Schönes an und sammle neue Kraft. Sei mental anwesend und aufmerksam mit allen Sinnen, hör deinen Mitmenschen genau zu und beteilige dich an Gesprächen und gemeinsamen Aktivitäten.

**Manuela erzählte mir:**
*Ich habe wegen meiner kranken und hilfsbedürftigen Mutter ein furchtbar schlechtes Gewissen. Aber mit zwei Söhnen, die zum Hockeytraining müssen, einem Garten, der gepflegt werden muss, meinem Job und dem Haushalt ist es mir fast unmöglich, sie mehr als zweimal die Woche zu besuchen. Das belastet mich unheimlich. Und auch wenn ich sie gerade besucht habe, bekomme ich gleich ein schlechtes Gewissen, sobald ich nach Hause fahre.*

**Olaf erzählte mir:**
*Neulich rief mein Vater aus dem Pflegeheim an und erzählte, dass die anderen im Heim ihn gefragt hätten, ob er überhaupt Kinder habe. Weil er so selten Besuch bekäme. Die Kinder der anderen kommen offenbar täglich vorbei. Dass wir 500 Kilometer weit weg wohnen, scheint für ihn keine Rolle zu spielen. Natürlich macht er uns ein schlechtes Gewissen, wenn er es so formuliert.*

Ein schlechtes Gewissen bekommt man nicht von jemand anderem, sondern man macht es sich selbst. Oder eben nicht. Es ist eine bewusste Entscheidung: Du kannst dich genauso gut gegen ein schlechtes Gewissen entscheiden.

## Tipps gegen Gewissensbisse

- **Über dein Gewissen bestimmst du.**
  Sag dir »Ich muss kein schlechtes Gewissen haben«. Es benötigt ein bisschen Übung, aber nach einer Weile wirst du dich daran gewöhnen. Dann wirst du erleben, wie schön es ist, die eigenen Gedanken zu beeinflussen.

- **Deine Entscheidung hat Vorrang**
  Du hast eine Entscheidung getroffen und das ist gut so. Wenn

du deutlich machst, dass du dahinterstehst, werden dich die Leute dafür respektieren und deine Entscheidung wahrscheinlich auch akzeptieren.

- **Niemand kann dir ein schlechtes Gewissen machen**
  Das machst du selbst, es ist zu hundert Prozent deine Verantwortung. »Sie macht mir immer ein schlechtes Gewissen!« gilt nicht mehr. Dein Gewissen ist jetzt deine Angelegenheit.

- **Lass dir kein schlechtes Gewissen machen**
  Manipulative Menschen wissen ganz genau, welche Knöpfe sie bei dir drücken müssen. Lass dich nicht darauf ein, sondern vertraue deinem inneren Kompass, deinem eigenen Willen. Entscheide selbst, was wichtig für dich ist.

- **Wir wollen geliebt werden**
  Jeder Mensch will geliebt und von seiner Umwelt akzeptiert werden. Anscheinend müssen wir dafür nur oft Ja sagen, aber das ist eine Illusion. Sich auf Ungewolltes einzulassen hat mit Liebe und Respekt nichts zu tun. Du willst doch um deiner selbst willen geliebt werden und nicht, weil du etwas machst, oder?

**Greta erzählte mir:**
*Als ich meinen Freundinnen gesagt habe, dass ich nicht mehr als Gastgeberin für unsere jährlichen Treffen zur Verfügung stehe, kam es mir vor, als würde ich Ohrfeigen verteilen. Die Mädels waren sauer, taten verletzt und sagten, dass alles den Bach runtergehen würde, wenn nicht alles so bliebe wie bisher. Schließlich hätte ich das größte Haus und am meisten Platz für alle. Natürlich haben wir uns immer alles geteilt, aber ich hatte einfach keine Lust mehr auf die ganze Arbeit – und darauf, gezwungenermaßen Gastgeberin zu sein. Ich fand mich wahnsinnig mutig! Zwei meiner »Freundinnen« sprechen seitdem nicht*

*mehr mit mir. Besonders stark waren diese Freundschaften offenbar nicht.*

Dass du dich selbst akzeptierst und magst, ist der Anfang allen sozialen Glücks. Immerhin verbringst du die meiste Zeit deines Lebens mit dir, nämlich jede wache Minute. Es ist wundervoll, wenn dich auch andere schätzen, aber schmälere nicht deine Bedeutung für dich selbst.

- **Wir wollen uns nichts entgehen lassen**
  Wer Nein sagt, nimmt das Risiko in Kauf, dass man sich später an dieses Nein erinnert und darum nicht mehr gefragt wird. Deshalb verbiegen sich viele Menschen, um weiterhin umworben zu werden. Aus Furcht, ersetzt zu werden, sagen sie eher Ja als Nein.

**Hakan erzählte mir:**
*Wir waren gerade Eltern geworden und ich wollte so viel Zeit wie möglich zu Hause verbringen. Als mir angeboten wurde, einen großen Kunden zu betreuen, habe ich abgelehnt, weil ich wusste, wie viel Arbeit das bedeutete. Als später wieder ein großer Kunde akquiriert wurde, hat mich keiner gefragt, obwohl ich für den Job bestens geeignet gewesen wäre. Und das nur, weil ich einmal Nein gesagt hatte. Echt Scheiße!*

Ich denke, dass Hakan stolz auf sein Nein sein kann, denn sein Sohn hat nur einen einzigen Papa auf der Welt, während es unzählige Kundenbetreuer gibt. Und wenn das Unternehmen keine bessere Personalpolitik zu bieten hat, ist es vielleicht auch nicht der richtige Arbeitgeber.

- **Wir wollen nicht, dass die nächste Anfrage sich an jemand anderen richtet**
  Die Vorstellung, ersetzt zu werden, ist für viele schwer zu ertragen. Jemand anderes nimmt deinen Platz ein, vielleicht

sogar jemand, den du nicht leiden kannst. Die Aufmerksamkeit, die dir gegolten hätte, bekommt jetzt er …

## Deine schwersten Neins

Nicht alle Neins sind gleich schwer. In deinem Leben wird es immer wieder Situationen geben, in denen es besonders schwerfällt, Nein zu sagen, aber auch Beziehungen, in denen Neins leichter möglich sind.

Auf meine Frage, bei wem es ihr am schwersten fallen würde, Nein zu sagen, antwortete eine meiner Klientinnen: »Allen!« Die Arme! Sie wollte von allen gemocht werden. Mission impossible – ich bin überzeugt, dass ihre Mitmenschen sie weitaus mehr schätzen würden, wenn ihre Antworten spürbar auf Selbstrespekt und Selbstliebe beruhen und nicht nur bezwecken würden, Wohlwollen einzuheimsen. Je mehr man mit solchen Leuten zu tun hat, desto verdächtiger erscheinen einem ihre vielen Zustimmungen.

✎ **Was waren deine schwersten Neins? Wann ist es dir am schwersten gefallen abzulehnen? Wem gegenüber? Erkennst du ein Muster in deinen Nein-Antworten?**

## Deine leichtesten Jas

Erinnere dich jetzt an Situationen, in denen du gerne den Mut, den Willen, die Möglichkeit oder die Kraft gehabt hättest, Ja zu sagen. Vielleicht hast du eine Einladung zu einer Party abgeschlagen, weil du fürchtetest, du würdest dich unwohl fühlen … Vielleicht hast du ein beruflich anspruchsvolles Angebot abgelehnt, weil du dir die entsprechenden Kompetenzen nicht zugetraut hast … Vielleicht konntest du eine Beziehung nicht zulassen, weil du davon ausgingst, enttäuscht zu werden … In all diesen Fällen zeugt das Nein von einer Angst, die das Leben beherrscht.

Meine Erinnerung hält auch viele verschiedene Szenen parat, in denen ein mögliches Ja zu einem Nein aus Angst wurde. Ich finde nicht, dass ich die Entscheidung von damals bereuen sollte, möchte aus diesen Beispielen aber den Mut ziehen, künftig mehr zu wagen.

✎ **Nimm dir Zeit, darüber nachzudenken, wie du Ja sagst. Wozu würdest du am liebsten Ja sagen? Oder zu wem? Notier deine Wunsch-Jas in dein Notizheft und setz ein paar davon um: Ruf jemanden an, verabrede dich, bestell ein Reiseprospekt oder mach das, was deine Sehnsucht verlangt. Das Leben liegt vor dir. Es wartet nur darauf, von dir umarmt zu werden.**

## Wie macht man es richtig?

Wie macht man das eigentlich richtig – Nein oder Ja zu sagen? Es gibt so viele Situationen, in denen wir Nein sagen wollen, aber nicht wissen wie. Die folgenden acht Schritte helfen dir dabei.

## Acht Schritte zu einem leichteren Nein

### 1. Bitte um Bedenkzeit

Niemand verlangt, dass du innerhalb von zehn Sekunden antwortest! Nimm dir die nötige Bedenkzeit, um zu reflektieren und herauszufinden, ob deine Antwort ein Nein ist oder ein Ja.

### 2. Finde heraus, was du willst

Wenn du in der Regel die Dinge erfüllst, um die dich andere bitten, fehlt dir vermutlich die Übung herauszufinden, was DU eigentlich willst. Nutze die Bedenkzeit dafür, um dir deiner eigenen Bedürfnisse bewusst zu werden. Sei aufrichtig mit dir selbst. Du bestimmst, ob du genügend Zeit, Lust, Kraft, Willen, Ressourcen und Kapazitäten hast. Bedenke, erwäge, drehe und wende die Angelegenheit in alle Richtungen.

**3. Bleib freundlich und liebenswürdig**

Obwohl die Situation schwer und emotional belastend sein kann, weil du keine Übung im Nein-Sagen hast und darum angespannt bist, versuch einen angenehmen Ton zu treffen. Du hast ein Angebot oder eine Anfrage erhalten, das bedeutet erst einmal, dass die Person dich schätzt. Also antworte mit einer freundlichen Erwiderung.

**4. Sei klar und deutlich**

Ein deutliches Nein ist hundert Mal besser als ein zögerliches Ja. Mach es nicht komplizierter mit einem Vielleicht oder »Mal sehen …«. Wenn du weißt, dass es ein Nein ist, dann sag es auch gleich. So musst du das Problem nicht unnötig aufschieben und so tun, als wärst du noch am Nachdenken. Das erspart auch deinem Gegenüber unnötige Hoffnungen und Erwartungen, die Enttäuschung, Wut und Traurigkeit zur Folge haben. Ein Nein ist ein Nein. Und die Gefühle, die es auslöst, liegen nicht in deiner Verantwortung.

**5. Mach es unkompliziert**

Je komplizierter du dich ausdrückst, desto mehr verwirrst du den Angesprochenen. Wenn du zehn Gründe für dein Nein anführst, behält niemand den Überblick. Umso schwerer wird es dann, sich zu deiner Absage zu verhalten. Ein einziger Grund genügt. Schließlich kennst du die Motivation deiner Absage, also nenne sie oder sag einfach, dass es dir gerade nicht passt. Formuliere es so geschmeidig und einfach wie möglich. Am besten nur einen Satz, unkompliziert und ohne Zweideutigkeiten. Wenn du die Sache verkomplizierst, wirkt es so, als könntest du nicht hinter deinem Nein stehen. Umso leichter wird es sein, dich vom Gegenteil zu überzeugen.

**6. Beuge vor und wende ab**

Viele unangenehme Neins können wir vorbeugend verhindern. In vielen Fällen weißt du im Voraus, ob du dich für oder gegen eine Sache entscheiden wirst, darum kannst du dich frühzeitig distanzieren. Alles wird leichter, sobald du vorausschauend agierst.

**7. Übe Nein-Sagen mit einem Freund**

Wenn du das harte Wort ein paarmal gegenüber einem Freund ausgesprochen hast, kommt es dir nicht mehr so schwer vor. Durch eine solche Übung entdeckst du vielleicht auch neue Argumente und Aspekte.

**8. Probier es zunächst mit einer freundlichen Person**

Für den Anfang solltest du eine Situation wählen, in der du dich sicher fühlst – mit einer Person, die dir mit Respekt und Verständnis begegnet statt mit Gefühlsausbrüchen oder Sätzen wie »Ich hoffe, du überlegst es dir noch mal«.

## Hab Mut zum Nein, denn ...

- **Gute Beziehungen halten ein Nein aus**

  Zwischenmenschliche Beziehungen halten viel aus, wenn sie aufrichtig und ernsthaft sind. Ein offenes Nein von deiner Seite sollte von deinen Freunden, Verwandten, Nachbarn und Kollegen respektiert werden. Wenn die Menschen in unserer Umgebung von Herzen nur das Beste für dich wollen, werden sie dein Nein verstehen und akzeptieren.

- **Ein Nein schenkt Zeit und gibt Raum für Jas**

  Jedes Mal, wenn du Nein zu etwas sagst, bejahst du gleichzeitig etwas anderes. Es hat etwas Magisches, wenn sich Raum und Zeit öffnen und auf einmal die Energie da ist, um zu heiß ersehnten Dingen Ja zu sagen.

✎ **Wozu willst du schon seit langem Ja sagen? Zu mehr sozialen Kontakten? Oder endlich Zeit für einen spannenden Kurs, eine neue Sprache, mit Yoga anzufangen oder noch mehr Bücher zu lesen? Oder wünschst du dir eher ein Ja zu mehr Entspannung: in der Badewanne liegen, auf dem Sofa gammeln, vor sich hin träumen oder einfach nur schmusen? Mach dir eine Ja-Wunschliste, und dann erfüll sie dir!**

# 12. Heikle Themen

Das Leben ist voller schwieriger Gespräche. Sie handeln von Scheidung und Trennung, Untreue, Pubertätsnöten, Familienstreitigkeiten, Schulden, Sucht, Betrug, Absagen, Stress am Arbeitsplatz, Gerechtigkeit, Gleichberechtigung, Elternrollen, Trauer, Erwartungen, Einsamkeit und vielem mehr.

Wodurch werden solche Gespräche aber so schwer und belastend? Warum fallen sie uns schwerer als andere? Und warum haben wir mit anderen keine Probleme, obwohl der Gegenstand durchaus unangenehm, beängstigend oder emotional belastend sein kann? Woran liegt das?

**Erinnere dich an Gespräche, die dir schwergefallen sind – private Gespräche mit engen Freunden oder fernen Bekannten. Sie können länger zurückliegen oder ganz aktuell sein. Worum ging es in diesen Gesprächen? Weshalb fielen sie dir schwer? Woran lag es, wenn sie gut gelaufen sind? Was würdest du nachträglich anders machen bei Gesprächen, mit deren Verlauf du unzufrieden warst?**

**Nils erzählte mir:**

*Mein schwerstes Gespräch war, als ich meinem besten Freund erzählen musste, dass ihn seine Frau wahrscheinlich betrügt. Das hatte ich von verschiedenen Seiten gehört und fand, dass er es erfahren müsste. Also verabredete ich mich mit ihm auf einen Kaffee. Als wir uns gegenübersaßen, habe ich ihm ohne Umschweife gesagt: »Ich glaube, dass Lena dich betrügt.« Zuerst dachte ich, er hätte den Satz nicht verstanden, weil er gar nicht darauf reagierte. Ich erzählte ihm, was genau und von wem ich es gehört hätte, und fragte ihn, ob ich als moralische Unterstützung mitkommen solle, wenn er seine Frau damit konfrontierte. Aber das wollte er alleine machen und stand auf. Wir sind gar nicht dazu gekommen, Kaffee zu bestellen.*

Nils' Freund fuhr nach Hause und stellte seine Frau zur Rede. Sie gab zu, in den vergangenen Jahren mehrere Affären gehabt zu haben. Glücklicherweise konnten die beiden ihre Beziehungsprobleme lösen, indem sie die Ursachen für Lenas Untreue herausfanden. Endlich sprachen sie über unbefriedigte Bedürfnisse, die nie zuvor thematisiert worden waren. Die beiden sind bis heute ein Paar – ein treues.

Nils würde wieder so handeln, also die Verantwortung übernehmen und seinem Freund offen gegenübertreten, auch wenn er damals nervös und unsicher war, weil er nicht abschätzen konnte, welche Konsequenzen dieses Gespräch haben würde.

Ich werde häufig gefragt: Soll man Untreue aussprechen, von der man erfahren hat? Oder auch: Soll man die eigene Untreue ansprechen, wenn es sich um eine einmalige Sache handelt? Schlafende Hunde wecken?

Für diese Fragen gibt es keine Patentrezepte, schließlich sind wir Individuen, die sich unterschiedlich stark in ihre Beziehungen einbringen, unterschiedlich reagieren und von unterschiedlichen Dingen erregt werden. Manche sagen, dass wir uns so verhalten sollen, wie wir selbst behandelt werden wollen.

Wenn wir über Untreue und andere tiefgreifende Dinge sprechen, müssen wir auf jeden Fall bereit sein, die Verantwortung für unsere Kommunikation zu tragen. Es ist unfair, eine Bombe platzen zu lassen und dann abzuhauen. In solchen Momenten musst du der betreffenden Person zur Seite stehen, wenn ihre Gefühle sie überwältigen.

## Unzulängliche Fertigkeiten und Übung

Es gibt Situationen im Leben, in denen wir einem uns nahestehenden Menschen etwas sagen müssen, das sie oder ihn traurig machen wird, zum Beispiel dass sich ein geliebter Mensch scheiden lässt oder ins Ausland zieht. Oder es muss eine Todesnachricht überbracht oder von einer schweren Erkrankung berichtet werden.

Es gibt verschiedene Arten, das zu tun, einige gute und sehr viele schlechte. Wenn wir vor allem letztere kennen, liegt das oft an Unkenntnis und mangelnder Übung.

Aufgrund der vielen weltweiten Katastrophen hat unsere Gesellschaft bereits Erfahrung im Umgang mit Krisensituationen. Unternehmen und Organisationen haben gelernt, die Betroffenen verantwortungsbewusst zu informieren, und Kirchen bieten Gedenkstunden an, die für alle offen sind. Wenn man etwas Gutes an Unglücksfällen finden kann, dann ist es die Tatsache, dass wir dadurch gelernt haben, anders als früher mit Krisensituationen umzugehen. Wir sind heute psychologisch besser gerüstet.

Aber in manchen Fällen bist du als Überbringer der Nachricht allein auf dich gestellt und es liegt an dir, wie du kommunizierst und mit der Reaktion auf das Gesagte umgehst.

Zuerst solltest du Rücksprache mit dir selbst halten, bevor du emotional aufgeladene Sachverhalte an andere weitergibst. Nicht immer muss alles unbedingt gesagt werden, aber woher kann man wissen, wann Offenheit angebracht ist und wann nicht? Die folgenden Fragen sollen dir dabei helfen.

**Wenn du ein Anliegen hast, das ausgesprochen werden muss, frag dich selbst ...**

– Muss es gesagt werden? Mal ganz ehrlich, ist es wirklich *notwendig*, dass es gesagt wird? Welche Absicht verfolgst du?

Machst du es insgeheim für dich oder für den Empfänger der Nachricht?

- Muss ich das sagen? Liegt es überhaupt in deinem Verantwortungsbereich, die Sache auszusprechen? Bist du die richtige Person dafür oder solltest du die Information eher jemand anderem übergeben, der sich besser dafür eignet?
- Muss es jetzt gesagt werden? Ist der Zeitpunkt richtig? Kann es warten bis zu einer günstigeren Gelegenheit oder musst du es unbedingt jetzt loswerden?

**Johannes erzählte mir:**
*Als meine Mutter starb, lief alles schief. Ich schaffte es nicht, rechtzeitig bei ihr im Krankenhaus zu sein, und aus einem mir unerfindlichen Grund wurde meine Schwiegermutter zuerst benachrichtigt. Sie rief mich an und informierte mich darüber, und das war schrecklich. Ich hätte mir gewünscht, dass sie es meiner Frau gesagt hätte, damit ich es von ihr erfahre. So eine Nachricht möchte man von jemandem überbracht bekommen, dem man sehr nahe steht. Es kam mir damals vor, als hätte meine Schwiegermutter sich darüber gefreut, dass SIE diejenige war, die mir die Nachricht überbringen konnte. Das machte alles noch schmerzhafter.*

## Zeit und Ort

Es gibt für alles den richtigen Zeitpunkt und einen passenden Ort. Manchmal haben wir keine Wahl, aber oft können wir selbst die passenden Voraussetzungen schaffen.

Aus Übereifer habe ich schon mehrmals den falschen Zeitpunkt gewählt, weil ich mich einfach nicht bremsen konnte bzw. mich nicht bremsen wollte.

## Bevor du Zeit und Ort bestimmst

- **Atmen.** Nimm ein paar tiefe Atemzüge und schweige für einen Augenblick.
- **Denk nach.** Wie kannst du am besten ausdrücken, was dir auf dem Herzen liegt? Wann ist ein günstiger Zeitpunkt, um die betroffene Person anzusprechen? Besser nicht vor einem Meeting oder beim Zubettgehen. Wann passt es? Nicht, wenn andere zuhören können, und eher von Angesicht zu Angesicht als per Telefon. Was wäre ein guter Ort? Wo in deiner Stadt findest du eine angenehme Atmosphäre, Ruhe und Frieden?

**Peter erzählte mir:**
*Als ich meiner Familie erzählen wollte, dass ich homosexuell bin, konnte ich vor Nervosität nicht mehr richtig denken. Sollte ich mit allen auf einmal sprechen oder mit jedem einzeln? Ich war so nervös, denn unsere gesamte Verwandtschaft ist absolut korrekt und normal. Dann hatte ich plötzlich die verrückte Idee, das Ganze über das Radio zu machen. Also hab ich bei unserem Lokalsender angerufen und gefragt, ob sie an dem Thema interessiert wären, wie schwer es ist, sich gegenüber der eigenen Familie zu outen. Die waren sofort begeistert. Zwei Tage später habe ich allen Familienmitgliedern eine Stunde vor der Sendung eine SMS geschickt, dass sie das Radio einschalten sollten. Und dann habe ich mich ins Studio gesetzt und einfach drauflos geredet. Es war, als würde ich mich ganz zwanglos mit dem Moderator unterhalten, dabei fühlte ich mich total sicher. Aber nach der Sendung gab es Reaktionen, die ich nicht erwartet hatte. Besonders die Älteren aus meiner Verwandtschaft haben sich wahnsinnig aufgeregt und Sachen gesagt wie »Hör bloß auf mit dem Quatsch«. Viele meiner Cousins und Cousinen fanden es hingegen cool, dass ich im Radio gewesen war. Mein Schwulsein haben sie mit keinem Wort kommentiert, das war für sie ganz normal.*

*Beim Familienfest eine Woche später war die Stimmung ziemlich gedämpft. Mein Opa hat praktisch kein Wort mit mir gesprochen. Das ist jetzt Jahre her, heute bin ich glücklich verheiratet und lebe mit meinem Mann zusammen. Ich glaube, alle haben mich mittlerweile so akzeptiert, wie ich bin. Und alle, die es nicht können, interessieren mich nicht mehr.*

Peter wählte einen unkonventionellen Weg, um seine Nachricht zu übermitteln. Als er seine ganze Verwandtschaft versammelte, sorgte er zugleich für einen physischen Abstand. Niemand aus seiner Familie konnte ihm direkt Fragen stellen oder Kommentare abgeben. Einige waren gekränkt, dass Peter sie nicht früher eingeweiht hatte und ihnen offenbar nicht genug vertraute, um ihnen persönlich zu begegnen.

## Direkte Fragen stellen?

Einige Menschen vermeiden bestimmte Themen, weil sie fürchten, dass ihre Welt auseinanderfallen könnte. Andere können sich schwer zurückhalten und fallen mit der Tür ins Haus – wie kleine Kinder. Ich bevorzuge die letztere Variante.

Vor einiger Zeit hörte ich, wie ein Kind im Bus seine schwangere Mutter fragte: »Mama, warum ist der Mann da so dick? Kriegt der auch ein Baby?«

Fragen von Erwachsenen sind nicht mehr so unschuldig und direkt, sondern werden auf dem Weg vom Kopf zum Mund häufig kritisch geprüft und zensiert. Dabei sollten wir ruhig häufiger direkte Fragen stellen. Viel zu oft fürchten wir, uns aufzudrängen oder die Nase in etwas hineinzustecken, das uns nichts angeht. Aber manchmal ist es ganz in Ordnung, sich einzumischen – ein Zeichen von Mitmenschlichkeit und Empathie. Ich denke, wir mischen uns eher zu wenig ein.

## Tipps für schwierige Gespräche

- **Sei Mitmensch**
  Was kannst du für jemanden tun, der Hilfe, Unterstützung oder einen Gesprächspartner braucht? Vielleicht genügt es schon zu sagen »Ich bin da, wenn du mich brauchst« oder »Ich denke an dich«? Biete dich an. Du kannst für den anderen eine große Hilfe sein, um weiterzukommen.

- **Nimm Kontakt auf**
  Geh vorbei, ruf an, schick eine SMS, eine Mail, sprich die Person auf der Straße an. Zeig, dass es dich gibt und du für sie oder ihn da bist.

- **Finde heraus, wie du helfen kannst**
  Biete mehrere Alternativen an, damit die Person weiß, dass du flexibel bist. Nicht jeder sucht jemanden zum Reden, sondern vielleicht einfach nur Gesellschaft, jemanden, mit dem man essen gehen kann, dessen Waschmaschine man benutzen darf oder der einem mit den Kindern hilft. Sei offen und stell Fragen.

- **Verlier nicht den Kontakt**
  Melde dich in regelmäßigen Abständen, zeig, dass du die Person nicht vergessen hast.

## Worüber sollte man überhaupt nicht reden?

Ich glaube nicht, dass es Gesprächsthemen gibt, die generell vermieden werden sollten. Das Gelingen der Kommunikation hängt oft davon ab, ob wir Zeit und Ort richtig gewählt haben. Auch müssen wir die verschiedenen Gesprächsstile beachten. Wenn eine Person unser Gesprächsangebot ablehnt, ziehen wir uns selbstverständlich zurück und respektieren den Wunsch zu schweigen. Nach einer Weile können wir uns dann wieder an sie oder ihn wenden.

*Einige meiner Verwandten sind früh an Krebs gestorben und ich hätte sie gerne noch viel länger in meinem Leben gehabt. Heute wünsche ich mir, ich hätte ihnen mehr Fragen gestellt und öfter und offener mit ihnen gesprochen. Aber ich weiß auch, dass ich damals noch viel unsicherer war, was Kommunikation in schwierigen Lebenslagen angeht. Bei manchen musste ich auch den Wunsch respektieren, nicht über Krankheit zu sprechen, damit sich alles so normal wie möglich anfühlte. Also erzählte ich, was ich den ganzen Tag gemacht hatte, was es abends zu essen geben würde, wie das Wetter bei uns war – das war ihre Verbindung zu einem Leben jenseits von Chemotherapie und Angst vor dem Sterben. Ich persönlich fand es total banal, über solche Themen zu reden, während der andere von Mal zu Mal schwächer wurde. Aber was wichtig oder unwichtig ist und unter welchen Umständen das Gespräch stattfindet, habe nicht ich entschieden.*

# 13. Sprich's aus!

Obwohl wir jeden Tag kommunizieren, geht fast täglich etwas schief. Man kann also nicht genug üben …

- **Man kann mit allen Menschen kommunizieren**
  »Mit dem Typ kann man einfach nicht reden« – das habe ich schon so oft gehört. Aber solche Statements sind auch eine Art Flucht vor dem eigentlichen Problem, denn so entgeht man der Anstrengung, selbst zur Kommunikation beizutragen und einen Weg zu finden, Mauern des Schweigens zu durchbrechen. Darum ziehe ich meinen Hut vor allen, die es trotz massivem Widerstand immer wieder versuchen. Ich weiß, wie unbeschreiblich schwer das sein kann.

- **Sag »ich« statt »man«**
  Es gibt es keinen einfacheren Weg, die eigenen Aussagen abzuschwächen, als sie mit einem »man« zu verkleiden, statt »ich« zu sagen. Was du sagst, gilt dann für das ganze deutsche Volk, alle Kollegen, sämtliche Nachbarn in der Straße, alle Vierzigjährigen – nur nicht für dich. Warum sollte dir überhaupt jemand zuhören? Interessant wird deine Aussage erst, wenn du darüber Auskunft gibst, was dir wichtig ist. Formuliere also besser eine Ich-Botschaft.

  **Statt:** *Man arbeitet viel zu viel.*
  **Sprich's aus:** *Ich arbeite viel zu viel.*

  **Statt:** *Man hätte doch gerne mehr Zeit für die Kinder gehabt, als sie noch so klein waren.*

**Sprich's aus:** *Ich hätte mir mehr Zeit für meine Kinder gewünscht, als sie noch so klein waren. Ich versuche es jetzt anders zu machen.*

✎ **Wähle einen beliebigen Tag und ersetze, wenn es eigentlich um dich geht, jedes »man« durch ein »ich«. Schreib abends in dein Notizheft, wie es dir damit ergangen ist. Welche Gedanken sind dir gekommen? Fiel es dir leichter oder schwerer als erwartet? Wie oft hast du im Lauf des Tages das Wörtchen ausgetauscht?**

- **Stell besonders kraftvolle Fragen**
  Wenn du deinem Gegenüber eine kraftvolle Frage stellst, kann das Gespräch ganz neue Ebenen erklimmen. Aber was macht eine Frage kraftvoll?
  Kraftvolle Fragen bewirken etwas. Sie wecken neue Erkenntnisse und führen dazu, dass der Befragte in seine Seele blickt, um Antworten zu finden. Durch kraftvolle Fragen wird er sich seiner selbst bewusster und auch im Alltag weiterkommen. Fragen hingegen, die sich mit Ja oder Nein beantworten lassen, führen eher in eine Sackgasse. Oft reicht es schon, die Ausgangsfrage ein bisschen zu verändern, um eine reichhaltigere Antwort zu bekommen.

  **Statt:** *War deine Reise schön?*
  **Sprich's aus:** *Wie war deine Reise? Erzähl mal!*

- **Sag nicht »Ich weiß nicht«, wenn du es eigentlich schon weißt**
  Wenn ich für jede erhaltene Ich-weiß-nicht-Antwort eine Krone bekommen hätte, wäre ich heute mehrfache Millionärin. »Ich weiß nicht« sagen wir oft im Reflex, um uns ein wenig Bedenkzeit zu verschaffen, damit wir später überlegter antworten können. Da wir den großen Fragen aber gerne ausweichen und unser Gesprächspartner nicht unbedingt Druck ausübt, bleibt dieses »Ich weiß nicht« meistens viel zu lange in der Luft hängen. Deshalb ergänze ich diesen Satz

gerne mit der Frage: »Aber wenn du es wüsstest?« Das klingt zwar komisch, hat mir aber schon zu manch guter Antwort verholfen. Denn so wird über heikle Themen und schwierige Entscheidungen weiter nachgedacht.

Natürlich kann »Ich weiß nicht« auch ein Schutz sein, um zu bestimmten Fragen nicht Position beziehen zu müssen.

Und selbstverständlich gibt es auch Umstände, in denen ein »Ich weiß nicht« vollkommen angemessen ist. Als Mutter bekomme ich oft Fragen gestellt, die sich auf Wünsche und Aktivitäten beziehen. Da habe ich mir angewöhnt, nicht automatisch Nein oder Ja zu sagen, um später eine durchdachte Antwort geben zu können. Also sage ich stattdessen: »Ich weiß es gerade nicht, aber lass mich zehn Minuten nachdenken, dann sag ich es dir.« Die Bedenkzeit kann auch einen Tag oder eine Woche dauern, je nach Anliegen.

- **Tausche »ich müsste« und »ich sollte« durch »ich will« aus**
  Wie schnell haben wir gesagt, dass wir mehr Sport treiben müssten, anstatt zu sagen, dass wir es tun wollen? Offenbar wollen wir es gar nicht wirklich, sondern sehen es nur als ein notwendiges Übel an, als eine gesellschaftliche Norm, die wir erfüllen müssen. Genau diesen Widerspruch bringt unsere Sprache zum Ausdruck.

  **Statt:** *Ich müsste Sport treiben und sollte mich mal nach einem passenden Fitnessstudio umsehen.*
  **Sprich's aus:** *Ich will anfangen, Sport zu treiben.*

So bekommt diese Aussage eine ganz andere Kraft, weil du es für dich und aus eigenem Willen tust.

Das Gleiche gilt, wenn wir sagen, dass wir einkaufen oder Wäsche waschen müssten und die Winterreifen aufziehen sollten. Anders formuliert klingt das dann so:

*Ich will Essen kochen, weil ich etwas Leckeres essen will, wenn ich Hunger habe.*

*Ich will die Wäsche waschen, weil ich saubere und duftende Kleidung im Schrank hängen haben will.*

Bemerkst du den Unterschied?

Schon scheint ist es weniger mühsam, Essen zu machen und Wäsche zu waschen, weil die Beweggründe solcher Alltagsdinge mitgedacht werden.

# Kommunikation am Arbeitsplatz

# 14. Offene und verborgene Kommunikation

Was für die meisten Lebensbereiche gilt, trifft auch für das Berufsleben zu: Wir kommunizieren ständig. Im Beruf geht es um Leistungen. Wir zeigen uns von unserer besten Seite, sind umgänglich, höflich und achten auf unsere Sprache. Das bedeutet aber auch, dass wir Gefühle unterdrücken, die eigentlich wahrgenommen werden wollen. Problematisch wird das, wenn es am Arbeitsplatz keine Möglichkeit gibt, auf verschiedene Arten zu kommunizieren.

An jedem Arbeitsplatz gibt es unterschiedliche Kanäle, über die Angestellte in einem Unternehmen miteinander kommunizieren können.

- **Die offene Kommunikation**
  Sie erfolgt über ein Intranet oder ein anderes System für interne Kommunikation, einen Newsletter, die Personalversammlung, Mitarbeitergespräche oder Sammel-E-Mails.

- **Die verborgene Kommunikation**
  Sie findet in Form des »Flurfunks« statt, also in Pausenräumen, auf Betriebsfeiern, im Raucherzimmer, am Kopierer, am Kaffeeautomaten, im Papierlager, in individuellen Mails.

✎ **Wie sieht es an deinem Arbeitsplatz aus? Wo wird am meisten kommuniziert? Vielleicht hast du schon an verschiedenen Orten gearbeitet und kannst Vergleiche anstellen.**

**Linn erzählte mir:**
*Bei meinem früheren Arbeitsplatz haben am Anfang alle gesagt, hier sei jede Meinung willkommen, jeder sei offen für alles, alle Gedanken und Ideen seien gleichermaßen wichtig. Nach einer Weile nutzte ich die Gelegenheit bei einer Personalversammlung und sagte, dass ich der Ansicht wäre, alle sollten sich an dem Telefondienst am Gemeinschaftstelefon beteiligen. Denn das würden immer dieselben aufmerksamen Kolleginnen übernehmen. Es wurde mucksmäuschenstill im Raum. Dann räusperte sich mein Chef und sagte, er müsse darüber nachdenken. Nach der Versammlung trat eine der Kolleginnen an mich heran und wies mich zurecht, dass ich mich nicht in diese Angelegenheit einmischen solle, denn es gebe eine inoffizielle Abmachung, dass bestimmte Kollegen vom Telefondienst befreit seien. Ähnliches passierte mir in zwei weiteren Fällen, dann hat es mir gereicht. Ich habe gekündigt und am selben Tag meine Sachen gepackt.*

## Regelmäßiger Informationsfluss erzeugt Sicherheit und fördert die Zusammenarbeit

Es genügt nicht, zweimal im Jahr eine Personalversammlung einzuberufen, um die Belegschaft über anstehende Veränderungen zu informieren. Es ist auch nicht sinnvoll, wenn die Geschäftsleitung eine Mail an alle verschickt, in der nur verklausulierte Sätze stehen. Zumindest nicht, wenn die Belegschaft sich wohlfühlen und die Ziele und Visionen des Unternehmens mittragen soll. Das passiert nur durch eine authentische und lebendige Kommunikation.

Ein regelmäßiger Informationsfluss ist wichtig, um ein sicheres Arbeitsumfeld, verantwortungsbewusste Mitarbeiter, hohe Motivation und Arbeitsfreude zu gewährleisten. Das gilt auch für die Kommunikation zwischen den verschiedenen Abteilungen und Einheiten. Wenn alle wissen, womit die Kollegen innerhalb des Unternehmens beschäftigt sind, führt das zu einem größeren Verständnis und fördert die Zusammenarbeit.

Außerdem verhindert man so Verdächtigungen, Missverständnisse und Vermutungen – das Entstehen von »Gerüchteküchen«, wo permanent Spekulationen aufkeimen, die monatelang zirkulieren können.

Alle haben doch eigentlich dasselbe Ziel!

Ob man der geschäftsführende Direktor des Unternehmens ist, Verkäufer, Rezeptionistin, Hausmeister, Angestellter der Security, Servicepersonal in der Betriebskantine oder Sekretärin – alle arbeiten für dasselbe Unternehmen.

## Einbeziehung

Um sich mit ganzer Kraft einbringen zu können, muss man sich einbezogen fühlen, d. h. sich innerhalb der Gemeinschaft als bedeutsam erleben, was leichter möglich ist, wenn die Vorgänge innerhalb der Firma nachvollziehbar sind.

Wenn ich als Krisenmanagerin in ein Unternehmen gerufen werde, registriere ich jedes Mal, wie wichtig ein regelmäßiger Informationsfluss ist. Vor allem wenn ein Stellenabbau bevorsteht, fallen die anstehenden Prozesse leichter, wenn die Geschäftsführung den Mitarbeitern Respekt entgegenbringt, ihnen mit Gleichwürdigkeit begegnet und sie so umfassend wie möglich informiert. Dasselbe gilt für den Wechsel einer Führungskraft, Umzug in neue Büroräume, Erweiterung der Geschäftsbereiche, genau genommen für jede Veränderung, vor der ein Unternehmen steht.

Gerade im Hinblick auf bevorstehende Veränderungen sollte ein Gefühl von Sicherheit vermittelt werden. Und das wird erreicht, wenn die Mitarbeiter einbezogen werden und ihnen aufrichtig begegnet wird.

## Tipps für ein gutes Klima am Arbeitsplatz

- **Monatlicher Austausch der neuesten Informationen**
  Das ist ein sinnvolles Intervall, zum Beispiel jeden ersten Montag im Monat.

- **Raum und Zeit für die unterschiedlichen Einheiten und Abteilungen schaffen, um miteinander zu kommunizieren**
  Das reduziert die Distanz zwischen den Abteilungen und führt zu einer besseren Zusammenarbeit. Je größer das Verständnis für die Aufgabenbereiche und Herausforderungen der anderen Abteilungen ist, desto einfacher fällt die Zusammenarbeit und somit die Erzielung besserer Ergebnisse.

- **Im Fluss bleiben**
  Auch wenn es keine Neuigkeiten zu vermelden gibt, ist es sinnvoll, Versammlungen stattfinden zu lassen.

## Lautlose Arbeitsplätze

Nicht überall ist eine offene und direkte Kommunikation erwünscht. An manchen Arbeitsplätzen ist es mucksmäuschenstill. Aber diese Stille entsteht, weil keiner wagt, etwas zu sagen. Lautlose Arbeitsplätze erzeugen Nervosität und bieten einen idealen Nährboden für Gerüchte. Denn solange niemand etwas Genaues weiß und das weitergeben kann, bildet sich jeder seine eigene Meinung, seine eigene Wirklichkeit. Und das kann gefährlicher als Gift sein.

Mich lässt es immer wieder stutzen, wenn ich in ein Unternehmen komme, in dem stundenlang intensiv gearbeitet wird, und die Mitarbeiter sind totenstill. Dabei hat jeder Einzelne eine Meinung, vielleicht sogar Ideen und Verbesserungsvorschläge, die er aber nur vertrauten Kollegen gegenüber in der Raucherecke kommuniziert. Alles, was dort »gefunden« und

»gemeint« wird, erreicht niemals die Ohren des zuständigen Vorgesetzten. Es gibt Anspielungen, Blicke jagen durchs Großraumbüro, Augenbrauen werden hochgezogen und man hört den einen oder anderen Seufzer, aber nichts wird ausgesprochen und niemand wagt es, offen zu seiner Meinung zu stehen.

Die norwegische Forscherin Kjersti Lien Holte promovierte über das Schweigen an Arbeitsplätzen, seine Konsequenzen für das Arbeitsklima und über den nicht unerheblichen Einfluss auf die Arbeitsleistung.

Etwa 30 bis 40 Prozent der Befragten der Studie halten ihre Kritik an den Arbeitsverhältnissen zurück, anstatt sie den leitenden Kollegen vorzutragen. Kjersti Lien Holte ist nicht der Ansicht, dass sich schweigsame Arbeitnehmer besonders loyal gegenüber ihren Arbeitgebern verhalten. Im Gegenteil: Schweigen mindert Lernprozesse, die Innovation, die Sicherheit und die innerbetriebliche Demokratie. Wer seine Kritik konstruktiv und respektvoll äußert, verhält sich weitaus loyaler als diejenige, die zu allem eine Meinung hat, aber schweigt. Die meisten verdrängen das Problem, sehen weg, reden sich ein, es wäre unangemessen, die eigene Meinung zu äußern, oder sorgen sich um ihre Karriere, ihren Posten oder sogar ihren Arbeitsplatz.

Natürlich muss auch die Geschäftsleitung demjenigen mit Respekt begegnen, der Kritik äußert. So viele gute Gedanken und kluge Vorschläge gehen verloren, wenn am Arbeitsplatz eine Kultur des Schweigens herrscht. Denn wenn die Kreativität versiegt, wird es wesentlich schwerer, das Unternehmen weiterzuentwickeln. Lebhafte und gesprächige Arbeitsplätze führen dagegen zu engagierteren Mitarbeitern und erhöhen die Arbeitsplatzqualität erheblich.

Wenn ich Chefin eines Unternehmens wäre, würde ich als Erstes offene Gespräche mit meinen Mitarbeitern einführen, die regelmäßig stattfinden sollten. Denn ich bin neugierig auf Menschen und will erfahren, was sie denken, fühlen und wollen. Jeden Tag.

Oder wie Mutter Teresa es formuliert hat, als sie auf einem Kongress eine lange Rede über Leitung und Organisation halten sollte:

*Kennen Sie Ihre Mitarbeiter? Kümmern Sie sich um Ihre Mitarbeiter?*

Danach verließ sie das Rednerpult wieder, denn alles andere erachtete sie als unwichtig.

# 15. Die lieben Kollegen

**Anna erzählte mir:**
*Kommunikation unter Kollegen muss professionell ablaufen. Ich versuche so deutlich wie möglich zu sein, aber das gelingt mir nicht immer. Auch ich weiche bestimmten Dingen einfach aus.*

**Chris erzählte mir:**
*Für mich ist der Austausch mit Kollegen das Schönste an der Arbeit. Im Pausenraum, am Kopierer, am Schreibtisch des Kollegen – mir macht das Spaß. Ansonsten würde ich die Firma wechseln.*

Forscher der University of Michigan haben untersucht, in welchem Ausmaß der Smalltalk unter Kollegen am Arbeitsplatz die Arbeitsleistung beeinflusst – und sind zu dem Ergebnis gekommen, dass die Leistung dadurch gesteigert wird! Bereits ein zehnminütiges Gespräch in angenehmer Atmosphäre über Alltägliches reicht aus, um die Qualität der Arbeitsleistung zu erhöhen. Sowohl die Gedächtnisleistung als auch das Vermögen, sich auf seine Arbeit zu konzentrieren, werden durch einen freundschaftlichen Dialog gefördert.

Ein angenehmes Gesprächsklima sorgt für eine entspannte Atmosphäre, was wiederum zu einer verbesserten Zusammenarbeit und schließlich zu größeren Leistungen führt. Mit kurzen Pausen und einem kleinen Smalltalk an der Kaffeemaschine versorgen wir unser Gehirn mit neuer Energie und können wieder voller Kraft an unseren Schreibtisch zurückkehren.

Wir sind alle verschieden, entsprechend unterschiedlich ist auch unser Mitteilungsbedürfnis. Einige arbeiten schweigsam über ihre Unterlagen gebeugt, während andere redselig sind und den Arbeitstag wie ein Live-Kommentator im Büro verbringen.

## Sag's klar!

Die meisten werden bestätigen, wie wichtig Klarheit am Arbeitsplatz ist, sowohl unter den Kollegen als auch zwischen Geschäftsleitung und Belegschaft. Aber manche, die meinen, dass sie Klartext sprechen, drücken sich überhaupt nicht deutlich aus.

Fehlende Klarheit resultiert oft daraus, dass wir die Verantwortung für die Gefühle anderer Menschen übernehmen. Wir vermeiden es, deutlich auszusprechen, was wir denken, weil wir fürchten, wie der Angesprochene reagieren könnte. Wir wollen andere nicht verletzen, nicht enttäuschen, aufregen oder beleidigen. Wir wollen die Stimmung nicht verderben oder Konflikte provozieren. Und so schließt sich der Teufelskreis, denn uns fehlt auch die nötige Deutlichkeit, um möglichen Reaktionen und Gefühlsausbrüchen zu begegnen.

Probieren wir es ab und zu mal mit Klarheit, übertreiben wir es meistens und klingen viel härter und strenger, als wir eigentlich wollen. Der Konflikt ist vorprogrammiert, weil der Angesprochene sich dann verteidigt, um sein Gesicht zu wahren.

Mangelnde Klarheit entsteht häufig auch durch blindes Vertrauen in die Fähigkeit der Umwelt, unsere Gedanken zu lesen. Wir setzen voraus, dass die anderen uns verstehen, ohne dass wir explizit werden müssen. Wir gehen davon aus, dass unsere versteckten Hinweise genügen – die ja in unseren Augen glasklar und offensichtlich sind …

Du kommst aber nicht darum herum, deinen Kollegen gegenüber klar und deutlich zu formulieren, was du denkst, meinst und willst. Achte auch auf die Reaktionen, um herauszufinden, ob du richtig verstanden wurdest. Wenn du selbst angesprochen wirst, gib eine Rückmeldung und erläutere mit eigenen Worten, was du erfasst hast.

**Charlotte erzählte mir:**
*Ich habe hohe Erwartungen an meine Arbeitskollegen. Ich will, dass sie exakt das abliefern, worum ich sie bitte. Aber ich werde immer wieder enttäuscht. Ich versuche überdeutlich zu sein, damit keine Missverständnisse aufkommen. Aber ich glaube, die finden mich einfach nur nervig.*

**Bernhard erzählte mir:**
*Leider rede ich immer viel zu viel, wenn ich etwas erklären will. Am Ende versteht keiner mehr, was in dem ganzen Durcheinander wichtig ist. Ich merke das daran, dass Kollegen nach dem Meeting zu mir kommen und fragen, was genau ich gemeint habe. Andere ziehen einfach ihre eigenen Schlussfolgerungen.*

Innerhalb eines Büros gibt es die unterschiedlichsten Gesprächsstile. Wer bewusst kommuniziert, lernt damit umzugehen und die verschiedenen Situationen, Stimmungen und Befindlichkeiten einzuschätzen.

## Tipps, um klarer zu werden

- **Stell dir selbst die Frage: Was will ich eigentlich sagen?**
  Wenn du dir diese Frage nicht beantworten kannst, wird es für deine Kollegen umso schwieriger, dich zu verstehen.

- **Denk dir Überschriften mit den wichtigsten Informationen aus**
  Orientiere dich an den eindeutigen Überschriften in der Zeitung, bei denen die Schlagzeile unmissverständlich kommuniziert wird. Mit dieser Übung erreichst du dieselbe Klarheit.

- **Sag es zuerst dir selbst**
  Nimm dir eine Minute Zeit und sag dir selbst, was du deinen Kollegen mitzuteilen hast. Dann bist du bereit für ein größeres Publikum.

- **Setz einen Freund als Sparringpartner ein**
  Übe klare Botschaften mit einem vertrauten Freund und bitte ihn um Feedback. Wie versteht er deine Worte? Erreicht ihn die Botschaft? Welche Fragen bleiben offen?

- **Sprich klar und deutlich**
  Verhasple dich nicht, sondern sag klar und deutlich exakt das, was du vorhattest zu sagen. Besser du wiederholst mehrmals dieselbe Botschaft, als dass du von deinem Vorhaben abweichst.

## Tipps für E-Mails

Manchmal verfolge ich die E-Mail- und SMS-Korrespondenzen von anderen. Dabei stelle ich immer wieder fest, wie ungeschickt und missverständlich in diesen Medien oft kommuniziert wird.

- **Vermeide das Wort »müssen«**
  Das Wort klingt härter, als du ahnst. Verwende es nur, wenn es unbedingt sein muss.

- **Vermeide mehrere Ausrufezeichen hintereinander**
  Eins ist vollkommen ausreichend. Alles andere wirkt schnell hysterisch.

- **Sei sparsam mit Großbuchstaben**
  Große Buchstaben schreien ihre Botschaft heraus. Wenn du nur deine Aussage unterstreichen willst, tu es lieber explizit.

- **Verzichte auf Ironie und Anzüglichkeiten**
  Es fällt weitaus schwerer, Doppeldeutigkeiten zu erkennen, wenn nicht eine warme Stimme, ein fröhliches Augenzwinkern oder etwas anderes die Worte entschärft

## Respekt

Ich hatte einmal einen Vorgesetzten, der jeden Mitarbeiter, der das Haus um fünf Uhr verließ, fragte, ob er jetzt nur noch halbtags arbeiten würde. Die meisten lachten dann nervös und stammelten etwas von Kindergarten und Abholzeiten. Die richtig Ängstlichen blieben sogar länger und schließlich gab es ein kleines Häufchen, das bis spät abends im Büro blieb. Niemand von ihnen wagte es, vor dem Chef nach Hause zu gehen. Ich frage mich, was sie die ganze Zeit gemacht haben, denn so viel zu tun gab es gar nicht. Absurd!

Das Verhalten dieses Vorgesetzten hat der ganzen Belegschaft einen Stempel aufgedrückt. Sein Umgang mit den Mitarbeitern hat zu keinen fruchtbaren Arbeitsbeziehungen geführt, sondern nur Unzufriedenheit und Unbehagen ausgelöst.

Die ganze Missstimmung verflog dann von heute auf morgen, als ihn die Geschäftsführung endlich feuerte.

**Gregor erzählte mir:**
*Ich hatte mich auf eine interne Stellenausschreibung beworben, meinem Kollegen aber nichts davon erzählt, der gleichzeitig auch mein bester Freund ist. Ich wollte ihn nicht einweihen, bevor ich nicht selbst wusste, was aus der Sache wird. Den Job habe ich tatsächlich bekommen! Aber mein Kollege und Freund war wütend auf mich, weil ich ihn nicht eingeweiht hatte. Ich versuchte, ihm alles zu erklären, aber er ist noch immer sauer auf mich und fühlt sich gekränkt. Ich hätte es akzeptiert, wenn er an meiner Stelle gewesen wäre, aber das beruht leider nicht auf Gegenseitigkeit.*

## Tipps für einen respektvollen Umgang

- **Behandle die anderen so, wie du selbst behandelt werden willst**
  Das ist eine klassische Lebensregel, aber folgst du ihr auch tatsächlich? Schätzt du deine Kollegen und erkennst ihre

Leistungen in der Weise an, wie du selbst angesehen werden möchtest?

- **Fang den Tag mit einem Guten Morgen an**
  Ist es wirklich so schwer, seine Kollegen morgens zu grüßen? Lass ab heute jeden Tag ein bisschen besser werden und sag Guten Morgen.

- **Gib und dir wird gegeben**
  Begegne deiner Umwelt mit Interesse, Neugier und Hilfsbereitschaft. Und du wirst sicher etwas zurückbekommen.

**Miriam erzählte mir:**
*Ich muss jeden Morgen einmal quer durch das Großraumbüro zu meinem Arbeitsplatz laufen. Das ist der schlimmste Augenblick des Tages. Meine Stimme ist nicht besonders kräftig, darum habe ich Probleme, die Kollegen zu grüßen, weil man mich kaum hört. Und wenn dann keiner antwortet, finde ich das furchtbar peinlich. Deshalb laufe ich durch die Gänge und halte die Luft an, bis ich meinen Schreibtisch erreicht habe. Niemand grüßt mich, niemand hebt den Kopf, niemand sieht, dass ich da bin. Aber wenn Inge morgens reinkommt, ruft sie laut »Hallo zusammen!« und alle drehen sich um und grüßen sie fröhlich. Wieso kann das bei mir nicht auch so sein?*

Miriam sollte sich eine Verbündete suchen, eine befreundete Kollegin, die ihr jeden Morgen »Guten Morgen, Miriam!« zuruft. Dann würden sich alle anderen auch umdrehen und es nachmachen.

Wenn du auch so eine Miriam an deinem Arbeitsplatz hast, kannst du schon morgen damit anfangen, sie (oder ihn) zu grüßen? Denk daran, wie viel so ein Hallo bedeuten kann.

## Sei verschwenderisch mit Komplimenten!

Wir alle freuen uns über nette Worte. Auch diejenige, die sich bei Lob und Komplimenten windet, geht mit Wärme im Herzen nach Hause.

Das Bedürfnis nach Bestätigung tragen wir seit der Kindheit in uns. Wir wollen hören, dass wir fleißig, nett, effektiv, zuverlässig, schnell, sorgfältig, einzigartig oder was auch immer sind.

✎ **Übe ein paar Tage lang, Komplimente zu machen! Sag alle netten Dinge, die dir zu einer Kollegin oder einem Kollegen einfallen. Sag es am besten so explizit wie möglich. Beschreibe, welche Eigenschaften von ihr oder ihm du besonders schätzt, welche Leistungen dir imponiert haben und was du an ihr oder ihm schick findest. Notier dir, wie die Komplimente aufgenommen wurden.**

*Vor ein paar Jahren habe ich das Experiment durchgeführt, eine Woche lang Komplimente an alle zu verteilen, die mir über den Weg liefen und positiv auffielen. Ohne Ausnahme. Das war ganz schön aufwendig, denn ich begegnete so vielen, denen ich etwas Nettes sagen konnte: der freundliche Busfahrer, das niedlich lächelnde Kind, jemand mit schönen Haaren oder angenehmen Umgangsformen.*

*Am vierten Tag kam ich morgens an einer Frau vorbei, die war so gut angezogen, dass es mir sofort auffiel. Ich hatte es leider eilig und sie lief auch ziemlich schnell, daher setzte ich meinen Weg einfach fort. Dann schoss mir aber durch den Kopf, dass ich mein Experiment beenden wollte und nicht davon abweichen sollte. Ich musste ihr unbedingt mein Kompliment vortragen. Entschlossen drehte ich auf dem Absatz um und rannte ihr hinterher. Als ich sie endlich erreicht hatte, war ich ganz außer Atem. Ich berührte sie am Arm und sagte: »Du bist so wunderschön angezogen!« So schnell wie ich gekommen war, drehte ich mich wieder um und rannte davon.*

Jeder Mensch ist einzigartig. Einige von uns sind ängstlicher und können entsprechend kurz angebunden, genervt oder bissig reagieren. Andere Menschen ruhen sicher in sich selbst und betrachten ihre Mitmenschen liebevoll. Sie wollen ihre Geborgenheit mit anderen teilen und verhalten sich ihrer Umgebung gegenüber nachgiebig und respektvoll.

✎ **Lass deine früheren und jetzigen Kollegen vor deinem inneren Auge vorbeiziehen. Bei wem hast du dich wohlgefühlt? Vor wem musst du auf der Hut sein? Wer begegnete dir mit Wärme und Freundlichkeit? Welches Verhalten löst in dir Wohlbefinden aus? Stimme deine eigene Kommunikation darauf ab und beobachte, was passiert.**

## Hol den Chef mit ins Boot

Überraschend oft beobachte ich in Unternehmen, dass der Belegschaft, den Vorgesetzten und der Geschäftsführung große Probleme in der Kommunikation auffallen – aber niemand etwas dagegen tut. Niemand wirft Fragen auf, sondern alle Beteiligten schweigen und ignorieren sämtliche Schwierigkeiten. Gleichzeitig wachsen Irritation und Unzufriedenheit wie Schimmel in einem feuchten Keller, bis es eines Tages so stinkt, dass Streit und Zerwürfnisse unvermeidbar sind.

Es ist aber nicht ausschließlich Aufgabe der Vorgesetzten, die Qualität die Kommunikation innerhalb der einzelnen Abteilungen und der verschiedenen Abteilungen untereinander zu sichern. Dazu muss jeder beitragen!

## Tipps für die interne Kommunikation

- **Hole den Chef mit ins Boot**
  Seine Aufgabe ist es zu führen, zu unterstützen und zu helfen.

- **Bitte um Einzel- oder Gruppengespräche**
  Erläutere die Problematik und sag, was gebraucht wird, um die Kommunikation zu verbessern.

- **Sei klar und deutlich**
  Rede nicht um den heißen Brei herum, sondern bring die Dinge auf den Punkt und vermeide weitschweifige Ausführungen.

- **Gib konkrete Beispiele**
  Für den Zuhörer ist es einfacher, wenn er sich an Beispielen orientieren kann. Das bedeutet nicht, dass du illoyal bist, sondern dass du Stellung beziehst zu einer problematischen Situation. Damit zeigst du Verantwortung.

- **Sorge regelmäßig für Austausch**
  Bitte um einen wöchentlichen Jour fixe oder um andere Formen der Kommunikation. Vor allem in Branchen mit hohem Tempo und einer großen Arbeitsbelastung werden Gespräche eher als überflüssig und Zeitverschwendung angesehen – zu Unrecht.

## Die unterschiedlichen Rollen in Gruppen

In meinem Job komme ich mit den verschiedensten Gruppen in Kontakt: Familien, Belegschaften und Arbeitsgruppen mit Krisen und Konflikten, Gruppen, die ein Team werden sollen.

Wenn eine Gruppe nicht funktioniert, liegt es nicht an der Gruppe selbst, sondern daran, wie die individuellen Teilnehmer interagieren. Es macht keinen Sinn, nach einem Schuldigen oder Sündenbock zu suchen. In einer intakten Gruppe schätzen die verschiedenen Persönlichkeiten einander und akzeptieren den anderen, so wie er ist. Im Fokus stehen die Möglichkeiten, nicht die Probleme.

*Während ich dies schreibe, muss ich an die Schulklasse von einer meiner Töchter denken. Bei einem Unterrichtsbesuch erlebte ich, wie wunderbar die Kinder miteinander umgingen: Einer der Schüler konnte sich ganz schlecht konzentrieren und nicht ruhig auf seinem Platz sitzen. Plötzlich nahm er sein Schulbuch und sein Schreibzeug und setzte sich unter den Tisch. Ich war ganz überrascht und zog die Augenbrauen hoch, merkte aber sofort, dass keiner der Schüler darauf reagierte.*
*Die Lehrerin, die meine Verwunderung bemerkt hatte, erklärte mir später, dass der Junge sich besser konzentrieren könne, wenn er sich ein bisschen von der Gruppe abschirmte. Das Schöne daran war, dass alle es akzeptierten und nicht darauf bestanden, ebenfalls unter dem Tisch sitzen zu dürfen. Die Mitschüler hatten Verständnis für das individuelle Bedürfnis des Jungen, der ansonsten eine wie auch immer geartete Diagnose bekommen hätte. So konnte er wie alle anderen am Unterricht teilnehmen.*

Gruppen funktionieren, wenn die einzelnen Teilnehmer sich gegenseitig sehen und neugierig statt ängstlich sind. Aber dafür müssen wir unseren Horizont erweitern und die Welt jenseits des eigenen Tellerrandes betrachten.

Manche von uns gehen stark in ihrer Rolle auf, während andere sich zwischen mehreren Rollen frei bewegen können. Der eine Kollege ist sehr sozial und spricht gerne mit allen, während ein anderer sich lieber mit Details beschäftigt und bevorzugt allein arbeitet.

Das FIRO-Modell (Fundamental Interpersonal Relationship Orientation), das 1958 von Will Schutz entwickelt wurde, stellt dar, wie sich eine Gruppe in den unterschiedlichen Phasen ihrer Entwicklung verhält.

**Phase 1: Orientierung**

Stell dir eine Gruppe vor, die sich zum ersten Mal trifft. Alle beäugen sich gegenseitig. Noch bevor jemand den Mund geöffnet und ein Wort gesagt hat, wissen wir, wen wir auf Anhieb interessant finden und wen nicht, welche Kleidung die Teilnehmer tragen und ob einer von ihnen ein bemerkenswertes Äußeres hat, zum Beispiel eine große Nase, besonders langes Haar oder Übergewicht. Häufig fühlen wir uns zu denen hingezogen, die uns etwa im Kleidungsstil oder in der Ausstrahlung ähnlich sind.

Das Interesse und die Neugierde sind greifbar. Wer sind die anderen Teilnehmer? Wir sind bis zu einem gewissen Grad kontaktsuchend und willens, einander kennenzulernen. Der Anlass für das große Interesse ist ziemlich egoistisch: Wir prüfen, mit wem wir es zu tun haben wollen.

**Phase 2: Zugehörigkeit**

Nach der ersten Prüfung müssen wir ermitteln, ob wir einen Gewinn aus dieser Gruppe ziehen, ansonsten lösen wir uns von ihr und suchen uns eine neue. Jeder einzelne Teilnehmer muss für sich entscheiden, ob er sich in diese Gruppe einbringen will oder nicht.

**Phase 3: Flitterwochen**

Jetzt sind alle, die zur Gruppe gehören wollen, auf ihren Plätzen. Jeder hat eine Entscheidung getroffen und freut sich, dabei zu sein. Alles ist eitel Sonnenschein, alle sind glücklich und das Leben lächelt jedem zu, wie in den Flitterwochen. Das Wir-Gefühl ist stark und kann die Gruppe gemeinsam zu großen Taten führen.

**Phase 4: Rollensuche**

Jetzt wird es Zeit, mit der Gruppe zu arbeiten. Jeder muss seinen Platz finden und eine Rolle einnehmen. Dabei geht es darum, was alle gleichermaßen sowie jeder Einzelne tun muss und wer in der Gruppe verbleiben soll. Es gibt formelle Rollen (tatsächliche Aufgaben) und informelle Rollen (unausgesprochene Funktionen).

In der Phase der Rollensuche können Konflikte entstehen, vor allem wenn uns informelle oder formelle Rollen zugewiesen werden, in denen wir uns nicht wohlfühlen, oder wenn die von uns favorisierten Rollen bereits vergeben sind und Konkurrenz entsteht.

**Phase 5: Idyll**

Wenn alle Rollen besetzt sind und alle mit ihren Posten zufrieden sind, sieht alles noch einmal rosig aus, wie auf »Flitterwochen light«. Aber so eine Rollensuche kostet viel Energie und die Teilnehmer sind erschöpft, wenn jetzt die eigentliche Arbeit losgeht. Das kann zu einem Energievakuum führen, bevor die Teilnehmer der Gruppe wieder zu Kräften gekommen sind und mit ihren Aufgaben beginnen können.

**Phase 6: Zusammenhalt**

Jetzt geht es an die Arbeit; alle wissen, was zu tun ist, welche Rollen sie eingenommen haben, und können sich darauf konzentrieren, was zu tun ist. Der Zusammenhalt ist gewachsen, die Gruppe hat bereits mehrere Phasen durchlaufen und kann jetzt gut kooperieren. Diese Phase hält an, bis ein Ereignis die Gruppe verändert, zum Beispiel ein Teilnehmer ausscheidet oder neu einsteigt.

✎ **Welche Rollen hast du in deinem Job angenommen? Welche hattest du früher? Welche gefallen dir und welche nicht? Und welche Rolle wurde dir nicht zugewiesen, die du aber gerne hättest? Wie kannst du sie einnehmen?**

Welche Rolle dir zugewiesen wird, hängt zum Teil von dir ab und davon, wer du sein willst. Aber auch von anderen – wie schnell sie ihre Rollen einnehmen und sich darin etablieren. Je mehr du über Rollenverteilungen und Gruppendynamiken weißt, desto besser gelingt eine funktionierende Kommunikation mit deinen Kollegen.

**Kerstin erzählte mir:**

*Ich habe eine junge Kollegin, die immer schlecht gelaunt ist. Außerdem gibt sie für alles immer den anderen die Schuld und übernimmt selbst nie Verantwortung für irgendetwas. Natürlich werden wir auch mal von den Fehlern anderer in Mitleidenschaft gezogen, aber ich finde, es ist eine Frage der Einstellung. Ich versuche, so wenig wie möglich mit dieser Kollegin zu tun zu haben. Und wenn wir ein gemeinsames Projekt betreuen, überprüfe ich alles doppelt und dreifach, weil ich weiß, dass sie ganz schön schlampig arbeitet. Ich vermeide sie, wo es nur geht.*

Am Arbeitsplatz, zu Hause und im Freundeskreis spielen wir jeweils unterschiedliche Rollen. Der Klassenclown kann beim Abendessen ein mürrischer Typ sein. Der Behutsame behält sich diese Rolle für zu Hause vor, am Arbeitsplatz geht er mit fremdem Besitz anders um. Der Angepasste, der niemals mit seinen Kollegen aneinandergerät, kann gegenüber seiner Frau ein fürchterlicher Störenfried sein. Und der Fröhliche, der im Büro alle motiviert und bei Laune hält, hat am Feierabend eventuell keine Energie mehr für das Familienleben.

✎ **Notiere, mit welcher der folgenden Rollen du dich am ehesten identifizieren kannst.**

- **der/die Dominante**
- **der/die schnell die Initiative ergreift**
- **der/die mit den vielen Ansichten**
- **der/die sich um alles kümmert**
- **der/die gerne flirtet**
- **der/die Bestätigung sucht**
- **der/die immer Hilfe braucht**
- **der/die immer helfen will**
- **der/die sich anpasst**
- **der/die Abwartende**
- **der/die Vermittelnde**
- **der/die Schwierige**

- **der/die Koordinierende**
- **der/die Kritische**
- **der/die alles regelt**
- **der/die Dinge vorantreibt**
- **der/die Empfindliche**
- **der/die Zurückgezogene**
- **der/die Naive**
- **der/die hart Arbeitende**
- **der/die über alles und jeden Bescheid weiß**
- **der/die Moralische**
- **der/die Ruhige**
- **der/die Herumalbernde**

## Gerede hinter deinem Rücken

Wir sind im Pausenraum an einem ganz normalen Nachmittag. Eine kleine Gruppe sitzt in der Ecke und unterhält sich angeregt, als eine Kollegin ins Zimmer kommt. Schlagartig wird es still. Sie weiß nicht, wie sie sich verhalten soll – sich dazusetzen und über das Wetter reden oder auf dem Absatz kehrtmachen und gehen. Im Laufe der Jahre hat sie die verschiedenen Varianten ausprobiert, meist setzt sie sich an den Tisch neben der Tür. Nach ein paar Minuten nehmen die anderen ihr Gespräch wieder auf, aber sie wird nicht eingebunden und das Thema ganz offensichtlich gewechselt.

Allein bei dieser Vorstellung bekomme ich schon eine Gänsehaut. Gerede hinter dem Rücken eines anderen ist so ungefähr das Schlimmste, was ich im beruflichen Bereich kenne. Noch dazu ist es wahnsinnig feige: nicht offen zu seiner Meinung stehen, den Betroffenen ausschließen, aber dafür Unbeteiligte in die Sache mit hineinziehen.

*Ich habe eine Zeitlang in einer Abteilung gearbeitet, deren Chef unerwartet kündigte und in der ein Nachfolger nur schwer ge-*

*funden wurde. Da wir alle selbstständig arbeiteten, gab es aus Sicht der Geschäftsleitung auch keinen Grund zur Eile. Eines Tages kam dann aber die Nachricht, dass eine Kollegin aus der Abteilung befördert wurde und den Posten übernehmen sollte. Einigen machte das überhaupt nichts aus, andere hoben überrascht die Augenbrauen, setzten dann aber ihre Arbeit fort – und dann gab es welche, die vollkommen die Fassung verloren. Eine von ihnen hatte sich auch für den Posten beworben und war der Ansicht, dass sie wesentlich geeigneter wäre, genau genommen die einzige infrage kommende Kandidatin. Sie führte eine kleine Gruppe an, die sich gegen die neue Vorgesetzte stellte. Unermüdlich kam sie mit immer neuen Argumenten, warum wir uns das nicht gefallen lassen sollten und auf die Geschäftsführung Druck ausüben müssten.*
*Auch ich wurde in eine stille Ecke gezogen und aufgefordert, mich dieser Gruppe anzuschließen, antwortete aber, dass ich nichts gegen die neue Situation einzuwenden hätte, denn die neue Vorgesetzte sei gut und zuverlässig. »Sie wurde schließlich von der Geschäftsleitung ausgewählt, also hat sie deren Vertrauen und wir sollten sie unterstützen und ihr eine Chance geben.« Meine Kollegin ging wütend davon.*
*Die Neue blieb eine Weile auf ihrem Posten, dann konnte sie dem Druck nicht mehr standhalten.*

## So vermeidest du Gerede unter Kollegen:

- **Weigere dich, bei dem Gerede mitzumachen**
  Lass nicht zu, dass du genauso tief sinkst. Halte dich zurück, und wenn dein Widerstand zu bröckeln droht, schau in dein Herz und vergewissere dich deiner Fähigkeiten für Mut und Respekt.

- **Schweig nicht still**
  Du wirst nicht von der Verantwortung entbunden, nur weil

die Dummheiten nicht direkt aus deinem Mund kommen. Wenn du in einer intriganten Atmosphäre gefangen bist und dich nicht aktiv davon abwendest, trägst du indirekt dazu bei.

- **Geh aus der Situation heraus**
  Wenn du es nicht schaffst, etwas dagegen zu unternehmen oder zu sagen, dann trete aus der Situation heraus und signalisiere somit Distanz.

- **Rede mit deinem Vorgesetzten oder der Personalabteilung**
  Wenn das Verhalten zur Gewohnheit geworden ist, bedarf es vielleicht externer Hilfe.

- **Wehr dich**
  Steh auf und stell dich hinter deine Kollegin/deinen Kollegen! Du hast die Kraft in dir, solange du dich nicht von deiner Angst beherrschen lässt. Sei der Freund, den du dir selbst wünschst.

- **Begreif den Ernst der Lage**
  Mobbing am Arbeitsplatz ist weit verbreitet und führt zu vermehrten Krankmeldungen und einem schlechten Arbeitsklima.

# 16. Feedback

Feedback bedeutet Rückmeldung oder im wörtlichen Sinne: »Rückspeisung«. Rückmeldung impliziert, dass eine Meinung über das Resultat einer erfolgten Leistung übermittelt wird.

Beim Feedback geht es darum, etwas Gemeinsames entstehen zu lassen. Es geht darum, Entwicklung und Fortschritt für ein Individuum zu ermöglichen, aber auch für ein ganzes Unternehmen, eine komplexe Organisation oder einen bestimmten Arbeitsbereich.

Feedback ist auch gleichzeitig eine Bestätigung: Mich gibt es. Ich werde gesehen. Ich bin bedeutsam. Ich werde gebraucht. Alle Menschen suchen diese Bestätigung, obwohl das Bedürfnis unterschiedlich intensiv sein kann; es variiert von Mensch zu Mensch und von Situation zu Situation.

Ohne Feedback am Arbeitsplatz bleibt dieser arm und statisch. Erst mit Feedback wird er interessant, aufregend, fortschrittlich und spielerisch – wenn es auf angemessene Art erfolgt.

Richtiges Feedback ist immer gut gemeint. Denn ein gutes Feedback bringt uns voran und erzeugt gute Beziehungen. Wenn du und deine Arbeit mich gar nicht interessieren, dann kann ich auch ignorieren, was du tust und wie du es tust, statt dir zu erzählen, was ich beobachtet habe und wo ich noch Potenzial sehe.

Feedback geben bedeutet also, dass ich unsere Beziehung und Zusammenarbeit fortsetzen will, allerdings mit ein paar Veränderungen, die uns die Arbeit erleichtern. Ich gebe auch

Feedback zu den Dingen, die reibungslos laufen. Feedback ist mit anderen Worten die Möglichkeit, sich selbst in der Gemeinschaft mit anderen weiterzuentwickeln.

## Ist das Klima feedbackfreundlich?

Ein Unternehmen, in dem es für verschiedene Persönlichkeiten Entfaltungsmöglichkeiten gibt und alle direkt miteinander kommunizieren können, schafft eine Atmosphäre, die offen ist für Entwicklung und tiefe Beziehungen. Und das führt wiederum zu besserer Zusammenarbeit, stärkerer Motivation und überzeugenderen Resultaten.

Leider gibt es aber auch die vielen lautlosen Arbeitsplätze, an denen niemand seine Meinung sagt und auch keine Rückmeldung erhält, wie seine Arbeit gesehen und bewertet wird. Alle erledigen ihren Job. Punkt.

**Henrik erzählte mir:**
*Ich habe keinen blassen Schimmer, ob ich in den Augen meines Chefs einen miserablen oder phänomenalen Job mache. Seit ich hier arbeite, hat er mich kein einziges Mal gelobt oder kritisiert.*

Würde mich Henrik um Rat fragen, sollte er mit seinem Chef ein Treffen vereinbaren und ihn um ein Feedback bitten. Er sollte sagen, dass er sich eine Rückmeldung darüber wünscht, wie zufrieden oder unzufrieden die Geschäftsleitung mit seiner Arbeit ist, damit er weiß, ob er überhaupt auf dem richtigen Weg ist.

Eingefordertes Feedback wirkt oft verkrampft und künstlich. Die Hauptsache ist, dass es aufrichtig und wohlwollend gemeint ist, damit der Empfänger sich weiterentwickeln kann.

## Tipps zum Feedback-Geben

- **Fang bei dir selbst an**
  Schöpfe aus deinem eigenen Erfahrungsschatz. Erinnere dich an Situationen, in denen du selbst Feedback bekommen hast, und daran, was sich daraus entwickelt hat.

**Innere Sicherheit und mentale Stärke erleichtern den Umgang mit Feedback, weil wir es nicht als persönliche Kritik oder als einen Angriff auffassen, sondern als Unterstützung unserer Arbeit.**

**Wann hast du das letzte Mal ein Feedback bekommen, das dich weitergebracht hat? Ein Feedback, das du annehmen, umsetzen und durch das du deine Leistungen steigern konntest?**

**Und wann hast du das letzte Mal ein Feedback bekommen, das sich unangenehm anfühlte oder auf unangenehme Art vorgetragen wurde?**

**Schreib dir die verschiedenen Situationen auf und versuch zu rekonstruieren, an welchem Punkt du damals in deiner persönlichen Entwicklung gewesen bist. Wie war deine Reaktion darauf und wie konntest du das Feedback annehmen?**

- **Sprich offen und direkt mit dem Adressaten des Feedbacks**
  Vermeide Umwege, Stellvertreter (»Sprachrohre«) oder Boten – wie bei dem Spiel »Stille Post«: Einer flüstert seinem Nachbarn etwas ins Ohr, der dem nächsten und so weiter, bis es wieder beim Ausgangspunkt angekommen ist. In der Regel klingt das ursprünglich Gesagte ganz anders … Steuere die Kommunikation besser aktiv.

- **Verwende Ich-Botschaften**
  Vermeide »man« oder »wir in der Abteilung« oder »einige« oder »manche«, sondern stehe persönlich hinter deinem

Feedback. Lass die anderen für sich selbst sprechen – jetzt sprichst du für dich.

- **Unterscheide zwischen Person und Leistung**
  »Wir sind, was wir leisten«, sagen manche. Ich denke aber, es verhält sich andersherum: Unsere Leistungen unterstreichen und bekräftigen unsere Eigenschaften. Wenn du also ein Feedback auf eine Leistung geben willst, konzentrier dich ganz auf die Leistung und nicht auf den Menschen dahinter. So vermeidest du, die angesprochene Person negativ zu etikettieren.

  **Statt:** *Du bist leider viel zu schlampig, die Unterlagen kann ich nicht gebrauchen.*
  **Sprich's aus:** *Nachdem du mir die Unterlagen vorgelegt hast, habe ich viele Flüchtigkeitsfehler entdeckt, zum Beispiel … Diese Sache verlangt aber Sorgfalt bis ins kleinste Detail. Darum wünsche ich mir, dass du in Zukunft exakter arbeitest.*

  Der Unterschied ist immens. Da dein Feedback auf das Verhalten abzielt, kannst du klar und deutlich erläutern, welche Konsequenzen das Verhalten für dich hat und welche Veränderungen anstehen.

- **Verknüpfe eine gute Eigenschaft mit dem Lob der Leistung**
  Dann löst sich der Fokus von der Leistung und rückt den Menschen, der sie ausgeführt hat, ins Zentrum. Das macht das Lob interessanter und stärkt die angesprochene Person mental.

  **Statt:** *Super Job, Lena!*
  **Sprich's aus:** *Super Job, Lena! Du hast unglaublich genau gearbeitet, warst absolut zuverlässig und hast das Projekt zeitnah abgeschlossen.*

Ein solches Lob vermittelt Lena die wesentlichen Informationen darüber, was genau sie gut gemacht hat: Sorgfalt und Zuverlässigkeit. Es stärkt ihr Selbstwertgefühl, wenn sie die guten Eigenschaften kennt, die ihre Persönlichkeit formen. Außerdem ist es eine großartige Übung für Lenas Chef, genau zu formulieren, was seine Mitarbeiterin gut gemacht hat – eine ideale Vorgabe für das nächste schwierige Projekt.

- **Sei konkret.**
  Je deutlicher, desto besser. Vermeide Allgemeinplätze und vage Aussagen.

  **Statt:** *Du bist zu nachlässig mit den Besprechungsterminen.*
  **Sprich's aus:** *Wenn die Besprechung um 8:00 Uhr beginnt, musst du auch spätestens um 8:00 Uhr dort sein.*

- **Sei direkt**
  Schieb den Zeitpunkt für ein Feedback nicht unnötig auf. Das geschieht häufig, wenn wir die Situation als unangenehm empfinden. Oder wenn wir uns für die Gefühle anderer verantwortlich fühlen (»Ich sag es lieber später, sonst ist er/sie vielleicht traurig, beleidigt, nervös, wütend …«), statt erwachsene Menschen die Verantwortung für ihre eigenen Gefühle tragen zu lassen.
  Ein Feedback sollte am besten direkt nach dem Ereignis erfolgen oder zumindest solange der Vorfall noch in frischer Erinnerung ist. Das bedeutet nicht, dass du einen Kollegen, der gerade eine bemerkenswerte Leistung erbracht hat, gleich mit einem Feedback überfallen sollst. Nimm dir einen Augenblick Zeit, um zu reflektieren und die richtigen Worte zu finden. Ein oder zwei einfache Sätze genügen vollkommen. Manchmal ist es sogar sinnvoll, eine Nacht darüber zu schlafen, vorher tief durchzuatmen oder noch eine Runde durchs Büro drehen, um sich zu sammeln und die Sache in Ruhe anzugehen.

- **Kommuniziere gewaltfrei**
  Die Gewaltfreie Kommunikation hilft dabei, Feedbacks so zu artikulieren, dass Veränderung und Verbesserung erreicht werden können. Orientiere dich an den folgenden vier Schritten:

  1. **Beobachtung:** *Wenn ich höre oder sehe, wie du …*
  2. **Gefühl:** *… dann fühle ich …*
  3. **Bedürfnis:** *… denn ich brauche …*
  4. **Bitte:** *… darum möchte ich, dass …*

  In diesem Schema gibt es keine Behauptungen, keine Interpretation, keine Anklagen, keine absoluten Wahrheiten, die implizit voller Wertungen sind. Es gibt keine Forderungen und keine Drohungen, weder Manipulation noch eine geschlossene Gesprächsführung. Das Ziel ist ein respektvoller Dialog zwischen allen Beteiligten.
  Wenn du gewaltfrei kommunizierst, gehe immer von dir aus, von deinen persönlichen Beobachtungen, und zwar frei von Bewertung und Beurteilung. Vermeide unausgesprochene Botschaften, heimliche Ziele, Andeutungen oder Manipulationen. Vermeide auch Generalisierungen wie »nie« oder »immer«, sondern beschreibe die Wirklichkeit so exakt wie möglich.
  Am Ende kannst du konkrete Schritte vorschlagen oder die angesprochene Person darum bitten, sich selbst etwas auszudenken. Konzentrier dich darauf, was du haben willst, nicht was es zu vermeiden gilt (»Und komm mir ja nicht wieder mit …«).

  **Statt:** *Warum müssen deine privaten Geschichten so viel Raum in unserm Montagsmeeting einnehmen? Wir haben alle kapiert, dass du eine Menge toller Sachen am Wochenende unternimmst, aber du solltest uns nicht ewig damit volltexten. Kapierst du nicht, dass uns das von unserer Arbeit abhält?*

**Sprich's aus:** *Wenn ich merke, dass private Angelegenheiten kostbare Zeit von unserer Besprechung in Anspruch nehmen, dann mache ich mir Sorgen, dass wir unsere Tagesordnungspunkte in der Besprechung nicht ordentlich durchgehen können. Darum bitte ich dich, Persönliches am Ende der Besprechung zu erzählen, oder in der nächsten Kaffeepause oder beim Mittagessen. Was denkst du?*

- **Frag die betreffende Person nach ihrer eigenen Einschätzung**
  Jeder Mensch hat ein Anrecht auf seine Gefühle. Wenn jemand ein Feedback erhält, wird es die Entwicklung begünstigen, wenn die angesprochene Person über ihre Gefühle sprechen kann. Wie hat sie das Ganze erlebt? Was steckt hinter dem Verhaltensmuster oder der Situation, die dir aufgefallen ist? Wenn du dich für ein Gespräch öffnest, steigen die Chancen, dass du eine Erklärung für das Geschehene erhältst. Außerdem kannst du die Person nach eigenen Lösungsvorschlägen fragen – was könnt ihr gemeinsam tun? Stell Fragen und hör dir die Antworten genau an.

- **Eins nach dem anderen**
  Das Selbstwertgefühl eines Menschen kann leicht beschädigt werden, ganz egal wie stark dein Gegenüber auf den ersten Blick wirkt. Hat ihn deine Kritik erst einmal aus dem Gleichgewicht gebracht, dann dringst du mit dem Feedback gar nicht mehr durch. Überlege, was die wichtigsten Punkte sind, und bring sie jeweils auf einen Begriff. Wenn du dein Feedback Punkt für Punkt darlegst, fällt es der betreffenden Person leichter, sich zu konzentrieren und Veränderungen einzuleiten.

- **Respekt zeigen**
  Begegne deinem Gegenüber mit Respekt, indem du empathisch bist und dich für einen Moment in seine Situation

hineinversetzt. Du wirst es hundertfach zurückbekommen, wenn eure Zusammenarbeit und Kommunikation immer angenehmer und effektiver wird.

- **Auge in Auge ist am besten**
  Ein mündliches Feedback ist in der Regel besser als ein schriftliches. Wenn du ruhig und sachlich mit festem und freundlichem Blick sprichst, zeigst du Mut, Respekt und dass du die Situation ernst nimmst. Gleichzeitig vermeidest du Missverständnisse. Nur Auge in Auge entsteht ein Dialog, bei dem Fragen gestellt, Details verdeutlicht, Beispiele gegeben und Argumente hin und her geschoben werden können. In so einer unmittelbaren Begegnung kommen auch nonverbale Elemente der Kommunikation zur Geltung: Körpersprache, Mimik, Stimme, Intonation, Gesten und Haltung. Ein offener Gesichtsausdruck und eine entspannte Körpersprache tragen dazu bei, dass die Feedback-Situation angenehmer ausfällt, als wenn eine unpersönliche Mail zwischen hundert anderen im Posteingang liegt.

- **80 % Lob – 20 % Tadel**
  Je geringer das Selbstwertgefühl ist, umso schwerer fällt es, Kritik anzunehmen. Darum gibt es eine Regel, die besagt, dass ein Feedback aus 80 % positiven Elementen und 20 % negativen bestehen sollte. Wenn ich also eine Sache kritisiere, muss ich mindestens vier Dinge loben.

**Marie (Chefin von 20 Mitarbeitern) erzählte mir:**
*Das Verhältnis von Lob und Tadel ist bei mir je nach Person verschieden. Ich habe einen Mitarbeiter im Team, der benötigt eher ein Verhältnis von 95 zu 5. Ich muss ungeheuer vorsichtig sein, damit er überhaupt ein Wort von mir annimmt. Bei allen anderen Gesprächen mit ihm kann ich mich hundertprozentig auf das Eigentliche konzentrieren.*

**Bille (Chefin von 28 Mitarbeitern) erzählte mir:**
*Mit Neuangestellten ist es am Anfang immer etwas schwierig: Wir müssen uns ein bisschen Zeit lassen, um uns kennenzulernen. Dann kann ich auch besser beurteilen, wie mein Feedback aufgenommen wird. Außerdem dauert es ja auch, bis es überhaupt angebracht ist, Feedback zu geben. Für mich ist es eine große Herausforderung, meine Mitarbeiter richtig einzuschätzen.*

**Dirk (Chef von 40 Mitarbeitern) erzählte mir:**
*Wenn ich meinen Leuten Feedback gebe, habe ich mir eine Sache angewöhnt, die ganz simpel, aber super effektiv ist: Ich sage »und« anstelle von »aber«. Wenn ich also etwas Positives gesagt habe, schließe ich nicht mit »aber du müsstest dies oder das noch verbessern«, sondern sage einfach »und es wäre gut, wenn du dies oder das noch verbessern würdest …«. Ich habe nämlich festgestellt, dass ein »aber« alles Positive wieder annulliert.*

- **Frag die Kollegen um Rat**
  Wenn du dir unsicher bist, berate dich mit Kollegen, die entweder die betreffende Person kennen oder bei der Situation dabei waren, zu der du ein Feedback geben willst. Wie haben sie das Ganze wahrgenommen? Vielleicht hat dein Kritikwunsch mehr mit dir zu tun (deiner Tagesform, einer bohrenden Frage) als mit dem Adressaten … Sei sorgfältig bei der Auswahl jener Menschen, die du ins Vertrauen ziehst. Stell direkte Fragen:

  **Statt:** *Findest du nicht auch, dass Erik in letzter Zeit ganz schön ineffizient geworden ist?*
  **Sprich's aus:** *Hast du in letzter Zeit eine Veränderung in Eriks Arbeitsweise festgestellt? Sei bitte ganz ehrlich.*

- **Kritik vor Publikum**
  Kritisiere niemals einen Kollegen oder Mitarbeiter vor anderen. Damit eine Veränderung eintreten kann, muss der Emp-

fänger in der Lage sein, die Kritik anzunehmen und sie zu verstehen. Eine öffentliche Kritik führt aber in der Regel dazu, dass der Kritisierte angesichts der vielen Zuhörer blockiert und sich dem Feedback verschließt. Sobald seine archaischen Überlebensinstinkte aktiviert sind, ist er nur noch damit beschäftigt, sich zu verteidigen, sodass keine wesentlichen Informationen mehr zu ihm durchdringen.

Wenn eine offene Kritik unvermeidbar oder aufgrund inakzeptablen Verhaltens dringend notwendig ist, sollte sie dennoch respektvoll erfolgen, schließlich handelt es sich um einen Mitmenschen. Vor Kollegen oder sogar Kunden bloßgestellt zu werden fördert nicht die persönliche Entwicklung, sondern erzeugt Angst und Furcht, die Sorgfalt, Loyalität und Verantwortungsbewusstsein eher schmälern.

Führe also besser ein Gespräch unter vier Augen mit der betreffenden Person und sprich anschließend im Team allgemein über angemessenes Verhalten am Arbeitsplatz.

Dies gilt natürlich nicht für positives Feedback, das öffentlich stattfinden kann. Wird allerdings immer dieselbe Person gelobt, kommt es schnell zu Missgunst und dem Verdacht der Bevorzugung.

## Tipps zum Feedback-Annehmen

- **Achtung Stufen!**

  Die sogenannte Feedback-Treppe zeigt, wie Menschen in der Regel reagieren, wenn sie mit den Ansichten und Gedanken von anderen konfrontiert werden. Dieses Modell kann dir helfen, ungezwungener mit Feedback umzugehen.

  **Erster Schritt – Verwerfen:** Du nimmst das Feedback nicht an und verwirfst das Gehörte – »Das hat nichts mit mir zu tun …«

  **Zweiter Schritt – Verteidigen:** Für dich gilt eine andere Wahrheit, an der du aus Selbstschutz festhältst – »Nein, das war überhaupt nicht so …«

**Dritter Schritt – Verdeutlichen:** Du willst deine Sicht der Dinge verdeutlichen und dich erklären – »Ja, aber …«, »Ja, schon, obwohl …«
**Vierter Schritt – Verstehen:** Jetzt geschieht etwas! Du hörst zu, nimmst das Gesagte an und lässt es in dir arbeiten – »Ach so, ich verstehe …«
**Fünfter Schritt – Verändern, Verbessern:** Schließlich verarbeitest du das Erfahrene und entscheidest, was zu verändern ist. Dem Feedback stehst du jetzt positiv gegenüber.

✎ **Wie reagierst du in der Regel auf Feedback? Hängt es davon ab, wer es dir gibt, in welcher Situation es erfolgt und worum es geht? Werde dir bewusst, auf welcher Stufe der Feedback-Treppe du am häufigsten stecken bleibst. Was könntest du tun, um einen Schritt weiterzukommen?**

- **Lob annehmen**

Wenn es um lobendes Feedback geht, spukt vielen eine falsche Bescheidenheit im Kopf herum, als sei es verwerflich, stolz auf die eigenen Leistungen zu sein. Und auf die Charaktereigenschaften, die sie möglich gemacht haben.
Die beste Art, ein lobendes Feedback anzunehmen, ist ein kurzes und aufrichtiges »Danke!«. Mehr wird in der Regel auch nicht erwartet. Und widerstehe dem Bedürfnis, etwas anzuhängen, das deine Leistung abschwächt.

**Statt:** *Das ist doch der Verdienst von allen, wir arbeiten doch in einem Team …*
*Das ist doch mein Job, darüber müssen wir keine Worte verlieren …*
*Das war doch nicht der Rede wert …*
*Ach, das bisschen …*
*Das hätte doch jeder machen können …*
**Sprich's aus:** *Danke!*

*Das macht mich ganz froh, wenn du so etwas sagst.*
*Ja, ich bin auch zufrieden mit meiner Arbeit.*

- **Schweig still und hör gut zu**
  Feedback ist eine große Chance für deine Entwicklung. Also hör genau zu: Um welche Situation geht es? Welche Konsequenzen hat dein Verhalten gehabt? Was wird von dir in Zukunft erwartet? Nur bei voller Aufmerksamkeit (eventuell stellst du fest, dass dem/der Sprechenden die Situation ebenfalls unangenehm ist) erhältst du alle wichtigen Informationen. Lass die Person aussprechen und beobachte sie genau.

- **Bemühe dich, alles zu verstehen**
  Es geht weniger darum, dass sich der Feedback-Gebende gehört und verstanden fühlt, sondern darum, dass ihr beide euch über die Zukunft verständigt habt. Je konkreter ihr darüber sprecht, desto einfacher wird es dir fallen, dein Verhalten danach auszurichten.
  Überprüfe hinterher, ob du alles richtig verstanden hast und welche Veränderungen wo, wann, wie und warum umgesetzt werden sollen. So verhinderst du Missverständnisse und vermeidest, dass du in absehbarer Zeit erneut Feedback bekommst, weil sich nichts verändert hat.

- **Respekt zeigen**
  Begegne demjenigen mit Respekt, der dir Feedback gibt – ganz gleich, ob es lobend oder tadelnd ist. Feedback zu geben ist nicht leicht, deshalb sollten wir alle wertschätzen, die sich bemühen und es dennoch tun.

**PS:** Wenn uns etwas Positives bei einem Mitmenschen auffällt, sollten wir ihn daran teilhaben lassen. Denn so tragen wir zur Entwicklung eines anderen bei, der stolz und froh ist, wenn er sich wichtig und gesehen fühlt. Nutze darum jede Chance, jemandem Lob und Bestätigung zu geben. Ob es dem Taxifahrer gilt, weil er so sicher gefahren ist, der Reinigungskraft, die den Boden blitzblank geputzt hat, einem freundlichen Kellner oder einer Kollegin, die großartig aussieht. Lass sie an deinem Wohlgefallen teilhaben!

# 17. Umgang mit Konflikten

Konflikt: Dieses überfrachtete Wort mögen die meisten nicht, aber wir alle kommen damit in Berührung. Konflikte am Arbeitsplatz können zwischen Individuen, in Gruppen oder im gesamten Unternehmen auftreten.

Wenn das Leben rundläuft, unsere Erwartungen und Träume erfüllt werden, alle zusammenarbeiten und zufrieden sind, dann entstehen auch keine Konflikte. Wenn wir uns jedoch Veränderung wünschen oder unerwartet vor ungewollten Veränderungen stehen, besteht ein größeres Risiko für Konflikte.

Das Gefühl, dass wir unser Leben mitgestalten können, ist elementar für unser Wohlergehen, und es frustriert uns, wenn zum Beispiel von oben Entscheidungen getroffen werden, Rollen oder Positionen neu verteilt werden, ohne dass wir etwas dazu beitragen dürfen.

Natürlich kannst du nicht alles kontrollieren, solange du nicht dein eigener Chef bist, aber es muss ein Gleichgewicht bestehen zwischen dem Arbeitsleben, das du dir wünschst, den Erwartungen der anderen und deiner tatsächlichen Leistungsfähigkeit. Das Gefühl, am Leben teilhaben zu können und Einfluss zu nehmen, ist der Schlüssel zu unserem Wohlbefinden.

## Ursachen für Konflikte am Arbeitsplatz

- unzureichende Kommunikation
- hohe Arbeitsbelastung
- Konkurrenz und ständiger Wettbewerb unter den Kollegen
- unzulänglicher Führungsstil

- Machtungleichgewicht
- unklare Arbeitsziele
- undurchschaubare Organisation
- Stress
- unterschiedliche Einschätzung
- fehlende Bereitschaft zur Zusammenarbeit
- persönliche Chemie

»Persönliche Chemie« ist ein schöner Ausdruck, weil er darauf hinweist, dass es zwischen manchen Menschen funkt und zwischen anderen nicht. Wenn die Chemie zwischen zwei oder mehreren Menschen stimmt, kann etwas Magisches entstehen. Dann wollen wir Zeit miteinander verbringen, zusammen arbeiten und interagieren.

Wenn die Chemie nicht stimmt und wir unterschiedlicher Ansicht sind, wie man die Dinge angehen soll, dann sind Konflikte vorprogrammiert.

Es gibt Menschen, die haben eine Riesenangst vor Konflikten. Sie ducken sich lieber ihr Leben lang am Arbeitsplatz, als ihre Stimme zu erheben und für sich einzutreten. Und natürlich gibt es auch jene, die Konflikte geradewegs suchen, die Meinungsverschiedenheiten in den verborgensten Winkeln entdecken und Streit vom Zaun brechen.

**Beate erzählte mir:**
*Ich komme zur Arbeit und bin schon geladen! Ich habe das Gefühl, dass ich gleich platze, und flippe bei der erstbesten Gelegenheit sofort aus. Das kann der Hausmeister sein, der vergessen hat, die Glühbirne auszutauschen, oder die Putzfrau, die den Boden in meinem Büro nicht trocken genug gewischt hat, oder ein Handy-Klingelton, den ich unerträglich finde – ich werde fuchsteufelswild und fange an zu streiten.*

Mit Beate ist nicht zu spaßen. Ihre Kollegen haben regelrecht Angst vor ihr. Sie wissen nie, was als Nächstes passiert und mit welcher Laune sie zur Arbeit kommt. Beates Vorgesetzter hat mirtihr darüber gesprochen, aber ihm genügt ihr Versprechen, dass sie sich um Besserung bemüht. Doch es gelingt ihr nur selten und dann steht sie wieder da und brüllt herum.

Mittlerweile macht Beate eine Gesprächstherapie. Mit ihrem Therapeuten bearbeitet sie ihre Wut und Konfliktbereitschaft, um eine größere innere Sicherheit und Ruhe zu erlangen und sich und andere vor ihren Wutausbrüchen zu schützen.

## Tipps zum Umgang mit Konflikten

- **Katze und Hund gehören zusammen**
  Die Vermeidungsstrategien, um jemandem auszuweichen, kosten mehr Zeit und Energie, als eine Gesprächskultur zu entwickeln. Wenn zwei Personen an einem Arbeitsplatz sind, müssen sie einander respektieren, und das fällt leichter, je besser man sich kennt.

- **Nicht jeder liebt jeden**
  Solange alle ihre Arbeit machen und ihre kollegialen Beziehungen pflegen können, reicht das vollkommen aus.

- **Jeder hat das Recht auf seinen eigenen Stil**
  Aber das bedeutet auch, dass jeder eine Verantwortung dafür trägt, wie er eine Situation prägt.

- **Übe dich in Verständnis**
  Wenn wir uns verstanden fühlen, ist der halbe Weg schon geschafft. Verständnis ist ein wichtiger Meilenstein. Es entsteht durch empathisches Zuhören und das Bemühen, sich in die Situation des anderen hineinzuversetzen.

Es gibt keinen Arbeitsplatz ohne Konflikte. Zumindest nicht, wenn dort freie Meinungsäußerung und Offenheit herrschen.

Und an den lautlosen Arbeitsplätzen, von denen es viel zu viele gibt, finden die Konflikte eher in jedem Einzelnen als in der Gruppe statt.

Das Problem im Umgang mit Konflikten besteht darin, dass wir häufig überstürzt nach Lösungen suchen. Wir wollen die Sache schnell beheben, damit sich alle wieder mit ihren Dingen beschäftigen können. Das ist die »Methode Strauß«: den Kopf in den Sand stecken und glauben, dass niemand den riesigen Körper sehen kann ... Sehr lustig, wenn man das Bild vor Augen hat, aber doch ein Verhalten, das auf Angst beruht.

**Marianne erzählte mir:**
*An meinem letzten Arbeitsplatz wurden Probleme einfach totgeschwiegen. Niemand sagte ein Wort, obwohl alle von einem bestehenden Konflikt wussten. Das war furchtbar anstrengend, man spürte schon am Eingang, welche Stimmung herrschte. Dann musste man sich so gut es ging anpassen.*

## Weitere Tipps zum Umgang mit Konflikten

- **Ignoriere nicht die Ursache**
  Lieber einen kleinen Kratzer verarzten als den ganzen Körper. Nimm dich und deine Gefühle ernst.

- **Ungelöste Konflikte bleiben bestehen**
  Es wird immer schwieriger und unangenehmer – und am Ende sogar unerträglich, zur Arbeit zu gehen. Vertraue niemals darauf, dass etwas von alleine aufhört.

- **Achte darauf, dass du dich nicht anpasst**
  Es geschieht leicht, dass man sich anpasst, um Konflikten, emotional aufgeladenen Situationen oder Begegnungen auszuweichen. Leider normalisieren wir dadurch eigentlich

unhaltbare Zustände, obwohl es so viel Mühe bereitet, damit zu leben.

- **Betrachte beide Seiten der Medaille, statt in den Kategorien »richtig« und »falsch« zu denken**
  Was sich für den einen richtig anfühlt, ist für den anderen falsch. Wichtig ist doch, wie man dennoch zusammenarbeiten kann.

- **Such keine Sündenböcke**
  Solange es nicht um kriminelle Handlungen geht, bei denen einem Schuldigen die Beweise vorgehalten werden, ist es unerheblich, nach einem Sündenbock zu suchen, dessen Kopf dann rollen soll. An einem Konflikt sind immer mehrere Personen beteiligt. Sie sollten alle Verantwortung übernehmen.

- **Es ist nicht mehr zeitgemäß, andere an den Pranger zu stellen**
  Der Umgang mit Konflikten sollte respektvoll und gesittet stattfinden, nicht in der Kaffeeküche oder hinter dem Rücken einer beteiligten Person.

## Recht haben oder glücklich sein?

Das Hauptproblem von befangener Kommunikation liegt oft in dem Bedürfnis, recht zu behalten. Dann ist das Ziel nicht etwa, gute Beziehungen zu anderen zu haben, sich gegenseitig mit Rücksicht, Respekt und Wärme zu behandeln und zufrieden und glücklich zu sein, sondern es geht nur noch darum, das letzte Wort zu behalten.

Ich habe mit Gruppen gearbeitet, die sich förmlich mit Argumenten bespuckt und immer weiter aufgerüstet haben, um sich gegen gehässige Spitzen zu verteidigen. In diesem Krieg der Worte gibt es keine Sieger, nur Verlierer.

Wir sollten höhere Ansprüche an uns haben, um nicht in solche Konflikte zu geraten.

✎ **Wenn du das nächste Mal in eine Auseinandersetzung gerätst, verteidige deine Argumente bewusst nicht um jeden Preis, sondern hör die Meinung deiner Kollegen an. Gib ihrer Perspektive mehr Raum, als du es sonst getan hast. Was passiert?**

Bestimmt wurde dir auch schon einmal gesagt, du seist streng, zu langsam, zu unbeholfen oder was auch immer. So als hätte man dir ein Etikett auf die Stirn geklebt und du weißt nicht, was du davon halten sollst. Vermeide in deiner Kommunikation solche Etikettierungen.

**Statt:** *Hast du damit immer noch nicht angefangen? Jetzt beeil dich mal, wir haben nicht den ganzen Tag Zeit!*
**Sprich's aus:** *Ich habe ein Problem damit, dass du mit deinem Teil der Arbeit noch nicht begonnen hast, denn wir haben nur noch diesen einen Tag. Darum möchte ich wissen, wie du dir das vorstellst, wie du es schaffen willst. Kannst du mir dazu etwas sagen?*

**Statt:** *Das ist ja wieder typisch, dass du dich so verhältst!*
**Sprich's aus:** *Wenn ich dich so reden höre, fühle ich mich ganz unwohl. Ich würde mir wünschen, dass du ein bisschen vorsichtiger mit deiner Wortwahl bist und ein wenig Feingefühl zeigst.*

Denkst du auch manchmal »Die müssten mich doch alle verstehen«? Diese Haltung ist weit verbreitet. Leider aber ermöglicht dieser egozentrische Ausgangspunkt selten die Erfüllung unserer Wünsche.

Solange wir darauf bestehen, dass der andere gefälligst zu verstehen hat, sich entschuldigen muss oder die Initiative ergreifen sollte, schwelt der Konflikt weiter und Lösungen werden eher verhindert. Dazu braucht es neue Blickwinkel und Denkansätze. Also: Zuerst verstehen, dann verstanden werden!

**Statt:** *Er/Sie muss mich verstehen!*
**Denk ab jetzt:** *Ich versuche, ihn/sie besser zu verstehen, um einer Lösung näher zu kommen und die Kommunikation zu fördern.*

**Statt:** *Er/Sie muss sich zuerst entschuldigen!*
**Denk ab jetzt:** *Ich werde ihm/ihr ganz ruhig erzählen, wie es mir ging, als wir aneinandergerieten. Dann können wir sehen, wie wir weitermachen und was wir daraus lernen können.*

**Statt:** *Ich denke ja nicht daran, zuerst anzurufen! Er/Sie muss sich zuerst melden, sonst war's das!*
**Denk ab jetzt:** *Ich nehme all meinen Mut zusammen und lass mich nicht von meiner Angst beherrschen. Ich werde mit ihm/ihr reden, dann sind wir wenigstens wieder im Gespräch. Das ist ein erster Schritt.*

Es erleichtert so einiges, wenn man sich die Mühe macht, seine Kollegen besser kennenzulernen und dadurch auch ihre Arbeit und Leistung mehr wertschätzen zu können. Worte und Taten müssen im Einklang sein, damit Glaubwürdigkeit entsteht.

**Niklas erzählte mir:**
*Bei uns wird immer von horizontaler Hierarchie gefaselt, alle seien gleich bedeutsam, oben wie unten. Aber in Anbetracht der Tatsache, dass alle Geschäftsführer einen eigenen Parkplatz haben, während die übrigen 200 Angestellten mit 50 Parkplätzen auskommen müssen, klingt das alles ziemlich heuchlerisch.*

Entweder muss sich Niklas einen neuen Job suchen, weil er unzufrieden mit den Unternehmenswerten ist, dies aber nicht anspricht. Oder er stellt das Thema zur Diskussion, Auge in Auge mit den Vorgesetzten oder bei der nächsten Personalversammlung. Natürlich kann er auch seine Kollegen befragen, ob sie ihm zur Seite stehen. So etwas erfordert ein hohes Maß an Zivilcourage oder einen besonderen Leidensdruck.

## Konfliktmanagement

Es gibt unterschiedliche Methoden, mit Konflikten umzugehen. Die beiden Forscher Kenneth W. Thomas und Ralph H. Kilmann sind auf fünf verschiedene Wege gekommen, wie man Konflikten begegnen kann.

- **Kämpfen oder zwingen**
  Wenn es darum geht, deinen Willen durchzusetzen, gehst du auch über Leichen und setzt deine Dominanz und Autorität ein. Du drohst und strafst. Wenn du deine Vorstellung realisiert hast, wirst du als Gewinner gesehen. Aber eigentlich haben beide Seiten verloren.

- **Kollaborieren – zusammenarbeiten**
  Die Zusammenarbeit ist das zentrale Moment im Umgang mit einem Konflikt. Allen wird zugehört, die verschiedenen Ansichten betrachtet und wahrgenommen. Die Kreativität hat freie Bahn, um eine Lösung zu finden, die für alle tragbar ist. Beide Seiten gehen als Gewinner aus dem Konflikt.

- **Kompromisse eingehen**
  Ein Kompromiss bedeutet immer, dass du zwar deine Vorstellung realisiert bekommst, aber auch gezwungen bist, etwas aufzugeben. Alle bewegen sich auf die Mitte zu, statt an der Peripherie hängen zu bleiben. Die Frage ist, ob so beide Seiten Verlierer oder Gewinner sind. Oder keines von beidem?

- **Konflikte vermeiden**
  Du behältst deine Meinung für dich, um dich zu schützen. Der Konflikt wird nicht ausgetragen, weil du und die anderen ihn vermeiden. Kurzfristig betrachtet haben alle überlebt, langfristig gesehen kann es aber eine nicht verheilende Wunde geben. Der Konflikt taucht immer wieder auf und muss jedes Mal unter den Teppich gekehrt werden, weil sich niemand traut, sich darauf einzulassen.

- **Nachgeben und anpassen**
  Das ist auch eine Form der Vermeidung, nur dass du dich nach dem Willen eines anderen richtest, damit Frieden herrscht. Du opferst dich. Eigentlich willst du nicht, aber um des lieben Friedens willen gibst du nach und passt dich an. Auch das ist längerfristig betrachtet keine gute Lösung, weil deine konträre Meinung zu dem Thema ja bestehen bleibt.

*In einem Unternehmen, für das ich früher arbeitete, hatte ich wegen einer Erkrankung Sonderkonditionen eingeräumt bekommen. Dann wurde uns aber ein neuer Chef vorgesetzt, der alle Zugeständnisse nivellieren wollte, um für alle dieselben Voraussetzungen zu schaffen. Meinen Posten konnte ich unter diesen Umständen nicht behalten. Via Mail berief er ein Treffen ein – ich sollte mich zu einem bestimmten Zeitpunkt in seinem Büro einfinden. Der Termin kollidierte aber mit einem Arztbesuch, darum schrieb ich zurück, dass ich leider verhindert sei. Seine Antwort war eine Drohung, dass es für mich das Beste sei, mich um Anwesenheit zu bemühen. Der Konflikt war geboren.*
*Das Treffen hat niemals stattgefunden.*
*Ich kann es nämlich nicht ausstehen, wenn mich jemand so behandelt bzw. so mit mir kommuniziert. Darauf lasse ich mich erst gar nicht ein. Ich ging also zum Arzt, ließ mir eine aktuelle Bescheinigung ausstellen, dass ich aus gesundheitlichen Gründen exakt die vereinbarten Arbeitsumstände benötige, rief die*

*Gewerkschaft und bat darum, dass ein Vertreter am nächsten Treffen teilnehmen sollte. Außerdem setzte ich die Geschäftsleitung darüber in Kenntnis, wie ich behandelt worden sei und dass ich so einen Stil für unangemessen hielte.*
*Wie gesagt, dieses Treffen hat niemals stattgefunden. Stattdessen wurde ich versetzt und bekam einen neuen Job – der war viel besser als der alte, mit wesentlich freieren Arbeitszeiten und einem eigenen Zuständigkeitsbereich. Außerdem bekam ich eine Gehaltserhöhung, ich war total glücklich. Aber es gab einen Haken: Ich würde denselben Chef haben. Und er würde auch gezwungen sein, mit mir zusammenzuarbeiten. Keiner von uns beiden freute sich über dieses Detail.*
*Aber eines Tages bekam ich eine SMS mit einer Essenseinladung und dem Angebot zu einem Gespräch, um das Kriegsbeil zu begraben.*
*Das war der Startschuss für die beste Arbeitsbeziehung, die ich jemals hatte, bis heute. Über die Jahre haben wir Kontakt gehalten – obwohl wir beide nicht mehr bei dieser Firma arbeiten – und treffen uns so oft es geht zum Mittagessen, manchmal lachen wir dann ausgelassen über unseren damaligen Konflikt.*

## Noch weitere Tipps zum Umgang mit Konflikten

- **Sei offen für Unterschiede**
  Wir sind alle verschieden und haben unterschiedliche Auffassungen. Was für die einen richtig ist, ist für andere unvertretbar. Solange wir Offenheit vermeiden, befinden wir uns in einem endlosen Kampf. Unterschiede sind spannend! Unterschiede sind nützlich und förderlich!

- **Keine Angst vor Konflikten**
  Zumindest nicht an einem ganz normalen Arbeitsplatz. In unserer Gesellschaft sind Konflikte nicht lebensbedrohlich.

Aber wir können uns trotzdem bedroht fühlen, dann steht uns leider oft die Angst im Weg, um klar und deutlich mit dem Konflikt umzugehen.

- **Konflikte sind entwicklungsfördernd**
  Wenn wir eine Frage immer wieder durchkauen und am Ende eine Lösung gefunden haben, ist das ungeheuer entwicklungsfördernd. Ein Konflikt ist nur ein Hindernis auf dem Weg, nicht das Ende einer Sackgasse.

- **Konflikte werden durch unbefriedigte Bedürfnisse ausgelöst**
  Wenn unsere Bedürfnisse nicht erfüllt werden, versuchen manche alles und aktivieren Strategien, die meist in Geschrei, Streit, Missverständnissen, Kampf und Konflikt enden. Wenn du unbefriedigte Bedürfnisse als Grund für deinen Konflikt erkennst, wirst du anders damit umgehen und kannst andere Lösungen finden.

- **Was brauchst du jetzt gerade?**
  Diese Frage eignet sich in einer Konfliktsituation. Denn dann müssen die Beteiligten sich darüber klarwerden, welche ihrer ungestillten Bedürfnisse gerade blockieren.

- **Der Konflikt ist erst gelöst, wenn beide Seiten ihr Bedürfnis vortragen konnten und gehört wurden**
  Bis das erreicht ist, muss das Gespräch fortgesetzt werden.

- **Wenn der Konflikt fürs Erste beigelegt wurde – fangt gleich mit der Arbeit für längerfristige Lösungen an**
  Nur weil der Brand gelöscht wurde, bedeutet das nicht, dass sich das Feuer nicht wieder entfachen kann. Investiere Zeit und Kraft in Gespräche und andere entwicklungsfördernde Maßnahmen, um deinem Arbeitsleben ein stabileres Fundament zu geben.

# 18. Ansprachen und Präsentationen

Nicht jedem fällt es leicht, vor großem Publikum oder auch in kleiner Runde zu sprechen. Früher hatte ich Riesenangst, vor fremden Menschen zu reden. Auch bei Besprechungen am Arbeitsplatz war ich meistens schweigsam. Und wenn ich einmal etwas sagen wollte, wurde mir ganz mulmig und mein Herz fing an zu hämmern

Heute empfinde ich bei solchen Gelegenheiten nichts als positive Spannung. Und wenn ich heute etwas im Magen spüre, dann ist das ein Kribbeln der Vorfreude.

Die folgenden Tipps sollen dir bei deiner nächsten Rede, Ansprache oder Präsentation helfen:

- **Bereite dich vor**

  Je nachdem wie viel Erfahrung du mit Ansprachen und Präsentationen hast, solltest du dich mehr oder weniger intensiv vorbereiten. Eine Methode ist es, den Text aufzuschreiben und auswendig zu lernen, oder du notierst dir Stichworte und sprichst aber ansonsten frei. Eine dritte Variante wäre, dass du genau weißt, was du am Anfang, in der Mitte und am Ende sagen willst, aber vollkommen frei redest. In jedem Fall macht sich Vorbereitung immer bezahlt, vor allem wenn du wichtige Zahlen, Daten und Fakten stets parat hast.

- **Denk an dein Publikum**

  Wer sind deine Zuhörer? Stell sie dir vor und pass deinen Text dementsprechend an. Verwende eine einfache, klare

Sprache und vermeide Verkünstelungen. Drück dich verständlich aus.

- **Fass dich kurz**
  Lange Reden kommen selten gut an. Die Zuhörer ermüden schnell und wissen hinterher nicht mehr, welche der vielen Informationen wichtig für sie waren. Außerdem wird es warm und stickig im Raum und alle werden träge und schläfrig. Nein, fass dich lieber kurz und plane bei längeren Vorträgen Pausen ein, damit sich die Leute die Beine vertreten können. Manche sind der Ansicht, dass eine knappe Präsentation nichts Wichtiges zu vermitteln hat, aber entscheidend ist doch, dass deine Kollegen informiert werden, und das geht am besten kurz und präzise. Aber halte dich an die Zeitvorgaben!

- **Sei humorvoll**
  Man könnte denken, dass Humor dein Thema albern oder unseriös erscheinen lässt, aber das Gegenteil ist der Fall: Humor entspannt und stellt einen Kontakt unter den Zuhörern her. Natürlich gibt es auch Momente, in denen Humor unpassend ist, zum Beispiel wenn über bedrohliche Krisen gesprochen wird. Aber in den meisten Fällen wirkt Humor auflockernd, energiespendend und erfrischend.

- **Verwende Beispiele und kleine Anekdoten**
  Das macht es viel leichter, das Gesagte zu verstehen.

- **Das Wichtigste zuerst**
  Am Anfang hast du die größte Aufmerksamkeit, danach nimmt sie rapide ab. Sag also immer das Wichtigste zuerst.

- **Üben, üben, üben**
  Übe deine Rede unter der Dusche ein oder im Stau oder vor einem Familienmitglied. Üben und immer weiterüben, dann

kommen die Worte im entscheidenden Moment leichter von den Lippen.

- **Halte deine Hände still**
  Einige halten einen Stift in den Händen, um ihre Nervosität abzuleiten. Das kann allerdings auch stören und von deinen Worten ablenken. Du solltest vermeiden, mit den Manuskriptseiten zu rascheln oder dir immer wieder durchs Haar zu streichen, Sachen auf dem Pult hin und her zu schieben oder die Brille ständig zurechtzurücken. Halte deine Hände still, damit sich die Zuhörer auf das konzentrieren können, was du zu sagen hast.

- **Vermeide Einleitungen wie »Ich bin kein so guter Redner …«**
  Oder Sätze wie »Ich habe gar nichts vorbereitet« oder »Ich weiß nicht, was ich sagen soll«. Wenn du deine Qualitäten als Redner schon zu Beginn abwertest, nehmen dich die Zuhörer auch entsprechend wahr.

- **Hände aus den Hosentaschen**
  Diese Haltung ist ein weiteres Zeichen für Nervosität. Hände hoch! Lass sie an der Seite baumeln oder setz sie für Gesten ein, die deine Sätze unterstreichen. Stell dir vor, du würdest mit einem Freund sprechen.

- **Spiel mit deinen Gesten**
  Besonders wenn du vor großem Publikum sprichst, müssen deine Bewegungen klar und verständlich sein, damit auch der Zuhörer in der letzten Reihe alles mitbekommt. Spiel mit deinen Gesten! Das unterstreicht deine Worte.

- **Stell niemanden bloß**
  Humor ziert jede Rede. Aber er sollte immer voll Wärme und Liebe sein, damit es für keinen der Zuhörer unangenehm, peinlich oder verletzend wird.

- **PowerPoint: ja oder nein?**
  Ich arbeite auf der Bühne immer ohne Hilfsmittel – der ganze technische Schnickschnack ist für mich passé. Wenn du es anders hältst, versichere dich, dass die Technik einwandfrei funktioniert. Bereite dich so vor, dass du die Präsentation auch dann vorstellen könntest, wenn die Technik komplett ausfällt.

- **Fass am Ende alles zusammen**
  Unser Gehör arbeitet selektiv und es kann passieren, dass unsere Gedanken abschweifen und wir nicht alles von einer Ansprache mitbekommen. Darum ist es wichtig, am Ende die wesentlichen Aspekte noch einmal zusammenzufassen. Rekapituliere zum Abschluss deine drei Hauptargumente.

# 19. Fair führen

Eine Person, die eine Führungsposition innehat, muss nicht nur die Abteilung leiten, die Ressourcen verteilen, Entscheidungen treffen, den Überblick behalten und ein Ziel vor Augen haben – sie sollte auch gut kommunizieren können.

## Klarheit

Laut einer Studie der Organisation »Kompetenzgalan«, die 1000 Führungskräfte gefragt hat, was ihnen an ihrem Führungsstil fehlt, war die häufigste Antwort: Klarheit. Die meisten wollten klarer werden.

Das ist aber nicht einfach, wenn man erstens in einer Organisation mit unklaren Strukturen arbeitet und zweitens die Belegschaft das Gesagte nicht annimmt, obwohl man alles versucht hat. In einem Unternehmen können Abläufe, Dienstwege und Zuständigkeiten schrecklich unübersichtlich sein. Ein neuer Chef muss unter Umständen in ein träges System aus alten Mustern, informellen Gruppierungen und unklaren Führungsstilen einsteigen.

Vorgesetzte in mittleren Positionen sitzen förmlich zwischen allen Stühlen mit Mitarbeitern unter sich und der Geschäftsführung über sich. Und mangelt es an Klarheit im Vorstand, ist es entsprechend schwer, der Belegschaft gegenüber Deutlichkeit zu demonstrieren.

Macht ein Vorgesetzter tatsächlich klare Ansagen, dann bleibt das Gesagte bedeutungslos, solange die Basis die Botschaft nicht empfängt. Denn die Mitarbeiter filtern sich jeweils die Informationen heraus, die zu ihrer individuellen Situation passen.

Fängt ein Vorgesetzter an, von Umstrukturierung zu sprechen, hört der Mitarbeiter sofort Mehrarbeit. Verwendet er das Wort »Sparpaket«, überlegt der Mitarbeiter, was das für ihn bedeutet. Alle denken nur an sich.

Darum erfordert Führung die größtmögliche Klarheit, auch wenn die deutlichen Worte manchmal fast lächerlich klingen. Aber lieber das, als dass jeder Zuhörer mit seiner eigenen Version des Gesagten aus dem Gespräch geht.

**Ben erzählte mir:**
*Es ist gar nicht so einfach, als Chef klar und deutlich zu sein, weil wir Schweden immer alles in lange Sätze verpacken, obwohl wir eigentlich äußerst vorsichtig und wortkarg sind. Wir wollen niemandem auf die Zehen treten, sagen lieber zu wenig als zu viel, wollen nicht hart und unnachgiebig erscheinen, uns vordrängeln oder unsere Machtposition ausspielen. Klarheit kann als provozierend, unnachgiebig und amerikanisch verstanden werden.*

**Isabell erzählte mir:**
*Ich bin sehr klar in meinem Führungsstil, die Leute dürfen davon halten, was sie wollen. Es ist doch besser, dass sie wissen, woran sie sind, als dass sie die falschen Dinge machen, weil sie es nicht besser wissen. Ich bin nicht Chefin geworden, um gemocht zu werden, sondern weil ich in unserem Unternehmen eine Abteilung leiten will. Aber alle wissen, dass sie sich immer auf mich verlassen können. Ich verspreche nichts, was ich nicht halten kann.*

**Pia erzählte mir:**
*Nachdem ich eine persönliche Krise überstanden hatte, habe ich meinen alten Posten als Vorgesetzte mit vollkommen neuen Idealen und einer veränderten Sicht der Dinge angetreten. Vor allem wollte ich klar und deutlich sein. Es soll keine kommunikativen Umwege mehr geben, denn dafür haben wir keine Zeit.*

## Veränderungen kommunizieren

Wie gehst du mit Veränderungen um? Und wie begleitest du deine Mitarbeiter durch den Prozess einer Veränderung? Es heißt ja, dass die einzige Konstante im Universum die Veränderung ist. Sie ist in allen Branchen omnipräsent und findet permanent statt. Veränderung kann Gutes bewirken, aber auch Rückschritt bedeuten. Unsere Sicht auf die Veränderung bestimmt, wie wir damit umgehen, das gilt auch für den Vorgesetzten und seine Art, Veränderungen zu kommunizieren.

**Den Umgang mit Veränderungen können wir mit dem Bild eines Zuges vergleichen, auf den wir aufsteigen sollen. Ein Teil von uns drängt nach vorne zum Zugführer und will die Geschwindigkeit erhöhen, ein anderer Teil hängt sich ans Ende des Zuges, um zu bremsen, da die Reise nicht ganz geheuer ist. Dazwischen sitzen jene, die weder an der Spitze noch Schlusslicht sein wollen. In welchem Teil des Zuges befindest du dich?**

Wenn eine Umstrukturierung an die Mitarbeiter kommuniziert wird, reagieren die meisten aufgrund ihrer eigenen Umstände und Gefühlslage. Sie fragen sich, welchen Einfluss die Veränderung auf ihre persönliche Situation haben wird. Es gibt ein paar Dinge, auf die du achten kannst, wenn dir so eine Aufgabe bevorsteht.

## Tipps zur Kommunikation von Veränderungen

- **Informiere mündlich und persönlich alle gleichzeitig**
  Veränderungen von großer Bedeutung sollten nicht via Intranet oder Mail mitgeteilt werden, auch nicht unterschiedlichen Gruppen zu verschiedenen Zeiten. Schriftliche Information gibt mehr Raum für Interpretationen und die Entstehung von Gerüchten.

- **Informiere rechtzeitig**
  Es gibt nichts Beunruhigenderes als Unwissenheit. Je mehr und je früher man etwas erfährt, desto besser.

- **Informiere klar und unmissverständlich**
  Klarheit ist ein wesentlicher Bestandteil des Führungsstils. Erläutere, warum die Situation untragbar ist, beschreib das Problem und den Grund für die notwendige anstehende Veränderung. Begründe, warum die Veränderung stattfinden muss, und erkläre es verständlich.

- **Trag Sorge dafür, dass alle dich verstanden haben**
  Biete deinen Mitarbeitern genügend Zeit und Raum, um Fragen zu stellen und persönliche Überlegungen zu äußern.

- **Sei auf starke Gefühlsausbrüche und Proteste vorbereitet**
  Die negativen Stimmen sind äußerst wichtig für den Prozess, weil sie auf Probleme hinweisen, die nicht übersehen werden sollten. Denk daran, dass Veränderungen für viele Menschen eine Bedrohung darstellen und die Reaktionen meist von Angst ausgelöst und gesteuert werden.

- **Setz Etappenziele**
  Wenn man persönlich von der Veränderung betroffen ist, ist es nahezu unmöglich, den Prozess aus der Vogelperspektive zu betrachten. Setz zusammen mit deinen Mitarbeitern einzelne Etappenziele fest. Sobald eine Etappe erreicht ist, wird gefeiert und daraufhin die nächste Etappe angegangen.

- **Sei geduldig**
  Veränderungen brauchen Zeit. Es dauert, bis sie akzeptiert und verinnerlicht sind. Jeder Mensch hat ein anderes Tempo und nicht immer sind die Schnellen im Recht. Lass währenddessen den Informationsfluss nicht verrinnen.

## Mitarbeitergespräche

Zu den Aufgaben einer Führungskraft gehören auch Gespräche mit den Mitarbeitern. Einigen steht es wöchentlich bevor, anderen nur ein paarmal im Jahr. Einigen fallen diese Gespräche überhaupt nicht schwer, andere haben vorher schlaflose Nächte und hinterher auch, weil sie das Erlebte verarbeiten müssen.

Was macht ein »schwieriges Gespräch« eigentlich aus? Gibt es da objektive Parameter oder hängt es davon ab, wer wir sind und wie viel Angst wir in uns tragen? Woher wissen wir, ob ein Mitarbeitergespräch schwierig wird oder nicht? Nur weil es der einen Seite schwerfällt, muss dasselbe nicht auch für die andere zutreffen. Das hängt auch von den Konsequenzen ab, die das Gespräch für die Beteiligten hat.

Ein Gespräch zwischen Arzt und Patient, in dem der eine dem anderen eine schlechte Nachricht überbringen muss, wird in diesem Moment beiden Seiten schwerfallen. Aber das Leben des Patienten wird sich von diesem Augenblick an massiv verändern, während der Arzt seine Arbeit fortsetzen wird wie immer.

Für solche Aufgaben sind wir zwar alle unterschiedlich gerüstet, aber Klarheit hilft in jedem Fall, die Situation so angenehm wie möglich zu gestalten.

**Martin erzählte mir:**

*Mir war auferlegt worden, 23 Mitarbeitern mitzuteilen, dass ihnen aus betriebsbedingten Gründen gekündigt wird. Es waren wirklich schlechte Zeiten. Vor einigen dieser Gespräche graute mir, ich war furchtbar nervös und hätte mich am liebsten gedrückt. Bei manchen Kollegen dachte: »Ach, das wird einfach werden«, bei anderen machte ich mir größere Sorgen. Am Ende kam alles ganz anders als erwartet. Eine Mitarbeitern rief »Endlich ...«, weil sie sehnsüchtig auf einen Wendepunkt in ihrem Leben gewartet hatte, während ein anderer, den ich als einfachen Fall eingeschätzt hatte, zusammenbrach. Er weinte und schluchzte und ich war völlig überfordert, mir fiel nichts Tröstendes oder Kluges ein. Am Ende stand er auf und ging – das war das letzte Mal, dass ich ihn gesehen habe. Ich habe danach oft an ihn gedacht, wollte herausbekommen, was aus ihm geworden ist, wo er jetzt arbeitet, aber ich habe es nie getan. Vielleicht sollte ich ihn jetzt mal anrufen …*

Manche Begegnungen hinterlassen tiefe Spuren in unserer Seele. Martin lässt die Erinnerung an diesen Mann nicht los. Hinter seinem Zögern, sich bei ihm zu melden, steckt vermutlich die Angst vor der Reaktion seines ehemaligen Mitarbeiters.

✎ **Ruf dir Gespräche ins Gedächtnis, die dir in deinem Arbeitsleben schwergefallen sind. Sie können länger zurückliegen oder ganz aktuell sein. Worum ging es in diesen Gesprächen? Weshalb fielen sie dir so schwer? Wenn sie gut verlaufen sind, woran lag es? Wenn nicht, was würdest du heute anders machen?**

## Tipps für Mitarbeitergespräche

- **Wähle Zeit und Ort sorgsam aus**
  Die Umstände können dich dazu zwingen, dass ein überstürztes Treffen einberufen wird. Aber der Ausdruck »eine Nacht drüber schlafen« hat seine Begründung, denn so hast du die Möglichkeit, ein wenig Distanz zum eigentlichen Sachverhalt aufzubauen. Sorg dafür, dass beide Seiten ausreichend Zeit anberaumt haben, damit keiner von euch mittendrin aufspringen muss und das Gespräch ein abruptes Ende nimmt. Die Kommunikation sollte nicht ungeklärt in der Luft hängen bleiben, sondern in Ruhe beendet werden. Sorg außerdem dafür, dass du in deinem Terminkalender danach noch Luft hast, damit Zeit für Reflexion und Erholung bleibt, bevor der nächste Tagesordnungspunkt ansteht.

**Kerstin erzählte mir:**
*Mein ehemaliger Chef hat mich damals auf unserer Betriebsfeier beiseitegenommen und gesagt: »Du weißt, dass ich dich mag und du einen Superjob bei uns machst, aber wir müssen den Gürtel enger schnallen, das verstehst du doch, oder? Wir sprechen am Montag noch mal in Ruhe darüber.« Dann schlug er mir auf den Rücken und rief: »Aber jetzt wird gefeiert, keine Zeit für Trübsalblasen, was?« Für mich war die Feier in diesem Augenblick vorbei. Ich hab auf dem Absatz kehrtgemacht und bin heulend nach Hause gelaufen. Das ganze Wochenende lang habe ich an das Gespräch am Montag und meine Zukunft gedacht. Was mich aber am meisten wütend gemacht hat, war seine feige Art, mir zu kündigen.*

Ich vermute, dass Kerstins Chef große Angst vor ihrer Reaktion und keine Lust auf Tränen und Verzweiflung hatte. Ansonsten hätte er wahrscheinlich einen anderen Ort gewählt und auch einen anderen Ton. Dann wäre das Gespräch für beide anders verlaufen.

- **Lass dich nicht von deiner Angst vor unliebsamen Reaktionen beherrschen**
  Wir wissen nie, wie Menschen in den unterschiedlichsten Situationen reagieren, aber es wäre sinnvoll, wenn du vorher verschiedene Möglichkeiten durchspielst. Versetz dich in die Situation des Betreffenden und überleg dir, wie es sich anfühlt, auf der anderen Seite des Tisches zu sitzen und ebendiese Nachricht zu erhalten. Wie kann sie verstanden werden? Wie wird sie oder er darauf reagieren? Welche Reaktionen sind vorstellbar? Unmut? Enttäuschung? Kummer? Bestürzung? Verdrängung? Und wie kannst du dich zu den möglichen Äußerungen verhalten?
  Wie sehr du dich auch vorbereiten magst, dein Gegenüber kann dennoch vollkommen unvorhersehbar reagieren. Aber

auch damit wirst du umgehen können, wenn du Ruhe bewahrst, offen kommunizierst und ein guter Zuhörer bist.

Einigen von uns belasten vor allem emotionale Situationen, besonders Wutausbrüche. Wenn du zu dieser Gruppe gehörst, frag dich, was dich so beunruhigt. Warum machen dir diese Gefühle Angst? Wie kannst du mit deiner Furcht am besten umgehen?

Aber wie verhältst du dich, wenn dein Gegenüber plötzlich anfängt zu weinen? Was sagst du jemandem, der wahnsinnig wütend wird? Oder einfach schweigend vor dir sitzt und gar nichts mehr sagt?

Es ist wichtig, dass die Person auf der anderen Seite des Schreibtisches eine gefühlsmäßige Reaktion zeigt. Gefühle sind nicht gefährlich. Wut kann plötzlich ausbrechen und explodieren, aber in der Regel verfliegt sie genauso schnell wieder.

Manchmal kann die emotionale Reaktion auch verhindern, dass das Gesagte wirklich Gehör finden kann. Leider entscheiden sich manche Chefs, Wichtiges unter Zeitdruck weiterzugeben, damit das Gespräch und die unangenehme Situation möglichst kurz ausfallen. Wenn du einen bestimmten Zeitraum veranschlagst und das auch mitteilst, drückst du gleichzeitig aus, dass dir diese Unterredung wichtig ist. Du nimmst die Sache ernst und willst etwas erreichen, entsprechend wird der Angesprochene deine Botschaft ernst nehmen.

- **Gib vorher an, worum es in dem Gespräch geht**

  Für beide Seiten wäre es am besten, wenn du vorher kurz skizzierst, worum es geht. Du musst nicht alles vorwegnehmen, könntest aber eine Überschrift oder ein paar Schlagwörter formulieren, wie bei einem Zeitungsartikel. Nicht als Warnung, sondern vielmehr als Wegweiser für das bevorstehende Gespräch, damit ein Dialog entstehen kann und das

Ganze eine sinnvolle Begegnung wird. Wenn Menschen etwas Bewegendes oder Überwältigendes erfahren, geraten sie in einen Mini-Schockzustand und sind keine guten Zuhörer mehr. Das Gehirn fährt aus Selbstschutz das System herunter und ist nicht mehr in der Lage, die Informationen exakt aufzufassen – eine einleitende Vorbereitung kann das verhindern. So kann sich der Angesprochene rechtzeitig auf den ungefähren Gegenstand des Gesprächs einstellen. Es kann trotzdem geschehen, dass er dann in Abwehrhaltung auf dem Stuhl sitzt und anfängt zu bagatellisieren und sich zu verteidigen, aber die Tatsache, dass er vorbereitet ist, macht ihn insgesamt empfänglicher.

Wenn es unmöglich ist, das Thema schon im Vorhinein anzusprechen, würde ich empfehlen, gleich zu Beginn den Gegenstand des Gespräches zu benennen.

Zum Beispiel könntest du sagen:

*Was ich gleich sage, wird nicht leicht für dich sein.*

Dann machst du eine kurze Pause und fährst fort.

Dein Gegenüber hat dadurch wenigstens die Möglichkeit, seinen Schutzmechanismus einzuschalten und sich eventuell aufs Zuhören zu konzentrieren. Vielleicht überhäuft dich die betreffende Person auch mit Fragen, dann bitte sie zu warten, bis du zu Ende gesprochen hast. Aber dann beantworte alle Fragen, und zwar möglichst systematisch, um ein bisschen Ordnung in das Chaos deines Gegenübers zu bringen.

- **Sei mitfühlend**

Durch aktives Zuhören, Bekräftigung, Verständnis und Respekt zeigst du Mitgefühl. Empathie ist die Fähigkeit, sich in die Gefühle anderer einzufühlen. Dadurch bleibt der andere im Zentrum. Empathie sollte nicht mit Sympathie verwechselt werden, was so viel wie wohlmeinendes Verständnis und Zuneigung bedeutet. Denn dann geht es vor allem um deine Gefühle, während die Emotionen des Angesprochenen in den Hintergrund treten.

- **Kommuniziere direkt und ohne Umwege**

  Eine unangenehme Nachricht ist eine unangenehme Nachricht. Sie wird auch nicht leichter zu verdauen sein, wenn du sie schön verpackst und kleinredest. Wird man gekündigt, verliert man seinen Job. Daran gibt es nichts zu beschönigen. Du kannst den Schmerz verkürzen, indem du ehrlich, klar und aufrichtig bist. Fehlende Klarheit birgt das Risiko in sich, alles unnötig zu verkomplizieren und Missverständnisse und Spekulationen hervorzurufen. Und dann wird das Gespräch um einiges schwieriger, weil sich der andere hintergangen und gekränkt fühlt.
  Sag es, wie es ist!
  Verwende Worte, die leicht verständlich sind.
  Vergiss nicht, dass wir in schwierigen Situationen häufig blockieren, darum halte es so einfach wie möglich.
  Erläutere die Ursachen und Hintergründe, aber erfinde keine lange Geschichte, nur das Wichtigste, einfach und klar.
  Und beantworte die Fragen.

- **Biete Unterstützung an**

  Wenn du einem Mitarbeiter helfen willst, solltest du zunächst in Erfahrung bringen, welche Art von Unterstützung die Person gerade braucht. So etwas ist nicht schon nach fünf Minuten feststellbar, sondern entwickelt sich erst nach einer Weile, zeigt sich mit der Zeit. Auch die Hoffnung auf die Zukunft kann sich erst später einstellen, zuerst müssen die Wunden geleckt werden, dann kann man nach vorne schauen.

**Statt:** *Sie werden sehen, es gibt so viele Jobs, für die Sie sich bewerben können.*

**Sprich's aus:** *Wenn Sie das hier verdaut haben, treffen wir uns noch mal und sehen, was es für Sie für Möglichkeiten gibt. Ich würde Sie dabei gerne unterstützen, wenn ich darf.*

# Kommunikation mit dem Partner

# 20. Ach, die Liebe

Am Anfang scheint immer alles ganz einfach: Wir brauchen kein Essen, kein Geld, keine Vernunft; es gibt kein Müssen, nur Küsse und stundenlanges Reden. Als Frischverliebte sind wir zwar nicht besonders handlungsfähig, dafür fühlen wir uns aber frei von Problemen, sind lebensbejahend, groß und stark. Gleichzeitig meldet sich auch die Verletzlichkeit zu Wort, denn wenn etwas bedeutsam für uns ist, fürchten wir auch den Verlust.

Dann vergehen die Jahre. Einigen gelingt es, die Liebe am Leben zu erhalten, anderen nicht. Bei manchen blüht sie immer weiter auf, bei anderen stagniert sie oder verwelkt für immer. Einige haben einen hohen Verschleiß und suchen sich immer wieder neue Partner, andere halten ein Leben lang an einem Menschen fest. Manche haben es leicht, andere schwer, einige kämpfen hart, andere geben auf und setzen zu einem erneuten Versuch an.

Wenn ich Paare berate, höre ich immer wieder den Satz: »Wie deutlich muss ich denn noch werden?« Meine Antwort: So deutlich und klar wie möglich. Und das jeden Tag. Klarheit ist auch in der Kommunikation mit dem Partner von zentraler Bedeutung, denn unsere Auffassung von der eigenen Deutlichkeit weicht häufig sehr davon ab, wie der Empfänger unsere Botschaft aufgenommen hat.

Das kommunikative Ziel ist erst dann erreicht, wenn wir tatsächlich verstanden worden sind. Aber woher wissen wir, wann das der Fall ist? Indem wir nachfragen und einen offenen Dialog führen.

Als Coach bitte ich meine Klienten, ihre Wünsche deutlich und konkret auszudrücken. Ich will von ihren Zielen und Träumen erfahren. Und ich möchte herausbekommen, welche Bedürfnisse sich dahinter verbergen.

Wenn ein Paar zu mir kommt, das seine Kommunikation verbessern will, machen wir zuerst eine Bestandsaufnahme, was kommunikativ funktioniert und was nicht. Danach versuchen wir herauszufinden, wie der Idealzustand aussehen könnte und welche Folgen das hätte.

Die Herausforderung besteht darin, dass die Partner konkret werden und zugleich den Zusammenhang im Auge behalten müssen. Dabei kann es um die Sehnsucht nach mehr Wertschätzung gehen, wie etwa bei Monika und Peter, die ich einzeln und gemeinsam befragt habe:

| | |
|---|---|
| **Monika** | *Ich will ab und zu hören, dass ich hübsch bin.* |
| **Ich** | *Wann zum Beispiel?* |
| **Monika** | *Wenn wir essen gehen und ich mich schick gemacht habe.* |
| **Ich** | *Kannst du beschreiben, wie sich das für dich anfühlen müsste?* |
| **Monika** | *Ich würde mich attraktiv finden. Und gesehen.* |
| **Ich** | *Und was würde dir das bedeuten?* |
| **Monika** | *Dass ich mich wichtig fühle und es wieder so wird wie am Anfang unserer Beziehung, als wir zusammenkamen.* |
| **Ich** | *(an Peter gerichtet) Was hörst du, wenn Monika das sagt?* |
| **Peter** | *Dass Monika hübsch gefunden werden will.* |
| **Ich** | *Und wie könntest du dazu beitragen?* |
| **Peter** | *Ich könnte ihr sagen, dass sie schön ist, wenn wir ausgehen und so, wenn sie sich schick gemacht hat.* |
| **Ich** | *Was denkst du denn in solchen Momenten?* |
| **Peter** | *Dass sie noch genauso schön ist wie an dem Tag, als wir uns kennengelernt haben.* |

| | |
|---|---|
| | *(Monika fängt an zu weinen.)* |
| **Ich** | *Red ruhig weiter! Und wende dich dabei direkt an Monika.* |

*Dann erzählt Peter, wie wunderschön er sie findet. Dass er ihr Parfum liebt und wenn sie roten Lippenstift trägt, dass er ihre Kleidung und ihren Stil mag und immer wahnsinnig stolz ist, wenn er mit ihr zusammen auf eine Party geht. Peter sagt auch, dass er sie auch zu Hause in Jeans und T-Shirt schön findet. Monika laufen die Tränen über die Wangen, weil sie die Worte hört, nach denen sie sich so sehr gesehnt hatte.*

| | |
|---|---|
| **Monika** | *Warum hast du mir das so lange nicht gesagt?* |
| **Ich** | *(an Monika gerichtet) Peter sagt es aber jetzt, empfange seine Worte mit offenen Armen, dann wird er es häufiger tun. Peter, wie sieht es bei dir aus mit dem Bedürfnis nach Komplimenten?* |
| **Peter** | *Na ja, geht so. Es ist schon eine Weile her, dass ich so etwas gehört habe. Aber das macht man wohl eher in den ersten Jahren einer Beziehung, oder?* |

Monika und Peter bekommen die Aufgabe, sich gegenseitig bewusster anzuschauen und auszusprechen, was sie am anderen wahrnehmen. Jedes Mal, wenn sie den anderen sehen und etwas Positives empfinden, sollen sie es auch formulieren. Paaren sollte es nicht schwerfallen, einander jeden Tag Anerkennung zu schenken. Jeden Tag aufs Neue!

**Stefan erzählte mir:**
*Ich weiß, dass ich nicht klar genug sage, was ich will. Außerdem erwarte ich immer, dass meine Frau mit dem Reden anfängt, damit ich es nicht tun muss.*

Aber wovor hat Stefan Angst? Warum übernimmt er keine kommunikative Verantwortung und überlässt seiner Frau die Gesprächsführung? Wenn es die Angst vor Konflikten ist, ist seine Beziehung langfristig blockiert. Wenn es an mangelnder Übung liegt, dann gibt es nur eine Lösung: Üben, üben, üben!

✎ **Nutze die nächstbeste Situation und üb dich darin, klar zu sein. Zum Beispiel indem du jemanden um Hilfe bittest und deutlich aussprichst, wann und in welcher Form du diese Hilfe benötigst. Oder du formulierst ein Kompliment expliziter und sagst genau, warum dir etwas gefällt. Wie fühlst du dich, wenn du klar und deutlich bist? Wirkt es sich auf die übrige Kommunikation aus?**

## Mein Partner, das unbekannte Wesen

**Elaine erzählte mir:**
*Wir haben unsere Beziehung zerredet. Über alles wurde ewig diskutiert und irgendwann gab es nur noch Worte, Worte, Worte – statt Berührung, Nähe und Sex. Im Nachhinein wünschte ich, dass ich öfter geschwiegen hätte.*

Die meisten Beziehungen scheitern nicht, weil zu viel, sondern weil zu wenig kommuniziert wird. Wenn das Reden aber dem Handeln im Wege steht, ist das Gesagte kontraproduktiv. Den Worten müssen so schnell wie möglich Taten folgen, sonst verlieren sie ihre Bedeutung.

Vor ein paar Jahren schrieb mir ein Mann namens Tommy und bat mich um Hilfe. Er kümmerte sich zu Hause um den Haushalt, seine Frau ließ sich bedienen. Bei unzähligen Streits hatte er darum gebeten, sich die Arbeit zu teilen, weil es ihm zu viel wurde, die Familie zu versorgen, seinem Job nachzukommen und auch jede freie Minute im Haushalt eingespannt zu sein. Jedes Mal einigten sie sich darauf, dass die Frau künftig auch Aufgaben übernehmen würde. Nur war sie nicht so ordentlich und sorgfältig wie er und fand es gar nicht nötig, jeden Abend zu kochen. Was war so verkehrt an Sandwiches oder überbackenen Toasts?

Und wenn sich die Schmutzwäsche immer wieder auftürmte, wurde Tommy zum Märtyrer und stampfte so frustriert zur Waschküche, dass man ihn im ganzen Haus hören konnte.

Nachdem wir einige Male hin- und hergeschrieben hatte, riet ich Tommy, bei nächster Gelegenheit nicht den Waschdienst zu übernehmen, sondern stattdessen mit seiner Frau zu reden und in etwa Folgendes zu sagen:

»Wir hatten doch vereinbart, dass du diese Woche mit der Wäsche dran bist. Jetzt türmt sich schon die Schmutzwäsche und die Woche ist bald vorbei. Wenn ich das Gefühl habe, dass nichts passiert, werde ich ganz nervös, es irritiert mich und ich habe Angst, enttäuscht zu werden. Für mich ist es wichtig, dass wir zusammenarbeiten, und ich muss sicher sein können, dass die Wäsche erledigt wird, damit ich abschalten kann. Darum wollte ich dich fragen, wie du dir das mit der Wäsche in Zukunft vorstellst?«

Als Tommy seine Frustration in Worte fasste, hörte ihm seine Frau zum ersten Mal richtig zu. Es klang ganz anders als der beleidigte Unterton, wenn er sonst aus der Waschküche kam.

Bald klappte die Zusammenarbeit besser. Zwischendurch vergisst es Tommys Frau immer noch, denn als Künstlerin ist sie mit ihren Gedanken oft woanders. Aber dann erinnert Tommy sie daran, ohne wütend zu werden.

**Anna erzählte mir:**

*Ich muss immerzu an die Exfrauen meines Mannes denken. Er ist vor mir zweimal verheiratet gewesen und hatte mit beiden Kindern, darum steht er natürlich auch mit beiden in regelmäßigem Kontakt. Ich versuche, keine Fragen zu stellen, will aber gleichzeitig alles wissen: was sie machen, was sie gesagt haben, vor allem, ob sie etwas über mich gesagt haben. Es ist furchtbar nervenaufreibend, dass ich ihnen so viel Platz einräume.*

Es gibt Paare, die sehr offen miteinander umgehen und alles über die Vergangenheit und die vorherigen Beziehungen des anderen wissen. Andere Paare leben im Hier und Jetzt und klammern die Vergangenheit vollkommen aus. Am besten funktioniert es, wenn beide derselben Auffassung sind, welchen Raum vergangene Beziehungen in der aktuellen einnehmen sollen. Natürlich kommt es auch vor, dass Paare unterschiedlicher Meinung darüber sind. Bei Irritationen geht es dann weniger um die Anzahl früherer Sexualpartner oder den Grad einstiger Verliebtheit, sondern um die Unsicherheit des Fragenden.

Anna will alles über die Exfrauen ihres Mannes in Erfahrung bringen, weil sie eigentlich wissen möchte, ob er sie wirklich liebt und dauerhaft mit ihr zusammenbleiben will. Da er schon zwei Ehen aufgelöst hat, ist ihre Unsicherheit nachvollziehbar.

Du kannst dem Wühlen in der Vergangenheit ein Ende setzen, indem du deinem Partner vermittelst: »Ich lebe jetzt mit dir und liebe dich. Vorbei ist vorbei und das Alte liegt hinter dir. Statt über Vergangenes zu sprechen, will ich lieber herausfinden, wie ich dir meine Liebe beweisen kann.«

So wird das Augenmerk auf die aktuelle Beziehung gelenkt und dem Bedürfnis nach Liebe und Nähe entsprochen. So können Partner einander stützen und den Selbstwert des anderen stärken.

Manchmal werde ich gefragt: »Wie kann ich meinen Partner ändern?« – Überhaupt nicht! Man kann lediglich sein Verhalten ihm gegenüber verändern und die eigenen Gedanken mit ihm teilen. Dann entscheidet der Partner selbst, ob er sich ändern will – oder tut es, ohne es zu merken.

**Denk an deinen Partner. Wenn du gerade Single bist, denk an deine letzte Liebesbeziehung. Schließ die Augen und sieh ihn/sie vor dir. Geh in Gedanken zurück zu dem Tag, als du ihn/sie kennengelernt hast. Was siehst du? Erinnerst du dich daran, wie die Person ausgesehen hat, wie sie sich bewegt hat, worüber ihr gelacht habt? Erinnerst du dich an Eigenschaften, die dich besonders angezogen haben? Schreib auf, was bis heute in dir vorhanden ist!**

Eine Frau begegnet einem Mann und verliebt sich in ihn. Sie werden ein Paar. Am Anfang der Beziehung fühlt sie sich von seinem Charme angezogen und bewundert die Leichtigkeit, mit der er neue Leute kennenlernt. Sie findet seinen unkonventionellen Lebensstil aufregend. Nach einigen Jahren sind ausgerechnet das die Charakterzüge, die sie an ihm stören: Es macht sie wahnsinnig, dass er weder pflichtbewusst noch pünktlich ist, dass er immer und überall mit allen reden muss – sie will ihn für sich alleine haben. Wie kann sie ihn dazu bringen, zuerst wichtige Dinge zu erledigen, bevor er sich amüsiert? Es heißt doch: Erst die Arbeit, dann das Vergnügen. Oder etwa nicht?

Wenn sie das Gefühl hat, dass sie damit nicht mehr leben kann, dann muss sie sich über ihre Bedürfnisse im Klaren werden, die sie befriedigt haben will – Gemeinsamkeit, Aufmerksamkeit, Verständnis, Zärtlichkeit, Zweisamkeit … Dann sollte sie ihrem Mann sagen, was sie sich wünscht – und was er tun kann. Anschließend ist er an der Reihe: Was sind seine Bedürfnisse? Wie kann sie ihn glücklich machen?

**Helena erzählte mir:**

*Mir ist es so peinlich, wenn mein Mann sich schlampig kleidet. Wenn wir gemeinsam eingeladen sind, lege ich ihm die Sachen raus, die er anziehen soll. Und das tut er dann auch. Aber wenn ich nicht mit dabei bin, habe ich keine Ahnung, was er anzieht. Dann fürchte ich mich richtig vor seinem Auftritt.*

Ich finde es – ehrlich gesagt – weitaus beängstigender, dass diesem Mann Klamotten rausgelegt werden, aber vielleicht genießt er es auch, sich keine Gedanken mehr deswegen machen zu müssen. Helena schämt sich nicht, wenn sie mit ihrem Mann allein zu Hause ist. Sie schämt sich nur vor anderen. Was werden die anderen denken, wenn er hässliche Sachen trägt? Und was denken sie dann von ihr selbst?

✎ **Bist du in Gedanken bei dir oder eher bei den anderen? Wähl eine beliebige Woche aus und führ dein ganz normales Leben – mit einer Ausnahme: Jedes Mal, wenn du dir darüber Gedanken machst, was die anderen denken und finden, richte deine Aufmerksamkeit auf dich selbst. Kümmere dich nur um deine eigenen Gedanken. Ziel ist es nicht, aus dir einen selbstzentrierten Egoisten zu machen, sondern deine innere Unruhe zu besänftigen.**
**Ist es dir gelungen?**

**Markus erzählte mir:**
*Ich habe mir tierisch Sorgen darüber gemacht, was die Leute über mich und meine Freundin sagen. Darum wollte ich sie auch ändern, um mich mit ihr schmücken zu können. Inzwischen ist mir das alles egal. Ich liebe sie so, wie sie ist. Und das ist das Wichtigste – für mich!*

## Nach einem Seitensprung

Wer betrogen wurde, erfährt eine harte Enttäuschung, die sich tief ins Herz frisst. Das kann emotionale Untreue sein, bei der eine Verliebtheit die Seele ins Schwingen bringt, oder auch sexuelle Untreue mit Körperkontakt – das uralte Thema: Sex.

Es gibt unzählige Definitionen von Untreue – manche sagen: »Einmal ist keinmal, aber zweimal ist einmal zu viel«, andere halten es ganz anders. Die sich am lautesten gegen Untreue aussprechen, sind – nach meiner Erfahrung – die Untreuen.

**Jonas erzählte mir:**
*Ein unschuldiger Kuss auf der Betriebsfeier hat doch keine Bedeutung, aber mit einer Kollegin ins Bett zu hüpfen geht zu weit. Das ist meine Grenze.*

**Sarah erzählte mir:**
*SMS-Flirts sind okay, aber kein Rumgeknutsche. Solange es*

*nicht mehr ist als nur ein harmloser Flirt, bringt es doch ein bisschen Farbe in den Alltag.*

**Lisette erzählte mir:**
*Ich bin schon so oft enttäuscht worden und habe große Schwierigkeiten, mich auf jemanden einzulassen und ihm zu vertrauen. Wie soll ich mich je wieder öffnen können?*

Unsere emotionalen Erfahrungen begleiten uns ein Leben lang, aber sie müssen nicht die ganze Zeit schmerzhaft bleiben und unserer Entwicklung im Wege stehen. Lisette würde ich empfehlen, ihre Erlebnisse mit professioneller Hilfe zu verarbeiten. Bevor sie sich neu verlieben kann, muss sie erst wieder ganz werden. Dafür braucht ihre Seele Ruhe, Harmonie und Sicherheit.

Die Angst beherrscht uns nur so lange, wie wir es zulassen. Sobald sich ein Mensch mit seiner individuellen Angst konfrontiert, wird er seine besondere Stärke entdecken. Wir alle sind mutig, aber jeder aktiviert seinen Mut auf eigene Weise.

## Tipps, wenn dein Partner untreu war

- **Grenzen setzen**
  Der Untreue hat eine Grenze überschritten, darum ist es höchste Zeit, die Grenzen (neu) zu definieren. Was ist o.k. und was nicht? Welche Regeln gelten in eurer Beziehung?

- **Beschreib deine Gefühle**
  Konzentrier dich nicht auf das, was dein Partner getan hat, verlier dich nicht in Details, sondern beschreib deine Gefühle. Welche Gefühle hat die Untreue in dir ausgelöst?

- **Was brauchst du jetzt? Bitte darum**
  Was sind gerade deine Bedürfnisse? Ist es vielleicht Geborgenheit, Vergewisserung, Liebe oder Anerkennung? Bitte

deinen Partner darum, sei konkret: was, wann, in welcher Form … wie soll dein Partner darauf eingehen?

- **Finde die Ursache, dann hast du die Antwort**
  Niemand ist grundlos untreu. Es kann natürlich ein Fehltritt im Vollrausch gewesen sein, aber wer seinen Partner in nüchternem Zustand betrügt, hat in 99 von 100 Fällen etwas auf der Seele, das ihn bedrückt. Vielleicht kann der Betreffende es gar nicht selbst in Worte fassen, dann solltet ihr es zusammen herausfinden, um die notwendigen Schritte zu tun.

- **Entscheide dich**
  Du wirst einen Punkt erreichen, an dem du dich entscheiden musst, ob du deinem Partner wieder vertrauen willst oder nicht. Es ist deine Entscheidung. Wenn du dich für das Vertrauen entscheidest, dann richte den Blick nach vorne. Der Rückspiegel darf nicht größer sein als die Windschutzscheibe.

- **Verzeihen**
  Wer Untreue nicht verzeihen kann, ist nicht frei. Das bedeutet nicht, dass man das Geschehene akzeptieren und vergessen soll, aber es soll eurer Beziehung nicht dauerhaft Energie und Kraft abziehen. Sobald du verzeihst, löst sich auch der Eisengriff um dein Herz.

- **Stärke dein Selbstvertrauen und Selbstwertgefühl**
  Deine mentale Stärke wird dir bei der Verarbeitung helfen. Sie festigt dein Inneres, damit du dich selbst wertschätzen kannst. Du hast die beste Beziehung verdient und sollst nie wieder Untreue erfahren. Sei jetzt besonders gut zu dir.

- **Wenn du eine neue Beziehung eingehst, erzähl von dem Erlebten**
  Das erspart euch beiden viel Zeit. Also nutze die gute Energie am Anfang der Beziehung und leg alle Karten auf den Tisch.

Dann weiß dein neuer Partner von Anfang an Bescheid, statt sich in Gedankenlesen und Raten üben zu müssen.

## Tipps, wenn du untreu warst

- **Übernimm die Verantwortung für dein Handeln**
  Jeder gesunde Erwachsene trägt die volle Verantwortung für sein Handeln. Unabhängig davon, wie unglücklich er in seiner Beziehung ist: ein Seitensprung ist ein Seitensprung. Punkt. Aber die Nachbeben fallen ganz anders aus, wenn du die Verantwortung für das Geschehene übernimmst.

- **Entschuldige dich**
  Entschuldige dich geradeheraus, ohne hinterhergeschobene Rechtfertigungen. Kein Komma und ein »aber« nach der Entschuldigung, sag einfach »Entschuldigung«.

- **Sag niemals: »Das hat mir nichts bedeutet!«**
  Dann wäre es nämlich ein Leichtes gewesen, darauf zu verzichten, oder? Auch wenn es für dich vollkommen bedeutungslos gewesen sein mag, denkt dein Partner anders darüber. Respektiere das.

- **Lern dich besser kennen und finde die Ursache heraus**
  Sei neugierig, hinterfrage dich, finde heraus, warum du dich so verhalten hast, was dir im Leben fehlt. Wonach sehnst du dich, was du in deiner Beziehung nicht bekommst?

- **Entscheide dich**
  Willst du mit deinem Partner zusammenbleiben? Dann entscheide dich für ein Leben in Liebe und nicht in Angst. Wenn deine Seele leidet, frag nach, was sie braucht, damit du Nähe, Verständnis, Aufmerksamkeit oder was auch immer von deinem Partner bekommst, anstatt eure Beziehung zu zerstören.

## Eine Frage des Selbstwerts

Wenn zwei Menschen eine Beziehung eingehen, haben sie ganz unterschiedliche Erfahrungen im Gepäck. Manchmal gibt es viele Parallelen, manchmal gar keine. Auch die Voraussetzungen zur Entwicklung eines starken Selbstwertgefühls fallen je nach Kindheitserlebnissen und Erziehung ganz anders aus. Vielleicht hat dein Partner auch als Erwachsener Erlebnisse bewältigen müssen, die sein Selbstwertgefühl geschwächt haben.

Was auch immer die Ursache für einen geringen Selbstwert sein mag, er macht sich in Paarbeziehungen immer bemerkbar. Aber wie erkennst du Selbstwertschwäche bei dir selbst?

- **Du vergleichst dich permanent mit anderen**
  Du hast dich für eine Party schick gemacht und findest dich hinreißend, als du das Haus verlässt. Kaum auf der Party angekommen, siehst du jemanden, der sich noch mehr in Schale geworfen hat – und in diesem Moment fängst du an zu vergleichen. Und ziehst dabei immer den Kürzeren. Statt sich vom Mut anderer inspirieren zu lassen, fühlst du dich einfach nur unterlegen.

- **Du bist schnell von anderen irritiert**
  Je geringer dein Selbstwert ist, desto schneller bist du irritiert. Dich nervt alles, was andere tun, wann, wie und warum sie es tun. Anstatt die Vielfalt zu schätzen, nerven dich fremde Aktivitäten bloß.

- **Du tust Dinge, um anderen etwas zu beweisen**
  Wichtig ist aber, dass du weißt, was du alles kannst, und selbst mit den Ergebnissen zufrieden bist. Stattdessen hungerst du aber nach Bestätigung von außen und bewertest dich daran, wie dein Umfeld dich wahrnimmt und anerkennt.

- **Du hast Angst, entlarvt zu werden**
  Du zweifelst an deinen Fähigkeiten und erwartest, jederzeit als Scharlatan entlarvt zu werden.

- **Du lebst im Gestern und machst dir Sorgen um die Zukunft**
  Du lebst nicht im Hier und Jetzt, sondern grübelst über längst Vergangenes nach, das nicht mehr zu ändern ist, und sorgst dich ständig um die unabsehbare Zukunft.

Erkennst du dich in einigen dieser Denk- und Verhaltensweisen wieder? Oder deinen Partner? Oder euch beide?

Ein Mensch mit geringem Selbstwert empfindet Kritik als persönlichen Angriff. Er kann auch keine Komplimente annehmen, sondern wischt sie beiseite wie etwas, das jemand sagt, ohne es wirklich zu meinen. Oft fühlt er sich wertlos und beschreibt sich selbst ironisch oder mit entwertenden Ausdrücken.

Ein Mensch mit geringem Selbstwert scheut sich, Neues auszuprobieren. Alles muss so ablaufen wie immer, sonst lässt er es lieber ganz bleiben. Er hat Schwierigkeiten zu scheitern, erwartet allerdings auch nichts anderes von sich.

Das Zusammenleben mit so einem Menschen ist also alles andere als einfach. Es hilft aber, sich mit dem mangelnden Selbstwert auseinanderzusetzen, dann fällt es dir leichter, deinem Partner verständnisvoll zu begegnen. Und wenn du diejenige mit geringem Selbstwertgefühl bist: Es ist nie zu spät, den eigenen Selbstwert zu stärken. In jedem Fall musst du die Verantwortung dafür übernehmen und dein Verhalten reflektieren. Dein Partner kann auf diesem Weg eine große Hilfe sein.

## Tipps, um deinen Selbstwert zu stärken

- **Fang damit an, über dich und mit dir anders zu sprechen**
  Jede Veränderung von Denk- und Verhaltensmustern beginnt bei dir selbst. Wie redest du mit dir selbst? Beschimpfst

du dich als dumm und armselig? Hast du dich mit Stempeln versehen, auf denen »wertlos« oder »schlechter als ...« steht? Dann hör auf damit und verwende andere Worte für dich. Was lief heute super? Was sagt das über dich als Mensch? Wie klingst du, wenn du mit deinem besten Freund sprichst? So soll es auch klingen, wenn du mit dir selbst sprichst.

- **Sag Ja, wenn du Ja meinst, und Nein, wenn du Nein meinst**
  Hör auf deine innere Stimme: Welche Antwort schreit gerade lauter? Du stärkst deinen Selbstwert, wenn du die Antwort gibst, die deinen Bedürfnissen und Emotionen am nächsten liegt. Lass deinen eigenen Willen entscheiden.

- **Unterscheide zwischen dir als Person und deinen Leistungen**
  Dadurch fällt es dir leichter, zwischen dir und deinen Leistungen Distanz zu schaffen. Dann ist nicht deine ganze Persönlichkeit involviert, d.h. deine Geschichte und dein Hintergrund, deine Erfahrungen, alle Seiten deines Charakters, deine Eigenschaften und Werte. Das bleibt geschützt, wenn du einmal mit deinen Leistungen scheiterst.

- **Wem willst du es recht machen?**
  Wann warst du das letzte Mal mit dir zufrieden? Wann hast du deiner Umgebung deine Grenzen aufgezeigt, weil dir ihr Verhalten missfiel? Werde dir darüber im Klaren, was du gut findest und was nicht, und bitte deine Umgebung, dich entsprechend zu behandeln.

## Keine Angst vor Komplimenten

Ich arbeitete einmal mit einem Mann zusammen, der über 40 Jahre verheiratet war. Als ich ihn fragte, warum er ausgerechnet mit dieser Frau zusammen war, antwortete er, dass er sich darüber noch nie Gedanken gemacht habe.

Ein paar Tage darauf kam er auf mich zu und erzählte mir, dass er nach unserem Gespräch nach Hause gefahren sei und seine Frau noch am selben Abend gefragt hätte, warum sie noch mit ihm zusammen sei. Sie antwortete, weil er ihr Sicherheit und Geborgenheit gebe, und fragte ihn im Gegenzug das Gleiche. Er antwortete, weil sie eine tolle Mutter für seine Kinder sei und eine wunderbare Lebensgefährtin. Nach über 40 Jahren Ehe hatten die beiden sich das erste Mal gesagt, was sie füreinander empfanden!

**Harald erzählte mir:**
*Ich habe große Schwierigkeiten, meiner Frau Komplimente zu machen. Ich weiß auch nicht, warum das so ist, vielleicht, weil ich aus einer Familie stamme, wo es für so etwas keine Worte gab. In ihrer Familie überschütten sich alle förmlich mit Komplimenten. Ich bin da ganz anders geprägt.*

✎ **Was uns schwerfällt, lässt sich üben. Welche Komplimente fallen dir spontan zu deinem Partner ein? Was magst du besonders an ihm oder ihr? Sind es bestimmte Eigenschaften oder Dinge, die er/sie macht? Dann geh jetzt gleich zu deinem Partner und sag es ihm. Oder ruf ihn an, schick eine SMS, schreib einen Brief oder leg ihm/ihr einen Zettel hin. Fällt dir das schwer? Warum? Was hemmt dich? Welche Reaktion fürchtest du?**

Wer einmal verletzt wurde, hat große Angst, dasselbe erneut zu erleben. Wenn du dich am Herd verbrannt hast, wirst du vorsichtiger, jedes Mal wenn du dich der Platte näherst. Problematisch wird es erst dann, wenn du nicht mehr wagst, Essen zu kochen, aus Angst, dich zu verbrennen.

**Petra erzählte mir:**
*Ich wage es nicht, bestimmte Fragen zu stellen, weil ich Angst vor den Antworten habe.*

Petra hat sich zwar immer wieder auf neue Beziehungen eingelassen, aber sie lässt sich nicht mehr hundertprozentig ein. Wenn sie aber nur 65 Prozent gibt, bekommt sie von ihrem Partner entsprechend wenig zurück.

**Aus meinem Posteingang:**
*Meine Freundin und ich sind jetzt seit drei Jahren zusammen, aber ihre Angst, mich an sich heranzulassen, dominiert unsere Beziehung. Wir haben Auszeiten genommen und uns nicht gesehen, wir haben sogar einen Zeitlang auf Sex verzichtet. Das macht uns als Paar ganz schön zu schaffen, aber auch mir als Mensch und Mann. Wir lieben uns und darum müssen wir eine Lösung finden. Was sollen wir tun?*
*Marco.*

Beide haben ein starkes Bedürfnis nach Sicherheit: die unsichere Freundin und Marco, den ihr Verhalten verwirrt und frustriert. Geborgenheit entsteht, wenn die beiden offene Gespräche führen, einander bedingungslose Liebe entgegenbringen und nachgiebig und respektvoll miteinander umgehen.

Um Liebe zu bekommen, müssen wir es wagen, Liebe zu geben. Das ist nicht ohne Risiko. Denn wenn wir nicht bekommen, was wir uns wünschen, kann es sehr wehtun. Aber wer es gewagt hat zu lieben, hatte zumindest eine spannende Reise, auch wenn das Ziel eine Enttäuschung war. Ich denke, das ist besser, als emotional immer zu Hause rumzuhocken.

**Und nicht vergessen: Spaß haben und zusammen lachen! Macht Quatsch, spielt und lacht euch kaputt! Unternehmt Dinge, die nur ihr lustig findet. Findet eine Sprache, einen Tonfall, in der ihr euch auf liebevolle und entspannte Weise amüsiert. Achtet aber darauf, dass ihr euch nie auf Kosten des Partners lustig macht, nicht über den anderen lacht, sondern mit ihm. Lachen verlängert das Leben, das ist bekannt – es verlängert auch Beziehungen. Also leg das Buch beiseite und hab Spaß!**

# 21. Keine Konkurrenz

Befindest du dich manchmal von einem Moment auf den nächsten zu deinem Partner in Konkurrenz? Wer hat mehr geschafft? Wer hat für alles eine Lösung parat? Wer kümmert sich am meisten? Dann liegt das Augenmerk nicht mehr auf Zusammenarbeit und Hilfsbereitschaft, sondern wir machen lange Vorhaltungen, wie müde wir sind und wie viel wir erledigt haben. Und übersehen dabei, was der andere beigetragen hat, denn wir gehen automatisch davon aus, dass unser Beitrag größer, schwieriger und bedeutsamer ist.

Dabei ziehen beide eigentlich am gleichen Strang, wollen sich geborgen fühlen, es zu Hause gemütlich und entspannt haben. Gleichzeitig soll alles wie geschmiert laufen. Leider scheitern wir oft an der Kommunikation darüber, was wie und wann erledigt werden muss. Und schon ist der Wettkampf eingeläutet.

In der Regel sind es langweilige Dinge, über die Paare sich streiten: Spülmaschine ausräumen, Staubsaugen, Gartenarbeit und andere Dinge, um deren Erledigung man sich gerne drückt. Es gibt Eltern, die nennen Wäscheaufhängen in einem Atemzug mit Kinder-zu-Bett-Bringen, dabei sind Kinder eine wertvolle Leihgabe, während es Dreckwäsche ein Leben lang geben wird. Eigentlich müsste die Konkurrenz darin bestehen, wer abends vorlesen und einen harmonischen Augenblick mit den Kleinen verbringen darf.

**Regina erzählte mir:**
*Wir sind eine Patchwork-Familie mit jeweils eigenen Kindern. Oft konkurrieren wir darum, wessen Kindern es besser geht und wer von ihnen weniger Probleme hat.*

Aber nicht nur um Aufgaben im Haushalt, sondern um alle möglichen Dinge wird gestritten. Gemeinsam ist diesen Auseinandersetzungen, dass sich ein Partner über den anderen erheben will. Es besteht ein Wettbewerb, wer am meisten im Haushalt macht, wer mehr im Job eingespannt ist, wer das größere Einkommen oder die bessere Position hat, wer attraktiver und begehrter ist, wer am meisten Freunde hat, wer nachts häufiger aufsteht, um sich um das Baby zu kümmern, wer die meisten Windeln gewechselt hat … Alle diese Vergleiche sind im Grunde irrelevant; sie sind nur eine Strategie, um ganz andere Bedürfnisse befriedigt zu bekommen.

✎ **Worum konkurrierst du mit deinem Partner? Sei ganz ehrlich und notier dir, welche Vergleiche bei euch eine Rolle spielen.**

**Aus meinem Posteingang:**

*Hallo Elizabeth!*

*Ich brauche dringend deine Hilfe. Wir schaffen das mit dem Haushalt überhaupt nicht und ich bin kurz davor durchzudrehen. Ich arbeite Vollzeit in einem Büro, und wenn ich von der Arbeit nach Hause komme, wartet da mein zweiter Job: Geschirr spülen, putzen, Essen kochen und tausend Kleinigkeiten, die erledigt werden müssen, bis unsere drei Kinder (7, 9 und 12) im Bett sind. Danach wasche ich in der Regel die Wäsche, sortiere trockene Kleidungsstücke, erledige Papierkram und falle erschöpft ins Bett mit einer langen Liste, was am nächsten Tag ansteht. Am nächsten Morgen klingelt in aller Frühe der Wecker, dann mache ich Frühstück und bringe die Kinder zur Schule. Jetzt fragst du dich wahrscheinlich, ob ich alleinerziehend bin? Nein, das bin ich nicht – aber irgendwie doch. Mein Mann hat einen körperlich sehr anstrengenden Job und betont immer, wie unterschiedlich das zu meiner »sitzenden« Arbeit sei. Wenn er nach Hause kommt, ist er erschöpft und will sich ausruhen. Das ist auch vollkommen in Ordnung, aber nach dem Ausruhen könnte er mir doch helfen. Aber keine Chance. Einmal im Jahr*

*flippe ich aus, breche zusammen und will mich scheiden lassen. Danach ist es für eine Weile besser, bis alles wieder von vorne anfängt.*
*Hättest du nicht einen, nur einen einzigen Tipp für mich?*
*Kicki*

Aufgaben strapazieren Menschen unterschiedlich stark. Darum kommt es leicht zu Diskussionen, wer eigentlich am Ende am meisten leistet. Lässt sich wöchentliches Staubsaugen mit dem Wechseln der Autoreifen zweimal im Jahr vergleichen? Ist die Sorge um die Kinder äquivalent zur Verantwortung für die Haushaltskasse?

Bei Kicki wundert es mich, dass sie nur einmal im Jahr zusammenbricht und nicht jede Woche. Vermutlich weil sie angefangen hat, schnell und effektiv zu sein – statt ihre Verhaltensmuster zu durchbrechen. Ein Zusammenbruch im Jahr reicht nicht aus, um den eigenen Lebensstil zu verändern.

Kicki sitzt im Büro und bewegt sich kaum, während ihr Mann einer körperlich anstrengenden Arbeit nachgeht. Allein das verursacht ein Ungleichgewicht, wenn sich die beiden zu Hause begegnen. Kicki hat dasselbe Recht, erschöpft zu sein, aber sie fügt sich den Vorstellungen ihres Mannes und übernimmt die körperliche Arbeit, sobald sie zu Hause ist. Um nicht länger zu ertragen, was ihr nicht gefällt, muss Kicki sich neue Lebensroutinen aneignen.

Dabei sollte sie ihre Kinder einbeziehen. Ab einem Alter von zwei Jahren können Kinder sich am Haushalt beteiligen. Sie lieben es, wenn sie das Gefühl haben, gebraucht zu werden! Besonders kleine Kinder haben gerne Aufgaben und freuen sich, wenn Erwachsene sie um Hilfe bitten.

Aus Kickis Erschöpfung kann eine Kraft entstehen, die dazu führt, dass sie aufsteht und geht. Dann würde die Familie auseinanderbrechen. Um das zu vermeiden, muss Kicki sich mit ihrem Mann hinsetzen und ihm ungeschönt erzählen, wie es ihr geht, wie sie sich fühlt, welche unerfüllten Bedürfnisse sie hat:

Zusammenarbeit, Verständnis, Rücksicht, Respekt, Gerechtigkeit, Anerkennung ... Sie muss ihm sagen, welche konkreten Veränderungen sie sich wünscht, und den Ernst der Lage schildern, ohne zu drohen oder ein Ultimatum zu stellen.

Dann ist es Zeit für einen Familienrat am Küchentisch, denn ab jetzt sollen die Kinder in den Haushalt eingebunden werden. Wenn in einer Woche sieben Abendessen gekocht werden müssen, kann diese Aufgabe auf alle Familienmitglieder verteilt werden (die Kinder zusammen als eine Einheit). Und auch der Großwaschtag einmal die Woche kann zu einer gemeinsamen Aufgabe erklärt werden. Dazu kommt ein wöchentlicher Putztag mit verteilten Aufgaben, wo einer staubsaugt und Staub wischt, einer das Badezimmer putzt und Handtücher wechselt, einer Müll sortiert und wegbringt ... Den Großeinkauf macht in der einen Woche die Mutter plus Kinder und in der nächsten Woche der Vater mit den Kindern. Für die Sportbeutel und ihre Brot-Box sind die Kinder künftig selbst verantwortlich.

Diese Veränderungen werden Kraft kosten, aber es wäre anstrengender, so weiterzumachen wie bisher. In vielen Familien besteht ein Mangel an Zusammenarbeit und geteilter Verantwortung, während Gewohnheiten sich eingeschlichen haben und Grenzen unkenntlich geworden sind.

**Rashmi erzählte mir:**
*Mein Mann und ich haben früher um alles Mögliche konkurriert – wer am meisten erledigt hat, wer am härtesten arbeitet, wer mehr geputzt, gekocht oder Wäsche gewaschen hat. Eines Tages sagte er, dass wir damit aufhören sollten, und das haben wir auch getan.*

Wenn in Beziehungen Wettkämpfe ausgetragen werden, gibt es keine Gewinner. Wie sollte das auch aussehen? Mit einem kleinen Treppchen und goldenem Pokal? Jede Freude über einen vermeintlichen Sieg währt nicht lange, denn spätestens morgen geht der Wettkampf weiter.

✎ **Worauf willst du bei deinen Wettkämpfen eigentlich hinaus? Welche Sehnsucht verbirgt sich dahinter? Willst du hören, wie stark, klug oder fleißig du bist? Oder brauchst du eine Rechtfertigung, um dich anschließend entspannen zu dürfen? Welches innere Bedürfnis verlangt in deinen Wettkämpfen Gehör?**

Oft schlagen konkrete Wettkämpfe um in Kriege mit Worten. Dann werden Antworten wie Raketen abgefeuert, mit dem einzigen Ziel, den anderen so zu treffen, dass er verstummt. Stattdessen kommt aber eine noch viel schärfere Rakete zurück! Also musst du weiter aufrüsten, um den anderen noch härter zu treffen.

## Tipps, um Wettkämpfe zu beenden

- **Zieh dich aus der Konkurrenz zurück**
  Geh in die Knie, gib auf, wirf das Handtuch. Sag, dass du an dieser Art von Auseinandersetzungen nicht mehr teilnehmen willst, dass du etwas anderes und Besseres willst.

- **Öffne dein Herz**
  Sag, wie du die Situation erlebst, wie weh dir das Ganze tut. Zeig deine Verletzlichkeit, trau dich zu sagen, wovor du Angst hast.

- **Mach den ersten Schritt und schenk Wärme und Respekt**
  Du wirst alles zurückbekommen. Und wenn nicht, weißt du zumindest, dass du dich dem Problem gestellt hast und es zum Besseren wenden wolltest.

## Recht haben oder glücklich sein?

Diese Frage stellt der amerikanische Talkmaster *Dr. Phil* regelmäßig Paaren, die in seiner Show über Großes und Kleines streiten. Er stellt sie vor die Wahl: entweder weiterkeifen, bis einer der Partner aufgibt – oder den Konflikt sachlich und die Beziehung als Ganzes betrachten und herausfinden, wie jeder zum gemeinsamen Glück beitragen kann.

Alle Menschen haben ein Recht auf ihre Gefühle, darum lässt sich auch nicht objektiv entscheiden, was richtig und was falsch ist. Was dir angemessen erscheinen mag, fühlt sich für deinen Partner eventuell unmöglich an. Statt einander im Krieg der Worte zu zerfetzen, solltet ihr euch darauf konzentrieren, wie ihr eure unterschiedlichen Auffassungen aussöhnen könnt.

**Aus meinem Posteingang:**

*Mein Lebensgefährte und ich können einfach nicht miteinander reden. Alles, was ich sage, findet er falsch. Und wenn er sich unmöglich verhält, gibt er mir trotzdem die Schuld und sagt, ich sei schließlich der Auslöser dafür, dass er dieses oder jenes getan hätte. Wenn ich auf eine Sache hinweise, bei der er einen Fehler gemacht hat, antwortet er nur »Das musst du gerade sagen!«, dann geht es wieder nur um mich. Ich halte das nicht mehr lange aus!*
*Mathilda*

**Meine Antwort:**

*Ihr befindet euch in einer Sackgasse, die euch weder als Paar noch als Individuen wachsen lässt. Dein Lebensgefährte muss seinen Beitrag am aktuellen Zustand eurer Beziehung erkennen und du deinen. Er macht dich für alles verantwortlich, vermutlich weil er Angst hat, selbst nicht zu genügen. Und du nimmst die Rolle der Schuldigen an, wahrscheinlich aus Angst vor den Konsequenzen, was passieren würde, wenn du einmal zu dir stehst. Diese Sackgasse wird so lange bestehen bleiben, bis ihr euch entscheidet, die Richtung zu wechseln.*
*Wenn du dich in aller Ruhe mit ihm zusammensetzt und erzählst, wie es sich für dich anfühlt, wenn er dir an allem die Schuld gibt, und was du dir stattdessen wünschst, hast du be-*

*reits einen neuen Weg eingeschlagen, weil du dein Herz sprechen lässt. Führt einen offenen Dialog darüber, wie ihr es lieber haben wollt.*
*Je größer sein Bedürfnis, recht zu bekommen und dich als Schuldige hinzustellen, desto mehr offenbart er seine eigene Unsicherheit. Wenn du ihm mit Empathie begegnest, könnt ihr zueinander finden.*

Kooperation bedeutet, dass jeder Einzelne seinen individuellen Beitrag für die Erzielung guter Ergebnisse leistet, wie bei einem Ameisenhaufen, in dem alle zusammenarbeiten.

## Tipps, um mit deinem Partner zu kooperieren

- **Verteilt die Aufgaben**
  Setzt euch zusammen und macht eine Liste. Dann teilt die Aufgaben gerecht untereinander auf oder wechselt euch wochenweise ab.

- **Als Einheit denken**
  Versucht euch als Paar oder als Familie zu sehen, nicht nur als Beieinander von Unterschieden.

- **Ergänzt euch gegenseitig**
  Nicht jeder ist in allem gleich gut. Dem einen fällt das Kochen leichter, es stresst ihn aber, danach auch noch abzuwaschen. Darauf kann man eingehen. Jeder sollte das machen, was er/sie am besten kann, solange beide damit einverstanden sind.

Der amerikanische Psychologe John Gottman hat in seiner Arbeit über glückliche und unglückliche Ehen vier Kommunikationssünden ermittelt, die Liebesbeziehungen dauerhaft schädigen. Er nennt diese Verhaltensweisen die »vier apokalyptischen Reiter«:

- **Kritik:** Die Person und nicht das Gesagte steht im Fokus der Kritik. Seine Persönlichkeit wird verurteilt, nicht die Inhalte.
- **Verachtung:** Der Partner wird durch Sarkasmus, Spott und abwertende Kommentare gekränkt und sich auf seine Kosten belustigt.
- **Abwehr:** Statt einer Antwort werden Giftpfeile und Anklagen zurückgeschossen und das ursprüngliche Thema wird gewechselt.
- **Mauern:** Einer der Partner verschließt sich und verweigert die Teilnahme an der Kommunikation.

Allein der Gedanke, dass du jeden Tag dazu beitragen kannst, dass eure Beziehung wächst und sich entwickelt, ist fruchtbar. Wache Paare wachsen und gedeihen. In solchen Beziehungen lernen sich die Liebenden auch nach Jahrzehnten der Partnerschaft immer wieder neu kennen.

# 22. Schöner streiten

## Die häufigsten Ursachen für Streit in einer Paarbeziehung

- **Sex – wann, wo, wie, wie viel?**
  Was eigentlich ein Genuss sein sollte, wird zur emotional aufgeladenen Quelle von Konflikten. Sie hat »Kopfschmerzen«, er »keine Lust«. Oder beide haben Wichtigeres zu tun. Es gibt Paare, die sich feste Sex-Termine in ihre vollen Terminkalender eintragen.

- **Haushalt – wer macht mehr und gründlicher?**
  Schwedische Paare streiten genauso viel über Hausarbeit wie über Sex. Wer leistet am meisten zu Hause? Wer erledigt die Aufgaben am besten? Jeder hat eigene Vorstellungen, was Ordnung bedeutet und wie sie erreicht werden soll. Der eine muss erst das Geschirr abwaschen, bevor er sich auf dem Sofa entspannen kann, während der andere sich nach dem Essen ausruht, um Kraft für den Abwasch zu sammeln. Wessen Normen gelten?

- **Finanzen – was darf wie viel kosten?**
  Wie viel dürfen die Hobbys und Interessen der einzelnen Familienmitglieder kosten? Ist es in Ordnung, dass er sich eine Uhr für 1400 Euro kauft, weil sie so gut in seine Sammlung passt? Darf sie sich im Gegenzug eine neue Handtasche kaufen? Die Freizeitaktivitäten der Kinder, Sport, Ballett, Musikunterricht, was darf das kosten? Und Weihnachtsgeschenke? Oder Reisen? Ein neues Sofa?

- **Träume und Ziele – sie sind manchmal sehr verschieden**
  Wenn unsere Lebensentwürfe und Vorstellungen von guter Lebensqualität zu sehr voneinander abweichen, kommt es leicht zu Konflikten, weil uns unsere Träume und Ziele sehr viel bedeuten. Wenn sich Paare auseinanderleben, liegt es oft daran, dass ihre verschiedenen Perspektiven nicht länger vereinbar sind.

- **Kommunikation – zu viel oder zu wenig?**
  Der eine kommt von der Arbeit und will reden, der andere möchte seine Ruhe haben. Der eine will über Gefühle sprechen, der andere hat panische Angst davor. Solches Verhalten hängt häufig von dem Kommunikationsklima ab, das jeder Einzelne als Kind oder in früheren Beziehungen erlebt hat. Kinder aus Familien, in denen Gefühle tabu waren, wachsen in dem Glauben auf, dass es besser ist, sie für sich zu behalten. Kinder aus Familien, in denen Fragen offen gestellt werden und die Erwachsenen an den kindlichen Emotionen teilhaben, lernen unzensiert zu kommunizieren. Wer gerade eine Beziehung hinter sich hat, in der kaum geredet wurde, verstummt entweder oder nimmt um jeden Preis Konflikte in Kauf.

- **Alkohol**
  Auch die Auffassungen, wie viel Alkoholkonsum akzeptabel ist, variieren stark. Die wenigsten Menschen werden liebenswerter, wenn sie getrunken haben. Die Probleme, die unter Alkoholeinfluss in einer Beziehung entstehen, sind schwer zu bewältigen. Häufig kommt es zu Misshandlungen, Gewalt, sexuellen Übergriffen oder heftigen Auseinandersetzungen. Verletzungen können aber auch ganz gewaltlos geschehen, wenn man sich zum Beispiel für seinen betrunkenen Partner schämt, der auf einer Party albern wird oder rumbrüllt.

## Kleine Streitschule

- **Schaff geeignete Voraussetzungen für einen konstruktiven Dialog**
  Vermeide Diskussionen, wenn ihr müde oder hungrig seid, es eilig habt oder kein inneres Gleichgewicht besteht. Denn das sind schlechte Voraussetzungen, um ein umgängliches Gespräch zu führen, bei dem jeder dem anderen zuhört. Esst oder schlaft vorher gemeinsam. Dann setzt euch in Ruhe irgendwohin und verabredet vorher, wie viel Zeit ihr euch vornehmt.

- **Hör aktiv zu**
  Gib dein Bestes, um deinen Partner zu verstehen. Öffne alle Kanäle, lass dich und deine Gedanken eine Weile außen vor und konzentrier dich ganz auf die Worte des anderen. Klingen sie komisch? Verstehst du etwas nicht? Stell so lange Fragen, bis du verstehst, was er meint, und gib seinen Antworten Raum – damit seid ihr in eurer Kommunikation schon einen großen Schritt weiter.

- **Beachte die Körpersprache**
  Mehr als 90 Prozent deiner Ausstrahlung wird bestimmt von der Art, wie du stehst oder sitzt, wie du die Arme hältst, wie hoch du deine Schultern ziehst, wie deine Stimme klingt und dein Blick gerichtet ist. Der Körper lässt uns Dinge »sagen«, die wir eigentlich gar nicht meinen. Es gibt Therapeuten, die fordern die Paare auf, sich an den Händen zu halten, während sie diskutieren. Andere lassen sie flüstern.

- **Achte auf einen normalen Umgangston**
  Wenn ihr euch anbrüllt, dann geh aus der Situation raus und beruhige dich. Anschließend könnt ihr das Gespräch wieder mit klarem Kopf aufnehmen. Ein Tipp: Im Flüsterton zu beginnen, und dann allmählich lauter werden.

- **Vermeide Themenwechsel**
  Grabt keine alten Konflikte aus. Jedes Gespräch hat nur das aktuelle Thema zum Gegenstand.

- **Denk lösungsorientiert**
  Im Zentrum sollte das Problem stehen, keine Schuldzuweisungen oder Auflistungen von Fehlern. Wie könnte eine Lösung klingen? Welche Veränderung würde eurer Beziehung guttun?

- **Vermeide Kritik**
  Keine Verurteilungen, Anklagen und Schuldzuweisungen, kein Hohn und Spott. Sprich nur von dir, deinen Gefühlen und Bedürfnissen.

- **Achte auf deine Wortwahl**
  Es ist nicht akzeptabel, dass du eine Gemeinheit nach der anderen sagst und dich hinterher damit entschuldigst, dass du wütend gewesen bist. Du solltest von dir mehr erwarten, als schwach, gemein und gehässig zu sein. Also achte auf deine Wortwahl, als sei es ein höfliches Gespräch wie jedes andere.

- **Respektiert euch gegenseitig**
  Auch wenn eure Ansichten konträr sind, begegnet einander dennoch mit Respekt. Das gelingt am besten, indem du zuhörst. Wer Empathie zeigt und den anderen zu verstehen versucht, der lebt Respekt.

- **Lerne aus jedem Streit**
  Bei jedem Streit ist es von Nutzen, sich an vorherige Konfliktsituationen zu erinnern. So kannst du vorausschauend dein Verhalten abstimmen, um es dieses Mal besser zu machen. Erzählt euch nach jedem Streit, was ihr daraus gelernt habt und welche Vorsätze ihr gefasst habt. Das vereinfacht den nächsten Zwist.

## Welcher Streit-Typ bist du?

So unterschiedlich wir in unserer alltäglichen Kommunikation sind, so unterschiedlich verhalten wir uns auch im Streit. Schließlich sind wir alle von der Streitkultur verschiedener Eltern oder anderer Erwachsener geprägt. Hinter uns liegen ganz unterschiedliche Konflikte mit Menschen, die uns nahestehen. Aber wie alle Verhaltensmuster lässt sich auch unsere Art zu streiten ändern, wenn sie unsere Kommunikation blockiert. Dies gilt auch für die folgenden Streit-Typen. Erkennst du dich in einem davon wieder? Und deinen Partner?

- **Schweigen**

  »Ich halte den Mund, dann geht es schneller vorbei«, sagte eine Freundin von mir, die beim kleinsten Anlass den Schimpftiraden ihres Mannes ausgesetzt war. Sie hielt das für die beste Lösung, aber gleichzeitig provozierte sie ihn mit ihrem Schweigen, sodass er immer aggressiver und unausstehlicher wurde. Ihr Schweigen wurde zum Blankoschein, der sein Gebrüll akzeptabel machte. Das war es keineswegs; meine Freundin wusste sich nur nicht gegen die verbalen Verletzungen zu wehren.

  Wer in Konflikten schweigt, verdrängt sein Aufbegehren ins Innere. Dort werden dann Argumente geformt, die niemals das Ohr des Partners erreichen.

  - **Wenn du diejenige bist, die schweigt:**

    Fang an, dich einzubringen. Werde ein aktiver Teil der Auseinandersetzung. Erkenne dich und deine Bedürfnisse an und schaffe Raum für deine Position. Übernimm kommunikative Verantwortung, indem du artikulierst, was dir wichtig ist.

  - **Wenn der/die andere schweigt:**

    Frag nach und lass nicht locker, bis du eine Antwort bekommst. In deinem Partner findet ein Dialog statt, der nicht nach außen dringt. Vielleicht fehlen die Übung oder das nötige Selbstvertrauen. Vermittle die nötige Sicherheit, die dein Partner braucht, um aus sich herauszutreten.

- **Flüchten**

  Das scheint die einfachste Lösung zu sein – zumindest für den Moment. Aber was passiert, wenn du wieder zurückkommst? Der Streit hat in der Zwischenzeit nur eine Pause gemacht, aber in der Sache hat sich nichts verändert. Das ist so, als würde man nach dem Essen den Abwasch stehen lassen und sich vor den Fernseher setzen oder etwas anderes machen. Das entspannt für eine Weile, aber wenn du das nächste Mal in die Küche kommst, erwartet dich das schmutzige Geschirr.

  - **Wenn du diejenige bist, die flieht:**

    Du hast Angst, dich dem Konflikt zu stellen. Aber Angst ist kein guter Ratgeber, sie verhindert Entwicklung. Angst verschließt dich und schließt andere aus. Sei mutig und bleib im Raum. Sag, was dich stört und bedrückt, lade deinen Partner zum Gespräch ein, statt wegzulaufen.
  - **Wenn der/die andere flieht:**

    Wenn du schon die Vorboten spürst, beuge vor, indem du deinem Partner deutlich sagst, wie viel es dir bedeutet, dass er bleibt, statt wegzulaufen. Im schlimmsten Fall musst du ihm hinterherlaufen und verhindern, dass er flieht. Zeig ihm, dass er nichts zu befürchten hat, wenn er bleibt und seine Gefühlen zum Ausdruck bringt.

- **Weinen**

  Tränen machen Angst. Wir wissen nicht, wie wir mit unseren Tränen und denen anderer umgehen sollen. Das wurde uns nicht beigebracht, also werden wir nervös, wenn andere die emotionale Kontrolle verlieren. Frauen sind manchmal frustriert, dass sie weinen müssen, wenn sie schockiert oder ungehalten sind. Die Kraft ihrer Worte mindert das aber erst, wenn sie sich dafür schämen.

- **Wenn du diejenige bist, die weint:**
  Weine! Wir müssen nicht alles unter Kontrolle haben, weder Geist noch Seele noch Körper. Weinen ist zum Teil eine physiologische Angelegenheit: Über unsere Tränenkanäle haben wir kaum Kontrolle, wenn der Körper auf eine emotional bewegende Situation reagiert. Akzeptier das einfach.
- **Wenn der/die andere weint:**
  Ob Frau oder Mann, ob jung oder alt, lass deinen Partner weinen. Hol Taschentücher, aber lass den Weinenden selbst entscheiden, ob die Tränen getrocknet werden sollen oder nicht.

■ **Brüllen**

»Angriff ist die beste Verteidigung« – stimmt das? Wer am lautesten schreit und am längsten brüllt, hat gewonnen, könnte man meinen. Im Eifer des Gefechts vergessen wir, dass wir Kinder und Nachbarn haben. Wir glauben, dass es einfach so passiert, dass wir schreien und einander fiese Sachen an den Kopf werfen, wenn wir streiten. Aber nichts passiert einfach so. Wir entscheiden uns, laut zu werden, einen Fluch nach dem anderen über die Lippen zu lassen, um den anderen einzuschüchtern. Die einzige Wahrheit ist, dass es bei diesem Streit nur Verlierer gibt. Auch wenn einer schreit und der andere schweigt, gewinnt am Ende niemand.

- **Wenn du diejenige bist, die brüllt:**
  Hol tief Luft. Fang noch mal von vorne an. Was wolltest du eigentlich sagen? Wiederhole es auf umgängliche Art, als wäre es ein harmonisches Gespräch. Tu es für dich und deinen Partner.
- **Wenn der/die andere brüllt:**
  Bitte deinen Partner mit Nachdruck, seine Stimme zu senken und im normalen Ton mit dir zu sprechen. Sag, dass du das nächste Mal, wenn er/sie anfängt zu brüllen, den Raum verlassen, den Hörer auflegen oder in einer

anderen Form das Gespräch beenden wirst, bis ein respektvoller Umgang zwischen euch herrscht. Sei so beherzt und entschlossen wie ein Kleinkind, das laufen lernt. Gib nicht nach, damit deine Beziehung auf festen Füßen steht.

Ich habe eine ähnliche Erfahrung mit einer Freundin gemacht, die im Streit mit mir herumgebrüllt hat. Ich habe damals meinen ganzen Mut zusammengenommen und gesagt: »Ich will, dass du auf der Stelle anders mit mir redest, sonst leg ich auf und wir setzen das Gespräch ein andermal fort.« Da sie einfach weiterschrie, legte ich auf. Das Ganze wiederholte sich mehrere Male, und es dauerte Monate, bis wir kommunikativ zusammenfanden, denn ich bestand hartnäckig auf meine Grenzen. Ich wollte, dass wir gleichwürdig miteinander umgingen, und setzte es durch. Wir sind bis heute eng befreundet.

- **Schuld auf sich nehmen**

  Es gibt Weltmeister im Sich-schuldig-Fühlen und Weltmeister im Anderen-die-Schuld-Geben. Ein Freund von mir formulierte einmal den starken Satz: »Bei einer Bank kannst du in der Schuld stehen, aber nie in einer Beziehung.«

  – **Wenn du immer die Schuld auf dich nimmst:**
    Hör auf damit. Übernimm die Verantwortung für deinen Part bei dieser Angelegenheit, aber nicht mehr. Ansonsten lädst du deinen Partner dazu ein, sich seiner eigenen Verantwortung zu entziehen, was mögliche Veränderungen verhindert.
  – **Wenn der/die andere immer die Schuld auf sich nimmt:**
    Unterstütz deinen Partner, indem du ihm hilfst, das Geschehene zu sortieren. Formuliere klar und deutlich, für welchen Anteil du die Verantwortung übernimmst und was du hättest anders machen können. Dann könnt ihr das Ganze differenziert und lösungsorientiert betrachten.

# 23. Nach dem Ende der Liebe

Trennungen und Scheidungen unterscheiden sich zunächst darin, ob es Kinder aus dieser Beziehung gibt oder nicht. Ein kinderloses Paar muss nach der Trennung nicht in Kontakt bleiben, sofern sich ihre Freundeskreise nicht überschneiden. Aber ein Paar, das gemeinsame Kinder hat, ist auf alle Zeit miteinander verbunden. Die getrennten Partner begleiten Schulabschlüsse, Konfirmationen, Studium und Geburtstage, später gehen sie eventuell zu den Hochzeiten der Kinder, haben gemeinsame Enkelkinder, helfen bei Umzügen, passen auf die Kleinen auf und helfen, wo es geht. Verschiedene Studien belegen, dass Scheidungskinder meistens gar nicht unter der Trennung selbst leiden, sondern unter den Konflikten ihrer leiblichen Eltern. Sie hemmen die Entwicklung von Selbstwertgefühl und erschweren die Suche nach der eigenen Identität.

**Dunja erzählte mir:**
*Mein Exmann und ich waren acht Jahre verheiratet. Kinder haben wir keine bekommen. Unsere Trennung war ein gemeinsamer Entschluss: Wir packten unsere Umzugskisten zusammen, arrangierten alles Notwendige und umarmten uns zum Abschied. Seither haben wir uns nie wiedergesehen oder voneinander gehört. In unserer Ehe war es ähnlich gewesen.*

## Wunden müssen heilen

Sind Scheidungen immer Misserfolge? Viele empfinden es so, dass eine Scheidung das Ende eines gescheiterten Versuchs markiert, eine Beziehung am Leben zu halten. Irgendwann geben einer oder beide auf, weil eine Fortsetzung aussichtslos ist.

Wohl niemand zweifelt daran, dass eine Scheidung bei allen Beteiligten Verwundungen zurücklässt. Allerdings versorgen wir diese Blessuren ganz unterschiedlich. Einige tun alles, um die gescheiterte Beziehung zu verdrängen, sammeln neue Kräfte und suchen möglichst viel Ablenkung.

**Leif erzählte mir:**
*Wenn ich gewusst hätte, wie weh so eine Scheidung tut, dann hätte ich gar nicht erst geheiratet.*

**Silvia erzählte mir:**
*Ich bin frisch geschieden und am Boden zerstört. Alle meine Mädchenträume von einer glücklichen lebenslangen Ehe sind zerbrochen. Ich spüre einen tiefen Stich in meiner Seele und weiß nicht, wie ich mich je davon erholen soll. Aber trotzdem richte ich mich jeden Tag ein bisschen mehr auf.*

Wenn zwei Menschen, die einander verletzt haben, getrennte Wege gehen, erfordert es einiges, um den gegenseitigen Respekt zu bewahren. Es heißt, dass ein Paar, das zehn Jahre zusammen war und gemeinsame Kinder hat, etwa drei bis vier Jahre braucht, um eine neue, funktionierende Ebene miteinander zu finden. Und diese Jahre gestalten sich kompliziert, weil beide verwirrt sind und bestrebt, einen neuen Platz in der Welt zu finden. Die Rolle als Mutter oder Vater muss neu bestimmt werden. Denn das Konstrukt, das einmal Familie war, besteht jetzt aus zwei Haushalten, eventuell mit neuen Partnern.

Es fällt leichter, mit solchen Veränderungen umzugehen, wenn wir keine Scheu haben, unsere Wunden anzusehen und behutsam zu verarzten. Mit einem gebrochenen Arm lässt sich weiterleben, solange man keine Bewegungen ausführt, die schmerzhaft sind. Aber sobald er eingegipst ist, begegnet einem die Umwelt hilfsbereit und entgegenkommend. Für ein gebrochenes Herz gilt im Prinzip dasselbe, auch wenn man es nicht so deutlich sieht. Zuerst müssen wir selbst es betrachten und unsere Freunde um Rücksicht und Unterstützung bitten. Viele stürzen sich nach einer Trennung von einer Beziehung in die nächste, um den eigenen Blick bloß nicht nach innen zu wenden. So bleibt die Wunde unter der äußeren Hülle blutend, bis sich endlich neue Haut bildet und eine Narbe entsteht.

## Tipps für den Umgang mit dem Ex

- **Der Ex als Chef**
  Ein möglicher Weg ist, mit dem Expartner so umzugehen wie mit deinem Chef: sachlich, korrekt, distanziert und frei von persönlichen Gefühlen.

- **Wer bin ich noch?**
  Bleib dir treu. Weich nicht von deinem Charakter ab, sondern entwickle ihn konsequent weiter. Dieser Moment ist auch eine Chance, dich besser kennenzulernen.

- **Schlecht über den Ex reden**
  Rede vor deinen Kindern niemals schlecht über deinen Expartner, sondern schimpf dich lieber im Freundeskreis aus.

- **Gespräche mit dem Ex**
  Wenn es dir zu schwerfällt, deine Emotionen zu kontrollieren, musst du Wege finden, um konstruktive Gespräche zu führen, ohne Dinge zu sagen, die du später bereust. Was in aufgeheizter Stimmung gesprochen wird, führt selten zu sinnvollen Handlungen.

- **Legt eine Pause ein**
  Manchmal befinden wir uns in einer kommunikativen Einbahnstraße, dann müssen wir anhalten und einen neuen

Weg suchen. Gönnt euch eine Pause, um danach wieder ein gutes Gespräch zu führen.

- **Atmen, sich beruhigen, die Batterien aufladen**
  Entlade die Wut in dir. Wenn du das Bedürfnis hast zu schreien, mach das allein oder bei einem guten Freund. Stell dich unter die Dusche, hör Musik, die dich beruhigt.

- **Was ist jetzt im Moment am wichtigsten?**
  Worüber musst du dich wirklich mit deinem Expartner austauschen? Beherrsch deine Wut und klammere alle noch unverarbeiteten Aspekte eurer Beziehung aus. Wenn du nur einen Satz sagen könntest, welcher wäre das?

- **Neu durchstarten mit neuer Kraft**
  Nachdem du eine Pause eingelegt, neue Energie gesammelt und Distanz aufgebaut hast, kannst du wieder Kontakt aufnehmen. Überleg, was dir an eurer weiteren Beziehung wichtig ist. Sprich aus, wie du dir das Gespräch wünschst. Sollte es wieder klemmen, geh wieder auf Distanz.

✎ **Woran liegt es, wenn die Kommunikation zwischen dir und deinem Expartner klemmt? Erkennst du ein Muster? Streitet ihr immer wieder über dieselben Dinge? Bist du noch immer wütend auf ihn? Oder könnt ihr schon wieder sachlich miteinander umgehen? Respektierst du seine Sicht auf eure gescheiterte Beziehung?**

## Am Wendepunkt

In manchen amerikanischen Schnulzen sitzen am Ende alle Mitglieder der Patchwork-Familie gut gelaunt beisammen, mit neuen und alten Partnern, während die Salatschüssel herumgereicht wird und man sich mit gutem Rotwein zuprostet. Schöne heile Welt: Alle akzeptieren einander und haben es einfach großartig zusammen. Viele, die von solchen Szenarien träumen, werden enttäuscht. Auch wenn wir noch so viele heitere Filme ansehen und entsprechende Artikel in Magazinen und Zeitungen lesen. Aber warum fällt die Harmonie nach dem Ende der Liebe so schwer?

**Lara erzählte mir:**
*Eigentlich ist es sonderbar, dass wir Freunde bleiben wollen. Denn wären wir Freunde, hätten wir uns doch nicht scheiden lassen müssen, oder?*

»Freunde« oder zweckdienliche Verbindung – eine neue Verbindung muss geschaffen werden. Wer behutsam vorgeht, der findet sogar zurück zur freundschaftlichen Sympathie, die der Liebesbeziehung vorausgegangen ist.

Wichtig ist es, darauf Rücksicht zu nehmen, wie weit die einzelnen Partner im Trennungsprozess fortgeschritten sind und wie die individuellen Verletzungen aussehen. Manche bleiben jahrelang emotional gelähmt, anderen gelingt es schnell, eine neue Form der Kommunikation aufzubauen. Je mehr die Blessuren verheilt sind, desto leichter fällt die Annäherung.

Dein persönlicher Heilungsprozess und deine weitere Entwicklung entscheiden darüber, wie die Kommunikation mit deinem Expartner abläuft. Wenn der andere in seiner Entwicklung stagniert, hilft ihm vielleicht der Kontakt zu dir.

Um mit einem Menschen das Leben teilen zu können, musst du zunächst dich selbst kennen. Sonst fällst du immer wieder in dieselben alten Muster, die deine Liebesbeziehungen scheitern lassen. Finde heraus, wie du in bestimmten Situationen reagierst, auf welche Hindernisse du immer wieder stößt.

**Unabhängig davon, ob sich schon eine neue Verbindung andeutet oder ob du alleine bleibst – welche Seiten von dir interessieren dich an diesem Wendepunkt? Wer bist du und wie wünschst du dir dein Leben? Was hast du aus der Erfahrung gelernt?**

# Kommunikation mit Kindern

# 24. Kleine Menschen – große Gefühle

Ich habe drei Töchter – redselige, mitteilsame Mädchen. Bei uns zu Hause wird viel gesprochen, der Esstisch ist unser Lieblingsort dafür. Dort besprechen wir, wie der Tag gewesen ist: ob etwas Schönes oder Doofes passiert ist, was jemand gesagt hat, was wir gehört und gedacht haben, was wir uns wünschen. Zwischendurch werde auch ich gefragt: »Und wie war's bei dir heute, Mama?«

Alle Themen sind willkommen, auch Schwierigkeiten und Unzufriedenheit. Wie alle Eltern will ich, dass meine Kinder in Geborgenheit und Sicherheit aufwachsen. Damit meine ich nicht nur die physische Sicherheit durch Wärme, Feuerlöscher und verschlossene Türen in der Nacht, sondern vor allem seelische Geborgenheit. Dazu zählt auch die freie Rede: Jede darf es sagen, wenn sie wütend oder schlecht gelaunt ist, und wird trotzdem bedingungslos geliebt.

An diesem Kapitel habe ich meine Kinder beteiligt. Sie haben mir erzählt, was Erwachsene ihrer Meinung nach falsch machen, worauf sie achten und was sie tun sollten.

## Tipps für Gespräche mit Kindern

- **Nachfragen**
  Kinder wollen, dass ihre Eltern sie fragen.
  »Nein, es ist gar nichts ...«, sagen kleine Menschen häufig und meinen doch genau das Gegenteil. Wenn du bleibst und

vorsichtig nachfragst, erzählt dir das Kind vielleicht, was es bewegt. Gerade Kinder aus schwierigen Verhältnissen erleben oft, dass die Erwachsenen nur »Jaja« sagen und das Interesse verlieren, noch bevor die Kinder ihr Herz geöffnet haben.

- **Gespräche anfangen**

  Gespräche anfangen ist schwierig.
  Kinder kommen manchmal genauso schwer ins Gespräch wie Erwachsene. Ein Tipp von mir wäre, die Kinder aufschreiben oder malen zu lassen, was sie beschäftigt (Wünsche, Ängste, Beschwerden). Dann ist der erste Schritt getan und die Eltern können den Faden aufgreifen, Fragen stellen oder das Kind bitten, mehr darüber zu erzählen.
  Ich erinnere mich an den Zettel einer Dreizehnjährigen, darauf stand: »Ich will nicht erwachsen werden.« Zuerst war es ihr schwergefallen, die richtigen Worte zu finden, aber durch den Zettel ergab sich ein hochinteressantes Gespräch.

- **Alle Gefühle zulassen**

  Einen Fahrradschlauch kann man flicken, abgerissene Schnürsenkel heil machen und ein Bett von Krümeln befreien … bei Gefühlen ist das nicht so einfach. Aus Unwissenheit neigen wir leicht dazu, sie abzuschwächen, zu unterdrücken oder zu ignorieren. Dann werden sie oft noch größer und lassen sich nicht mehr kontrollieren. Viele von uns ballen die Fäuste in den Hosentaschen, knirschen nachts mit den Zähnen oder haben psychosomatische Beschwerden. Das sind alles Gefühle, die nicht wahrgenommen werden und sich auf Umwegen bemerkbar machen.
  Ich bin der festen Überzeugung, wenn wir Erwachsenen allen Gefühlen unserer Kinder genügend Raum geben, dann wird daraus eine Generation heranwachsen, die voller Tatkraft ist und offen in die Welt blickt.

- **Lass dein Kind wütend sein**
  »Du bist viel süßer, wenn du lachst«, hat meine Mutter immer zu mir gesagt, wenn ich als kleines Mädchen zornig war. Natürlich hat mir dieser Satz kein Lächeln ins Gesicht gezaubert, ich wurde nur noch viel wütender. Warum wohl? Weil ich in meinem Gefühlszustand akzeptiert werden wollte. Wenn ein Kind sich aufregt, ist das weder falsch noch gefährlich. Am besten holt man das Kind da ab, wo es ist.

**Alexandra (13 Jahre):**
*Wenn Kinder wegrennen, weil sie wütend sind, wollen sie fast immer, dass die Eltern hinterherkommen, sie in den Arm nehmen und trösten.*

**Emelie (17 Jahre) fügt hinzu:**
*Auch wenn sie sagen, dass man sie in Ruhe lassen soll …*

**Bianca (7 Jahre):**
*Eltern sollten ihre Kinder auch mal wütend sein lassen.*

- **Lass dein Kind traurig sein**
  Warum haben wir es immer so eilig, traurige Kinder wieder fröhlich zu machen? Liegt es daran, dass wir selbst nicht getröstet wurden und das Gefühl vermittelt bekommen haben, dass Traurigkeit verboten sei? Hast du als Kind auch gehört: »Wein doch nicht!«?
  Ein Kind, das hinfällt und sich weh tut, muss weinen dürfen. Das Knie brennt und das Herz wahrscheinlich auch, denn ein Sturz macht Angst. Blut tropft und das Spiel ist vorbei. Manchmal braucht es Tränen, um Erlebtes zu verarbeiten, vielleicht auch, um ein wenig Aufmerksamkeit zu bekommen, damit jemand kommt und tröstet und einen verarztet.
  Wenn zum Beispiel ein Haustier stirbt, braucht das weinende Kind ein Pflaster für die Seele – und kein Ersatzkaninchen,

noch bevor das alte im Schuhkarton zu Grabe getragen wurde. So würde die nötige Trauerzeit vorzeitig beendet werden. Das Gleiche gilt für die Traurigkeit, wenn ein Freund wegzieht, ein Spielzeug verloren gegangen ist oder eine Zeichnung zerstört wurde, weil jemand Saft darüber gegossen hat, wenn jemand alle Bonbons aufgegessen hat, ohne zu teilen.

**Statt:** *Jetzt beruhig dich doch, davon geht die Welt nicht unter!*

**Sprich's aus:** *Jetzt bist du ganz arg traurig, weil die Zeichnung kaputt ist, stimmt's? Du hättest sie gerne behalten, weil du sie so schön gefunden hast, nicht wahr? Das war aber auch eine tolle Zeichnung, schau, die Farben leuchten immer noch.*

**Oder:** *Ich merke, dass du traurig bist, weil keine Bonbons mehr da sind. Das wundert mich nicht, denn die sind richtig lecker. Deshalb hättest du gerne jeden Tag welche, stimmt's? Das kann ich gut verstehen, dass du jetzt enttäuscht bist. Das ist in Ordnung.*

Wichtig ist, das Gefühl anzuerkennen – egal, was es ist, es darf da sein. Allmählich geht es vorbei und die Gedanken werden von etwas anderem in Beschlag genommen. Und das Kind kann seinen Weg sicher und zufrieden fortsetzen, weil seine Emotionen gesehen und akzeptiert wurden.
Oft nehmen sich Eltern einfach keine Zeit für Tränen. Wenn wir unsere Kleinen an einem kalten Wintermorgen in der Kita abgeben und in der Eile sagen »Bald komme ich und hol dich ab«, dann ist das für ein Kind überhaupt nicht »bald«. Es braucht seine Mama jetzt. Also geh lieber ein wenig später ins Büro – oft genügen ein paar Minuten, um für das Kind da zu sein, bis die Tränen versiegt sind. Oder du planst von vornherein mehr Zeit für den Abschied ein. Wenn es nicht anders geht, bitte eine der Erzieherinnen, das Kind in den Arm zu nehmen.

- **Lass Freude zu**

  Traurig, aber wahr: Viele Eltern bremsen die natürliche Freude ihrer Kinder, denn diese sollen sich »nicht zu früh freuen«, nicht angeben oder nicht so laut sein, dass es die Nachbarn stört. Aber Kinder brauchen den Zugang zu ihren Gefühlen. Sie müssen sie ausdrücken dürfen und sich akzeptiert fühlen. Wenn dein Kind nach Hause kommt und dir voll Enthusiasmus etwas erzählt, dann begegne ihm mit Liebe. Denn Freude ist ansteckend und Lachen heilsam!

  Wenn das Kind erzählt: »Ich habe in Spanisch 58 Punkte bekommen!«

  **Statt:** *Ach ja? Von wie vielen insgesamt?*

  **Sprich's aus:** *Das ist ja fantastisch! 58 Punkte, das muss gefeiert werden!*

  Egal ob es 58 von 60 oder 58 von 200 waren – es bleibt die Freude über 58 Richtige! Wenn es 58 von 200 waren, müsst ihr vielleicht noch ein bisschen Spanisch üben, aber das Kind sollte auf keinen Fall in seiner guten Stimmung gehemmt werden.

- **»Ach, damals …«**

  Meine Töchter reagieren allergisch auf Sprüche wie »Ich weiß, wie es dir geht, als ich so alt war wie du blablabla …« Manchmal mag es interessant sein, wie Mama und Papa als Jugendliche waren, aber meistens ist es den Kindern total egal. Denn es ist gefühlte zweihundert Jahre her. Frag also besser nach, ob sie deine Geschichte hören wollen oder ob sie lieber weiter von sich erzählen.

- **Nicht immer alles verstehen wollen**

  Manche Eltern haben das Gefühl, dass sie an die Emotionen ihrer Kinder nicht herankommen. Sie bleiben außen vor bei den Konflikten, die ihre Kinder in der Schule erleben, oder bei den sozialen Netzwerken, die Kinder und Jugendliche benutzen. Dabei müssen Eltern nicht unbedingt alles verstehen, was ihre Kinder tun. Solange sie beobachten, zuhören und nachfragen, werden sie alles Wesentliche mitbekommen.

- **Auch Eltern sind manchmal traurig**
  Viele Erwachsene verstecken sich auf der Toilette, damit ihre Kinder sie nicht weinen sehen. Aber Kinder können eine traurige Mama oder einen traurigen Papa aushalten, ohne dass wir sie unnötig mit unseren Problemen konfrontieren müssen. Kinder können uns umarmen und die allerschönsten Dinge sagen – so wie wir sie sonst trösten, wenn sie traurig sind. Das kommt alles zurück, sobald wir es zulassen. Kinder lieben es, gebraucht zu werden.
  Wenn du deine Tränen zeigst, machst du auch deutlich, dass es nicht schlimm ist, traurig zu sein. So erfährt dein Kind, dass alle seine Gefühle Raum, Zeit und Berechtigung haben. Mit unserer Aufrichtigkeit spüren Kinder, dass wir sie respektieren und ihnen vertrauen. Ansonsten spüren sie unseren Kummer, ohne Näheres darüber zu erfahren.

- **Süßigkeiten sind Süßigkeiten – Liebe ist Liebe**
  Gefühle sollten nicht mit Gebäck und Chips-Tüten beschwichtigt, sondern ihnen sollte mit Liebe begegnet werden. Traurige Kinder brauchen kein Spielzeug, sondern deine Nähe. Die Gesellschaft von Menschen ist wichtiger als jedes neue Computerspiel oder sonstiges Zeug, das blinkt und klingelt.
  Wenn man ein Kind getröstet hat, liegt es sehr nahe, ihm etwas Leckeres zu essen zu geben. So machen wir es ja auch, wenn wir einsam und traurig sind: Wir gehen an den Kühlschrank und suchen uns etwas zum Naschen, um unseren Frust zu vergessen. Das gelingt dann – für zweieinhalb Minuten. Danach ist er nur noch größer.

Wenn also unser Nachwuchs erschöpft, traurig, wütend, enttäuscht oder verletzt ist, sagen wir gerne: »Kopf hoch, wir holen uns was Leckeres.« Vergiss aber nicht, ausreichend Zeit zwischen Tränen und Zucker verstreichen zu lassen. Setz dich an die Bettkante und kümmere dich um die Tränen. Wenn ihr danach Hunger habt, macht es euch gemütlich – dann hat es keine unmittelbare Kopplung an die Gefühle mehr.

- **Können wir das Gemecker sein lassen?**
  Nenn mir ein Elternpaar, das es nicht leid ist, mit seinen Kindern zu meckern. Und zeig mir ein Kind, das nicht genervt ist von meckernden Eltern. Vielleicht gibt es nicht den einen Weg aus dem Meckersumpf, aber man kann sich für eine Kommunikation entscheiden, die das Gemecker verringert. Das Rezept heißt Deutlichkeit.

## Tipps, um mit Kindern deutlich zu sprechen

- **Steht euch gegenüber**
  Brüll deinem Kind nicht aus dem Nebenzimmer hinterher, sondern geh zu ihm oder bitte es, zu dir zu kommen. Erst wenn ihr euch gegenübersteht, merkst du, ob ihr wirklich in Kontakt seid.

- **Blickkontakt**
  Versichere dich, dass du volle Aufmerksamkeit hast – und gibst.

- **Fass dich kurz und knapp**
  Es genügt zu sagen: »Ich will, dass du mir beim Tischdecken hilfst.« Oder: »Ich brauche jemanden, der mir die Kartoffeln fürs Abendessen schält. Kannst du das machen?« Nichts verpacken oder verkomplizieren. Je einfacher, desto besser.

- **Bitte um Rückmeldung**
  Damit du weißt, was dein Kind verstanden hat, frag ruhig nach: »Was haben wir vereinbart?« Dann gehen beide Seiten vom Gleichen aus.
  Oder ihr setzt euch zusammen und sprecht über das, was zum Meckern und Nörgeln Anlass gab. Frag dein Kind, was es in diesen Situationen tun würde, in denen du um Hilfe bittest – wie möchte dein Kind ohne Gemecker angesprochen werden? Kinder haben gute Ideen und befolgen feste Regeln eher, wenn sie an ihrer Entwicklung beteiligt waren.

**Mariella erzählte mir:**
*Meine Eltern haben beide Karriere gemacht. Während ich groß wurde, hatten sie nie Zeit für mich. Dafür durfte ich mir kaufen, was ich wollte, und so lange wach bleiben, wie ich wollte. Nie wussten sie, ob ich Hausaufgaben aufhatte, eine Klassenarbeit schrieb oder wie meine Freunde hießen. Ich erinnere mich an einen Nachmittag, als ich bei einer Freundin zu Besuch war, und ihre Mutter hing ihr in den Ohren, dass sie ihr Zimmer aufräumen solle. Meine Freundin beklagte sich, wie nervig ihre Mutter sei. Mein größter Wunsch wäre gewesen, dass meine Eltern einmal mit mir gemeckert hätten.*

- **Der Ton macht die Musik**
  »Warum darfst du mich anbrüllen, aber ich dich nicht?«, fragte mich meine jüngste Tochter Bianca mit sieben Jahren, als ich bei einer Auseinandersetzung laut wurde. Bei uns gilt eigentlich die Regel, dass wir in gemäßigtem Ton miteinander reden. Das gelingt nicht immer, sowohl den Kindern als auch den Eltern. Aber wir sollten uns immer bemühen, respektvoll miteinander umzugehen. Das bedeutet nicht, dass wir künstlich aufgesetzt reden sollen, während in uns ein Vulkan ausbricht. Es reicht schon, tief Luft zu holen und aufs Neue zu beginnen. Der zweite Anlauf klappt sicher besser.

- **Erlauben und verbieten**
  In einigen Familien gelten so viele Regeln, dass ich mich kaum traue, einen Fuß ins Haus zu setzen.
  Sinnvolle Regeln sind wichtig, damit die Dinge im Fluss bleiben. Es müssen aber Regeln sein, die alle verstehen. Der Familienrat ist eine gute Gelegenheit, um Regeln zu besprechen. Was soll bei euch zu Hause gelten? Dann kommen alle zu Wort, allen wird zugehört, jede Stimme hat gleich viel Gewicht, allerdings tragen die Eltern die Verantwortung.
  Was ist erlaubt? Was wäre wünschenswert? Statt immer wieder dieselben Ermahnungen auszusprechen, vergesst nicht, aufzuzählen, was alles erlaubt ist und gut funktioniert.

- **Wünsche und Bedürfnisse**
  Wie ein Gespräch abläuft, hängt von unseren Bedürfnissen ab. Manchmal benötigen wir einen Ratgeber und Lösungen, manchmal wollen wir nur Smalltalk machen. Wenn wir einen guten Zuhörer brauchen, ist es am besten, das klar und deutlich zu sagen.
  Wenn wir unseren Kindern beibringen, auf ihre Bedürfnisse zu achten, erleben sie Kommunikation als nützliches Werkzeug, das ihnen hilft, die eigenen Wünsche zu erfüllen. Fragst du zum Beispiel »Willst du, dass ich dir nur zuhöre, oder soll ich auch sagen, was mir dazu einfällt?«, dann beginnt das Kind nachzudenken, wie ihm begegnet werden soll. Das stärkt das Gefühl von Geborgenheit – eure Beziehung wird vertieft und dein Sohn oder deine Tochter wird immer wieder zu dir kommen und sein Herz ausschütten.

- **Regelmäßiger Austausch**
  Bei meiner Arbeit mit Kindern und Jugendlichen aus sozial schwachen Familien oder schwierigen Verhältnissen habe ich häufig erlebt, wie wenig Gelegenheiten diese Kinder haben, ein offenes Gespräch mit Erwachsenen zu führen. Weder Eltern noch Lehrer haben dafür Zeit.

Eltern haben immer etwas zu tun: Spülmaschine ausräumen, Wäsche aufhängen, Rechnungen begleichen, einkaufen, Gäste bewirten, Rasen mähen … Mit unseren Kindern können wir später ins Gespräch kommen, wenn die »wichtigen« Dinge erledigt sind. Oder wir wollen nach einer lange Arbeitswoche entspannen und keine schwierigen Gespräche führen. Oder unsere Laune ist gerade viel zu gut, um sich Problemen zu widmen.

Ich habe schon Kindern geraten, dass sie abwarten sollen, bis niemand anderweitig beschäftigt ist. Dann sollen sie ihre Eltern direkt ansprechen, dass sie etwas Wichtiges zu sagen haben. Die Eltern sollen erst zuhören, bevor sie selbst sprechen. Kinder können fantastisch energisch sein: Sie berufen einen Familienrat ein oder zwingen ihre Eltern, an der Bettkante sitzen zu bleiben, weil sie noch etwas Wichtiges zu besprechen haben. Eltern sollten solche Initiativen fördern.

### ■ Kinder sind Kinder. Punkt

Ich sitze mit meinen Kindern am Flughafen. Am selben Gate wartet auch eine Familie mit zwei Kindern: großer Bruder, kleine Schwester. Die Kleine ist noch ein Baby und der Junge höchstens vier Jahre alt. Er vertreibt sich seine Zeit und klettert unter den Sitzen herum, ohne die Wartenden zu behelligen. Seine Mutter weist ihn dennoch in gestresstem Ton zurecht: »Julius, musst du ausgerechnet hier auf Entdeckungstour gehen?«

Kinder sind Kinder. Dieser einfache Satz hat mich schon viele Male geduldiger gemacht. Er ist kein Freibrief dafür, dass sich Kinder an die Deckenlampe hängen und mit Gläsern um sich werfen dürfen. Aber Kinder sind Kinder! Das zentrale »Geschäftskonzept« von Kindern, sage ich gerne, ist doch gerade, dass sie Entdecker der Welt sind. Unterstützen wir sie darin, dass sie alles entdecken wollen.

Wenn Julius und alle Kleinkinder dieser Welt nicht mehr herausfinden wollen, wie es sich unter den Sitzen auf dem

Flughafen anfühlt, dann stimmt etwas nicht. Gibt es etwas Schöneres als Kinder, die die Welt entdecken? Als die Welt mit ihren Augen neu zu sehen? All die vielen Nuancen, Details, Formen, Farben, Erkenntnisse, Übereinstimmungen und Vorlieben – Kinder haben Zugang zu einer Welt, die wir Erwachsenen schon weitgehend hinter uns gelassen haben, seit wir uns um so viele praktische Dinge kümmern müssen. Als ich mit meinen Töchtern Urlaub machte, verbrachte ich einmal einen ganzen Tag mit ihnen im Pool. Davor war ich immer nur Bahnen geschwommen. An diesem Tag setzte ich mir eine Taucherbrille auf und ging mit den Kindern unter Wasser. Ich bin durch ihre Beine geschwommen, habe Dinge vom Boden hochgeholt, habe Purzelbäume unter Wasser geschlagen, Handstand gemacht … Wir hatten einen Riesenspaß, während die anderen Erwachsenen an der Seite lagen und in ihren Zeitschriften blätterten. Wir aber schrien und kreischten vor Freude.
Kinder sind Kinder! Glückliche Erwachsene auch.

- **Überschütte dein Kind mit Liebe**

Liebe wächst, wenn wir verschwenderisch damit umgehen.
»Jaaa, Mama, ich weiß, dass du mich lieb hast – das hast du mir heute schon neunundzwölfzig Mal gesagt …« – gefolgt von einem (gespielten) Seufzer meiner kleinen Maus.
Große und kleine Menschen wachsen, wenn wir sie mit unserer Liebe überschütten, deshalb können Kinder nie genug Liebe bekommen. Das gilt auch für uns. Es kommt doch nicht vor, dass wir abends ins Bett gehen und denken: »O je, heute gab es zu viel Liebe und Wärme, so kann das nicht weitergehen!«
Schenk deinen Kindern (und auch anderen!) deine Liebe in Form von Komplimenten, Umarmungen, aufmunternden Worten, Unterstützung, Aufmerksamkeit und Anerkennung. Jeden Tag.

# 25. Statt Schimpfen

Es gibt wahrscheinlich kein Elternteil auf der Welt, das noch nicht mit seinem Kind geschimpft hat. Dann klingen wir wie ein Hund, der bellt, weil ihn etwas stört oder verängstigt. Unsere Stimme wird laut, wir werden rot im Gesicht, fuchteln mit den Armen, gestikulieren wild, um Drohungen, Prinzipien und Entschlossenheit auszudrücken.

## Meine Tipps, wenn du wütend bist

- **Nichts tun**
  In neun von zehn Fällen ist eine schnelle Äußerung nicht notwendig. Also nutze die Gelegenheit und nimm einen tiefen Atemzug. Oder mehrere. Entspannte Atmung hilft, wenn man die Beherrschung verliert, nicht nur im Umgang mit Kindern. Aber besonders Kinder, denen komplexe Zusammenhänge noch nicht verständlich sind, lassen sich von plötzlicher Wut leicht verängstigen. Du kannst auch sagen, dass du eine kurze Pause brauchst und in ein paar Minuten zurück bist.

- **Die richtigen Worte finden**
  Was ist jetzt gerade von Belang? Und wie kannst du es am besten ausdrücken? Nimm dir Zeit für deine Antwort.

  **Statt:** *Jetzt sieh dir an, was du da getan hast! Wie kann man nur so unvorsichtig sein? Wisch das weg und pass das nächste Mal besser auf.*

**Sprich's aus:** *Hast du dir weh getan? Nicht? Das ist gut. Schade, dass der Teller kaputtgegangen ist, den mochte ich gerne. Das nächste Mal nimmst du besser immer nur eine Sache auf einmal, das kannst du dann viel leichter tragen.*

**Statt:** *Spinnst du? Pass doch auf! Hier fahren Autos. Kapierst du nicht, dass du überfahren werden kannst?*
**Sprich's aus:** *Komm bitte zurück auf den Bürgersteig, dann warten wir gemeinsam, bis weniger Verkehr ist. Weißt du, ich hab Angst um dich, wenn du einfach auf die Straße läufst. Besser, wir warten hier, bis wir rüberkönnen. Komm.*

**Statt:** *Wo zum Teufel bist du gewesen? Ist dein Handy kaputt oder was? Ich hab mir die ganze Nacht Sorgen gemacht …*
**Sprich's aus:** *Wenn du dich nicht zur vereinbarten Zeit meldest oder pünktlich nach Hause kommst, befürchte ich immer das Schlimmste. Ich will, dass es dir gut geht und dir nichts passiert. Wenn ich nichts von dir höre, habe ich Angst, dass dir etwas passiert sein könnte. Wenn du nachts unterwegs bist, muss ich mich darauf verlassen können, dass du unsere Vereinbarungen einhältst.*

Wenn du von Beginn an mit deinem Kind auf Augenhöhe kommunizierst, wird euer Umgangston im Teenager-Alter wesentlich wärmer, aufrichtiger und vertrauensvoller sein.

- **Ruhig und langsam sprechen**
  Du wirst nicht verständlicher, wenn du schnaufst und fauchst. Senk die Lautstärke, drossele das Tempo und kommuniziere stattdessen klar und deutlich. Sag, was du sagen willst, ohne drum herumzureden.

- **Um Rückmeldung bitten**
  Hat dein Kind verstanden, was du gerade gesagt hast? Bitte

es, in eigenen Worten zu wiederholen, was dich aufgeregt, ängstlich, wütend oder traurig gemacht hat, dann weißt du, ob es dich verstanden hat. Wenn nicht, versuch es noch einmal – auf andere Weise.

- **Altersgemäße Ansprache**
  Wie leicht purzeln uns Sätze aus dem Mund, die ein Dreijähriger unmöglich verstehen kann. Je mehr du in der Lage bist, dich auf das Alter deines Kindes einzustellen, desto besser wirst du verstanden.

## »Reiß dich zusammen!«

Für mich zählt dieser Satz zu den schrecklichsten, die man einem Kind sagen kann: »Reiß dich zusammen!« Für das Kind ist das wie ein Schlag ins Gesicht, den es überhaupt nicht begreifen kann. Denn es wird nicht deutlich, welches Verhalten die Erwachsenen von ihm erwarten.

✎ **Wähl eine Woche oder einen ganzen Monat aus – und mach einen Strich in dein Notizbuch für jedes »Reiß dich zusammen«, das du gesagt oder gedacht hast. Notier dir auch die entsprechenden Situationen und was du dabei empfunden hast. Auf wie viele Striche kommst du?**

✎ **Was könntest du stattdessen sagen? Formuliere ein paar Sätze und Redewendungen, die in den notierten Situationen respekt- und liebevoller gewesen wären.**

✎ **Dann tausch bei der nächsten Gelegenheit das »Reiß dich zusammen« gegen einen anderen Ausdruck aus. Bring deine Wünsche exakt zum Ausdruck. Wie fühlst du dich dabei? Wie funktioniert die veränderte Kommunikation? Kannst du Veränderungen feststellen?**

# 26. Nein heißt Nein

**Frage an meine jüngste Tochter:**
*Wenn Eltern ihren Kindern Nein sagen müssen, wie sollten sie das am besten ausdrücken?*

| | |
|---|---|
| **Sie** | *Nein, aber vielleicht ein anderes Mal.* |
| **Ich** | *Aber dann hofft das Kind, dass es doch noch passiert …* |
| **Sie** | *Ja, aber vielleicht passiert es irgendwann mal im Leben. Das Leben ist doch soo lang!* |

Da steht eine meiner süßen Kleinen vor mir, den Kopf zur Seite geneigt, und unter dem Pony plinkern mich zwei liebliche Rehaugen an: »Ach bitte, liebes Mamilein, bitte …«

Kinder wissen genau, was sie tun und wie sie ihre Ziele erreichen können. Sie wissen ganz genau, wie lange sie uns bearbeiten müssen, bis wir unsere hart erkämpften Regeln und mühsam erworbenen Ansichten über Kindererziehung fahren lassen und sie das Ruder übernehmen können. Mit einer unfassbaren Geduld haben sie es schon Hunderte Male ausprobiert.

Aber man kann Nein zu seinen Kindern sagen. Und dein Verhalten sollte das Nein widerspiegeln, das du aussprichst. Eltern, die Nein sagen, übernehmen Verantwortung und machen sich Gedanken. Auch wenn Kinder noch so quengeln, spüren sie insgeheim, dass Eltern, die Nein sagen, keine Spielverderber sind, sondern ihnen Grenzen aufzeigen und Respekt beibringen wollen.

## Warum fällt es so schwer, richtig Nein zu sagen?

Kurzfristig ist es wesentlich einfacher, zu allem Ja zu sagen. So stillst du die Bedürfnisse des Kindes aber nur vorübergehend, seine innere Unruhe bleibt bestehen. Denn jedes Kind sehnt sich mehr nach Liebe, Aufmerksamkeit, Zeit und Anerkennung als nach immer neuen Spielsachen, Süßigkeiten und Geschenken. Bei aller materiellen Verwöhnung bleibt das innere Vakuum bestehen, solange wir den emotionalen Bedürfnissen nicht gerecht werden.

Kinder wollen geliebt werden. Ein klares Nein im richtigen Moment ist auch eine Art, Elternliebe zu zeigen.

✎ **Wie sieht es mit deinen Neins aus? Wann fällt es dir am schwersten, Nein zu sagen? Und wann gelingt es dir? Notier dir deine schwierigsten und leichtesten Neins.**

Wenn uns im Alltag die Kraft für Auseinandersetzungen fehlt, greifen wir schnell auf einfache Lösungen zurück. Nein sagen ist um ein Vielfaches schwerer, es kostet Zeit für ein klärendes Gespräch sowie Kraft für den Umgang mit Frust und Wut.

Eltern wollen schließlich auch geliebt werden. Ein »Super, danke, Mama, du bist die Allerbeste!« tut gut. Es ist so manche Süßigkeit oder Extrastunde Fernsehen wert. Wir schnurren und sind zufrieden, obwohl wir gleichzeitig wissen, dass wir auf Dauer einen Fehler machen. Sowohl für uns als auch für unsere Kinder.

Den meisten Eltern fällt es schwer, ihren Kindern Sachen zu verbieten, die ihnen Spaß machen: Freunde treffen, Ausflüge, Übernachtungspartys und so weiter. Wir wollen ihnen keine einzige fröhliche Stunde verwehren und sagen darum »Ja«, obwohl wir ganz genau wissen, dass es ihnen eigentlich nicht guttut, wir kein Geld dafür haben, es total anstrengend wird oder die Konsequenzen unabsehbar sind.

## Klarheit immer und überall

Lieber ein klares Nein als ein zögerliches Ja. Klarheit und Deutlichkeit sind das A und O der Kommunikation, besonders in Beziehungen zu Kindern. Ihnen fällt es weitaus schwerer, Ironie zu verstehen, Unklarheiten zu entschlüsseln und Gedanken zu lesen. Wenn das Kind auf die Frage »Hast du mich verstanden?« eifrig nickt, beweist das leider gar nichts. Was es wirklich verstanden hat, wissen wir erst, wenn wir mehrmals nachgefragt haben. Das Kind soll in seinen eigenen Worten sagen, welche Botschaft bei ihm ankam. Dann wissen wir auch, ob wir klar und deutlich genug waren.

✎ **Erinnere dich an eine nicht allzu weit zurückliegende Begebenheit, in der du deinem Kind etwas mitgeteilt hast, zum Beispiel ein Verbot oder eine Information. Stell dir vor, du hättest nur einen einzigen Satz, um deine Botschaft auszudrücken. Er muss also glasklar sein, wie ein kalter Wintermorgen. Mach es wie ein Zeitungsredakteur, der für die Schlagzeilen zuständig ist. Er hat nur eine begrenzte Anzahl Wörter zur Verfügung und muss die Aussage dennoch kraftvoll und verständlich formulieren. Wie würdest du die Mitteilung an dein Kind formulieren?**

✎ **Kommst du das nächste Mal in eine ähnliche Situation, nimm dir einen Augenblick Zeit und versuch dich in einem einzigen Satz klar und deutlich auszudrücken.**

## Konsequenz als Fundament

Erst wenn die Regeln glasklar formuliert sind, kannst du anfangen, sie flexibel zu handhaben. Keinen Tag früher. Es braucht Zeit und Hartnäckigkeit, um Regeln aufzustellen. Bleib konsequent, damit dein Kind die Möglichkeit hat, die Regeln zu begreifen.

Das ist anstrengend und entspricht vielleicht nicht dem Typ von Eltern, den du repräsentieren willst. Aber du bist für dein Kind mehr verantwortlich als für dein Image. Konsequenz ist ein gutes Fundament, auf dem du flexibel agieren kannst. Und Kinder wollen klare Rahmenbedingungen. Sie wollen wissen, wie die Dinge laufen. Und sie wollen wissen, wo die Grenzen sind – ihre eigenen und die der anderen. Aus deinem Kind wird ein wunderbarer, in sich ruhender Mensch, wenn es seine Grenzen ausloten und die seiner Eltern kennenlernen kann. Die Chancen stehen dann gut, dass sich diese Klarheit bis ins Erwachsenenleben fortsetzt.

**Sandra (17 Jahre) erzählte mir:**
*Meine Eltern erlauben mir alles. Sie kümmern sich schon um mich, aber nicht wirklich. Ich habe keine festen Zeiten, wann ich zu Hause sein muss. Und sie wissen auch, dass ich schwänze und keine Hausaufgaben mache. Aber sie sagen nichts dazu. Irgendwie haben sie mir nicht beigebracht, was ich darf und was nicht.*

**Catharina (23 Jahre) erzählte mir:**
*Ich erinnere mich daran, dass die Eltern meiner Freundinnen ihnen verboten haben, auf Interrail-Tour zu gehen. Da waren wir 16 oder 17 Jahre alt. Ich fand die natürlich total uncool, wünschte mir aber gleichzeitig nichts sehnlicher, als genauso besorgte und vorsichtige Eltern zu haben. Wir sind nicht gefahren, weil die anderen Mädchen nicht durften. Ich hätte es gerne gehabt, dass meine Eltern es mir nicht erlaubt hätten – denn ehrlich gesagt hatte ich Angst vor Interrail. Was für ein Glück, dass daraus nichts wurde.*

**Sonja (25 Jahre) erzählte mir:**
*Meine Mutter hat nie mit mir gemotzt und nie etwas verboten. Sie hat mich nie gefragt, wohin ich gehe oder ob ich meine Hausaufgaben gemacht habe. Meine Freundinnen haben mich immer beneidet, weil ich tun konnte, was ich wollte, und mir kein Ge-*

*nörgel anhören musste. Aber ich habe ganz schön gelitten! Ich war krank vor Neid auf meine Freundinnen, weil sie Eltern hatten, die sich um sie kümmerten. Ich hätte mir nichts sehnlicher gewünscht als eine nörgelnde Mutter und einen Vater, der hin und wieder Verbote ausspricht. Dieser Schmerz sitzt tief in mir, obwohl meine Teenagerzeit schon über zwanzig Jahre her ist.*

Das waren die Stimmen von drei jungen Frauen, die sich gewünscht hätten, Grenzen gezeigt zu bekommen. Wenn ein Nein liebevoll gemeint ist, spürt es das Kind, auch wenn es wütend darauf reagiert.

Das Fehlen von Grenzen kann eine weitaus katastrophalere Wirkung haben als der Streit zwischen Eltern und Kindern, der durch das Setzen der Grenzen ausgelöst wird. Sandra, Catharina und Sonja haben die späteren Konsequenzen auf ganz unterschiedliche Weise erfahren müssen. Mehr Neins hätten ihre persönliche Entwicklung gefördert.

## Zuhören und anerkennen

Hinter jedem Gefühl deines Kindes verbirgt sich ein Bedürfnis. Gestillte Bedürfnisse erzeugen lustvolle, fröhliche Glücksgefühle, während ungestillte sich in Form von Wut, Trauer, Einsamkeit, Enttäuschung und Verzweiflung ausdrücken.

Wenn dein kleines oder großes Kind ein Gefühl zeigt, dann begegne ihm mit Empathie. Mehr ist im Moment nicht nötig, verschieb Erklärungen und Lösungsvorschläge auf später.

**Statt:** *Das verstehst du doch, dass wir jetzt nicht mehr in den Park gehen können, es ist schon neun Uhr und dunkel draußen …*

**Sprich's aus:** *Du magst also gerne in den Park gehen, obwohl es schon dunkel ist und draußen auch ganz schön kalt. Heute Abend können wir nicht mehr dorthin gehen, aber erzähl mir* *doch, was du da machen willst, wenn wir das nächste Mal hingehen.*

So fühlt sich dein Kind, ob klein oder groß, gehört, gesehen und darum auch sicher und geliebt, denn du hast ihm zugehört und seine Gefühle anerkannt. Dann wiegt der Verzicht auf den Parkausflug nicht mehr so schwer und es besteht sogar die Chance, die Argumente gegen einen Ausflug zu akzeptieren.

**Statt:** *Mich interessiert es nicht, ob alle anderen bis drei Uhr morgens unterwegs sein dürfen. Du hast um ein Uhr zu Hause zu sein.*

**Sprich's aus:** *Ich weiß, dass du so lange ausgehen willst wie deine Freunde und nichts verpassen willst. Aber ich fühle mich nicht wohl bei dem Gedanken, dass du so spät noch unterwegs bist. Können wir uns nicht mit den Eltern deiner Freunde absprechen, dass ihr alle zusammen nach Hause fahrt, aber eben nicht ganz so spät? Oder können wir uns in der Mitte treffen, sagen wir um zwei Uhr? Aber dann nimmst du ein Taxi oder ich hole dich ab? Ich will nicht, dass du so spät noch mit der U-Bahn fährst. Oder weißt du eine andere Lösung, mit der wir beide leben können – du mit deinem Wunsch, einen coolen Abend zu haben, und ich mit meiner Sorge, dass dir etwas passiert?*

## Vorbeugen und abwenden

Wenn du vorausschauend handelst und dein Kind vorab informierst, was dich bewegt, können sich alle besser auf die Situation einstellen.

Viele Konflikte können so auch abgewendet werden – »Wenn wir gleich in den Supermarkt gehen, kaufen wir nur Lebensmittel und keine Süßigkeiten.« Lass dein Kind deine Worte mit seinen eigenen wiederholen, damit du sicher bist, dass es dich verstanden hat. Auch wenn es dann beim Regal mit den Süßigkeiten quengelt, erinnert es sich an deine Botschaft.

Wie viele Jas und Neins habe ich übereilt von mir gegeben, die ich hinterher bereut habe. Kinder stellen jeden Tag so viele Fragen und verlangen sofort eine Antwort (nicht nur die Kinder). Eine meiner Töchter rief mich schon mal mitten in einer Besprechung an und klang so, als ginge es um Leben und Tod – dabei wollte sie nur um Erlaubnis fragen, ob sie am Wochenende bei ihrer Freundin übernachten darf.

In den meisten Fällen ist es ratsam, sich ein wenig Bedenkzeit auszubitten. Zehn Minuten genügen oft schon. Um die Frage noch einmal auf der anderen Seite zu beraten, wie ich gerne sage. Dann kann der Bauch nachhaken zu dem, was wir im ersten Moment dachten. Oder es können Fragen auftauchen, die vorher nicht gestellt wurden: Wer übernachtet dort sonst noch? Wissen die Eltern der Freundin Bescheid?

**Statt:** *Nein! / Ja! / Meinetwegen!*
**Sprich's aus:** *Lass mich kurz darüber nachdenken. / Ich sage dir heute Abend Bescheid. / Dazu werde ich morgen Stellung nehmen. / Ich will das erst mit den anderen besprechen, dann sage ich etwas dazu.*

Bist du schon einmal im Eifer des Gefechts aufgesprungen und hast mit lauter Stimme und fuchtelndem Zeigefinger deinem vor dir sitzenden Kind eine Standpauke gehalten? Deine Augenbrauen sind hoch und runter gehüpft und du hast dich vor ihm aufgebaut, um zu zeigen, wer hier das Sagen hat?

Wut ist immer mit physischen Reaktionen verbunden. Einige beginnen zu weinen, andere brüllen und wiederum andere werden still und ziehen sich zurück. Das sind spontane Effekte, ohne dass wir darüber nachdenken, was wir überhaupt ausdrücken wollen.

## Weitere Tipps, wenn du wütend bist

- **Halt inne und sammle dich**
  Nimm ein paar tiefe Atemzüge und gibt dir die Möglichkeit, zur Ruhe zu kommen.

- **Nimm dir ein paar Minuten Zeit**
  Was willst du sagen? Formuliere es im Kopf vor. Was ist dir wichtig? Worum geht es dir?

- **Nimm Blickkontakt auf – bleib auf Augenhöhe**
  Bemüh dich, auf derselben Ebene zu bleiben wie dein Kind. Du hast bereits die Macht, weil du der Erwachsene bist.

- **Senk deine Stimme und dein Tempo**
  Die Hälfte deiner üblichen Gesprächsgeschwindigkeit genügt, dann hat dein Kind die Möglichkeit, alles zu verstehen.

- **Bitte das Kind um Rückmeldung**
  Dann entgehst du Missverständnissen. Bitte es, in seinen eigenen Worten zu beschreiben, was es verstanden hat.

Unsere Körpersprache wird besonders aussagekräftig, wenn wir erregt sind. Aber ein Gefühl dafür ist auch in anderen Situationen nützlich. Wenn du zum Beispiel Nein sagst, sollten deine Augen weder Unsicherheit noch Zweifel ausstrahlen. Denn Kinder können unsere Zeichen lesen und haben ein Gespür für Verhandlungsspielräume.

Das gesprochene Wort macht nur wenige Prozent der zwischenmenschlichen Kommunikation aus, das gilt besonders für die Kommunikation mit Kindern. Sie nehmen eine Stimmung, eine Laune wahr, sind aber nicht in der Lage, die übrigen Prozent zu deuten, die wir nicht mit Worten, sondern mit Mimik, Tonlage und Körpersprache ausdrücken. Dann versuchen sie ihre Verständnislücken selbst zu füllen.

## Altersgemäßes Sprechen

Die Kommunikation mit einem Vierjährigen unterscheidet sich von jener mit einem Vierzehnjährigen nur marginal.

Klarheit, Konsequenz, Respekt und Freundlichkeit sollten jede Kommunikation auszeichnen, unabhängig vom Alter des Gesprächspartners. Allerdings müssen wir Worte und Begriffe verwenden, die ein Vierjähriger verstehen kann, und einen Weg suchen, dem Vierzehnjährigen auf seiner Kommunikationsebene zu begegnen.

Wenn dein Kind »voll anstrengend« sagt, verwende selbst diesen Begriff, wenn es »krass« verwendet oder »traurig«, dann tu es auch. Denn diese Worte beschreiben ihre Gefühle und ihren Gemütszustand, wir sollten ihnen entsprechen, um das Gefühl weder zu verstärken noch zu mindern. Sonst wird leicht aus einer Mücke ein Elefant. Oder umgekehrt.

Eines ist sicher: Wenn du mit deinem vierjährigen Sohn eine gute Kommunikation gehabt hast, klappt es später auch besser, wenn er vierzehn ist.

Wenn du mit deinem Kind keinen Austausch über Leben und Tod, Freunde und Schule, Gefühle und Gedanken, Angst und Liebe hattest, stellt sich das nicht automatisch ein, wenn dein Kind älter wird. Vertrauen ist die Basis für solche Gespräche, und das entwickelt sich mit den Jahren. Also sorg dafür, dass es stark ist, wenn dein Kind in die Pubertät kommt.

Viele Eltern fragen sich erschreckt, wohin denn ihr niedliches Mädchen, ihr zauberhafter Junge seit dem 13. Geburtstag verschwunden ist. Plötzlich ist ein Monster ins Kinderzimmer eingezogen, das nicht mehr spricht, sondern nur noch vor sich hin grummelt, Wutausbrüche beim kleinsten Anlass bekommt und findet, dass die Eltern – die bis gestern noch die allerbesten auf der Welt waren – nur noch peinlich sind und bloß nicht in die Nähe der Schule kommen sollen.

Kommt dir das bekannt vor? Dann hab Geduld. Wachsende Menschen müssen sich einfach distanzieren, um sich zu lösen und selbstständig zu werden. Das ist Teil des Prozesses und ganz normal. Nach dieser Phase kommen sie zurück.

## Tipps für die Kommunikation mit Teenagern

- **Auch wenn sie so tun, als würden sie nicht zuhören …**
  Sie sind sehr aufmerksam. Vielleicht meiden sie den Augenkontakt oder stöhnen ein »Bist du bald fertig?«, aber sie nehmen jeden Buchstaben in sich auf, zumindest die Information, die für sie von Nutzen ist.

- **Auch wenn sie so tun, als wärst du die nervigste Mutter der Welt …**
  Sie lieben dich. Seine Eltern total peinlich und doof zu finden, ist dummerweise ein wesentlicher Teil ihrer Entwicklung.

- **Liebe dein Kind bedingungslos**
  Der Spruch »Liebe mich dann, wenn ich es am wenigsten verdient habe, denn dann brauche ich es am meisten« ist ein wunderbarer Begleiter, wenn du einen Teenager zu Hause hast, der deine Grenzen und deine Liebe auf die Probe stellt.

- **Zeig Interesse und Anteilnahme**
  Elternschaft setzt längerfristige Verantwortung und Engagement voraus. Wenn du dich für deinen Teenager interessierst und Anteilnahme zeigst, obwohl er dich immer wieder herausfordert, wird sich das in eurer späteren Beziehung als Erwachsene bezahlt machen. Jede Investition in deinen Teenager ist eine Investition in dein erwachsenes Kind.

- **Stell Fragen und sei neugierig**
  Auch wenn du nur selten eine Antwort erhalten wirst. Deine Frage zeugt von Anerkennung und Wertschätzung.

**Wenn du bisher zu hören bekommen hast:**
*Musst du immer so viel fragen?*
**Bedeutet es vermutlich häufig:**
*Hör bitte nie auf, Fragen zu stellen, auch wenn ich dir gerade nicht antworten werde …*

Das gilt auch für schwierige Situationen, wenn du etwa befürchtest, dass dein Kind dir etwas Wichtiges verschweigt. Schaff Raum für Fragen, für das Schweigen und das, was unausgesprochen darin stattfinden kann.

- **Bewahre deine Grenzen und bleib deinen Überzeugungen treu**
  Klarheit und Konsequenz sind nach wie vor so wichtig wie Liebe und Respekt. Du trägst die Verantwortung und hast das Recht zu bestimmen. Grenzen aufzuzeigen ist etwas Liebevolles, das du für dein Kind tust.

- **Lass Diskussionen, Debatten und gemeinsame Überlegungen nicht abreißen**
  Hör seinen Argumenten zu, seinen Ansichten über verschiedene Themen und Situationen. Zeig deinem Kind, dass man unterschiedlicher Meinung sein und einander trotzdem mögen und akzeptieren kann.

- **Zeig Interesse am Leben deines Kindes**
  Dein Kind verbringt so viele Stunden am Tag in der Schule und zusammen mit seinen Freunden. Was weißt du überhaupt von seinem Leben? Schaue dir die Schule an (in einem geeigneten Moment). Lerne das Umfeld deines Kindes kennen (falls dein Kind einverstanden ist) – die Menschen, mit denen es sich umgibt.

- **Verbring Zeit mit deinem Teenager**
  Es muss ja nicht gleich ein Wochenend-Trip sein, auch kein formelles Abendessen, bei dem es womöglich steif zugeht. Es

muss nichts Großes sein: Geht zusammen einkaufen, hängt die Wäsche gemeinsam auf, seht euch eine Fernsehserie an oder geht spazieren. Spaziergänge sind ausgezeichnete Gelegenheiten für gute Gespräche. Man bewegt sich an der frischen Luft, vermeidet direkten Augenkontakt, geht nebeneinander, statt sich gegenüberzusitzen. Und man tut etwas zusammen, während man redet.

## Alle Menschen haben ein Recht auf ihre Gefühle

»Das meinst du nicht ernst!« – das bekommst du vielleicht von deinem Teenager zu hören, wenn du ein Gefühl von dir beschrieben hast. Aber lass dich nicht irritieren. Es ist wichtig, Kindern zu zeigen, dass alle ein Recht auf ihre Gefühle haben.

Gefühle sind hervorragende Wegweiser, ob unsere Bedürfnisse gestillt werden oder nicht: Ein Glücksgefühl im Bauch weist darauf hin, dass ein Bedürfnis gestillt wurde. Ein Unbehagen deutet auf das Gegenteil hin. Du kannst deinem Kind helfen herauszufinden, was ihm guttut und was es will.

Wenn du dich selbst auf die Suche nach deinen Bedürfnissen machst und klar kommunizierst, kann dein Kind dich nachahmen und begleiten.

## Wiederholen, wiederholen, wiederholen

Kommt dir das bekannt vor? – »Wie oft habe ich schon gesagt, dass blablablabla?«, »Müssen wir jetzt schon wieder darüber streiten, dass du nicht blablablabla?«

Wie die meisten Eltern und andere, die mit Kindern arbeiten, hast du vermutlich schon hundertmal dasselbe gesagt, und trotzdem hat es zu nichts geführt. Aber einige Dinge brauchen einfach länger als andere, bis sie aufgenommen werden. Denn es ist der Empfänger, der die Botschaft bestimmt. Er muss bereit sein, die Botschaft anzunehmen, sonst erreicht sie ihn nie.

Die Wiederholung von wichtigen Botschaften muss nicht in Motzen ausarten. Wichtig ist, dass sie klar formuliert werden und das Kind aufnahmewillig ist. Ich habe eine Zeitlang folgendermaßen geantwortet:

»Ich habe dir dreimal erklärt, warum ich Nein gesagt habe. Wenn du meine Antwort nicht verstanden hast, lass uns darüber sprechen, aber es bleibt beim Nein.«

War ich deutlich genug? Wie hat meine Antwort geklungen? War meine Stimme fest und klar? Manchmal wurde es ganz still und mein Mädchen schlurfte davon, aber es gab auch Tage, da kam ein »Aber, Mama? …«.

Widersteh der Versuchung, den vermeintlich einfacheren Weg zu gehen und nachzugeben. Das ist nur für kurze Zeit leichter und du wirst den Preis dafür zahlen müssen, wenn du das nächste Mal versuchst, standhaft zu bleiben.

## Unter ständiger Beobachtung

Deine Kinder absorbieren alles, was du sagst und tust. Sie sehen dir zu, wie du mit dem Telefonhörer in der Hand Ja sagst, obwohl du absagen möchtest, und hören dich hinterher über die Arbeitsbelastung stöhnen.

Kinder beobachten genau, was Erwachsene sagen, wie sie es sagen, wie sie leben – und ahmen es nach. Daher ist es zweifellos der beste Ansatz, seinen Kindern zu Werten und nützlichen Verhaltensmustern zu verhelfen, wenn wir leben, was wir lehren.

**Wer sind deine Vorbilder in Sachen Kommunikation mit Kindern? Vielleicht ein Freund, ein Nachbar, ein Verwandter, ein Kollege, die du mit einem Kind hast sprechen hören. Oder auch eine Figur aus einem Film, die du nachahmen willst? Notier dir, wer dich**

**beeindruckt hat. Was genau hat dein Interesse geweckt? Kannst du es selbst umsetzen? Und wenn ja – in welchen Situationen?**

## Zusammenhalten

Es kommt immer öfter vor, dass Eltern nicht im selben Haushalt leben. Das erleichtert dem Kind, seine Eltern gegeneinander auszuspielen – vor allem, wenn die Eltern in keinem regelmäßigen Austausch stehen. Ein Nein bei Papa kann bei Mama zu einem Ja werden. Und andersherum.

Das gilt für alle Konstellationen, die als Einheit oder gespaltene Front auftreten: Zuhause und Schule, Eltern und Großeltern, Regeln zu Hause und Regeln bei Freunden. Wir geben unseren Kindern mehr Sicherheit, wenn wir ihnen Einigkeit demonstrieren und sie sich nicht zwischen mehreren Meinungen entscheiden müssen.

Bevor du und dein Partner eurem Kind eine Entscheidung mitteilt, macht ihm klar, dass ihr über die Sache debattiert habt und zu einer Einigung gekommen seid. In den meisten Fällen fühlt sich das Kind sicherer bei dem Gedanken, dass sich mehrere Erwachsene verantwortlich fühlen.

## Was ist eure *family policy*?

Gab es bei euch zu Hause schon einmal einen Familienrat? Alle versammeln sich und besprechen aktuelle Themen. Alle dürfen Themen nennen, die sie für wichtig halten, oder Zettel mit Ideen an den Kühlschrank hängen. Dann wird jeder Punkt lösungsorientiert besprochen: von den Schlafenszeiten über Kochdienst, Internet-Nutzung und das Schuh-Chaos im Flur bis zu den häuslichen Umgangsformen.

Bei diesem demokratischen und gleichwürdigen Ansatz kommen alle Mitglieder zu Wort, alle Meinungen sind gleichbedeutend. Manche Familien versammeln den Rat zu besonderen Anlässen, andere einmal im Monat oder jede Woche. Der Vorsitz kann wechseln, es kann auch Protokoll geführt werden, um beim nächsten Mal nachzuvollziehen, ob sich etwas verbessert hat. Natürlich tragen am Ende die Eltern die Verantwortung, aber es gibt viele Details, die sie erst einmal erfahren müssen, um eine Entscheidung zu treffen, die möglichst allen gerecht wird.

Bei meinen Familiencoachings habe ich beobachten können, wie wahnsinnig spannend dieser Prozess ist und wie nachhaltig er den Zusammenhalt in einer Familie verbessern kann. Alle lernen aktives Zuhören und der Selbstwert jedes Einzelnen steigt, weil alle gleichermaßen wichtig sind. Kindern und Jugendlichen tut es gut, sich wichtig und bedeutsam zu fühlen.

✎ **Was heißt für dich »bedeutsam«? Wann hast du dich zuletzt so gefühlt und welche Gefühle verbindest du damit?**

✎ **Wie zeigst du deinem Sohn oder deiner Tochter, dass er oder sie bedeutsam ist? Wann, wo und wie? Zeig deinem Kind jeden Tag, wie sehr du es brauchst – emotional und bei alltäglichen Aufgaben.**

Manchmal stellen wir Fragen, um beim Empfänger die Zustimmung zu unserer Aussage abzugleichen. Besser ist es, klar und deutlich zu sagen, was wir wollen.

**Statt:** *Kannst du bitte die Füße vom Tisch nehmen?*
*Ich will, dass du spätestens um ein Uhr zuhause bist, ist das okay?*
*Kannst du mir nicht beim Wäscheaufhängen helfen?*
**Sprich's aus:** *Sei so lieb und nimm die Füße vom Tisch.*
*Ich will, dass du um ein Uhr zuhause bist.*
*Ich brauche deine Hilfe beim Wäscheaufhängen. Bitte häng die Hemden auf, danke.*

Auch Rom wurde nicht an einem Tag gebaut, genauso wenig verändern sich familiäre Kommunikationsmuster von heute auf morgen. Du brauchst Geduld, Konsequenz und Beschlusskraft. Wenn du einmal scheiterst, versuch es beim nächsten Mal auf andere Art.

**PS:** Unterschätze nicht den Einfluss deiner eigenen Herkunft. Hast du als Kind oft ein Nein gehört? Eventuell sagst du darum zu häufig Ja, um deinen Kleinen das zu geben, was dir verwehrt wurde? Vergiss nicht, dass deine Bedürfnisse als Kind anders waren als das aktuelle Bedürfnis deines Kindes. Vielleicht braucht dein Kind gerade mehr Grenzen? Auf jeden Fall darfst du ihm nicht die Verantwortung für deine Kindheit aufbürden.

# 27. Mobbing, Scheidung, Tod

Alles beginnt in der Kindheit. Das Fundament für unsere Kommunikation wird dort gelegt. Ein Kind, das weinen darf, wenn es traurig ist, das ohne Bedenken auf der Stelle hüpft, wenn es sich freut – dieses Kind wächst zu einem starken Erwachsenen heran, der weiß, dass sie oder er auch schwierige Situationen meistern kann.

Andere haben sich in der Kindheit angewöhnt, die eigenen Gefühle unter Verschluss zu halten, sich gegenüber der Welt zu verschließen. Dann haben sie auch als Erwachsene ein gestörtes Verhältnis zu ihren Emotionen. Sie fürchten die Folgen ihrer Gefühle und halten sie darum zurück, lenken ihre Aufmerksamkeit woanders hin und hoffen, dass sie bald vorbeigehen. Aber das tun sie nicht. Alles, was unbearbeitet bleibt, taucht an anderer Stelle in anderer Form wieder auf.

Viele Eltern beschützen ihre Kinder aus Liebe, behindern dadurch aber ihre mentale Entwicklung. Denn wenn ihre kleinen Lieblinge eines Tages groß geworden sind, wurde bislang alles emotionale Ungleichgewicht abgedämpft. Doch dann sind sie mit einer Welt konfrontiert, die viel ambivalenter ist, als sie es gewohnt sind.

Kein Kind wächst ohne Erschütterungen in seinem sozialen Umfeld auf: Tod der Großeltern, Konflikte in der Schule, Scheidung, Krankheit und Verluste verschiedener Art. Aber Kinder können auch die schwierigsten Situationen bewältigen, solange sie klare Erwachsene an ihrer Seite haben, die sie unterstützen. Erwachsene, die das Gespräch mit ihnen suchen und bereit sind zuzuhören.

✎ **Kannst du mit deinen Gefühlen umgehen? Oder steckst du den Kopf in den Sand und denkst »Das wird schon wieder«, weil du gar nicht so genau wissen möchtest, was in dir passiert?**

✎ **Wie wurde mit dir als Kind umgegangen? Hattest du liebevolle Erwachsene, die dir aufmerksam zuhörten? Oder hast du Sätze zu hören bekommen wie »Das geht vorbei« oder »Hör auf zu heulen«?**

## Wenn etwas Schlimmes passiert ist

Oft übernehmen wir die Verantwortung dafür, was unsere Kinder aushalten können. Entsprechend erzählen wir ihnen nur die Hälfte der Wahrheit oder gar nichts und hoffen, dass sie weder verstanden haben, was vorgefallen ist, noch weitere Fragen stellen.

Aber Kinder sind in der Lage, solche Lücken auszufüllen, wenn sie verunsichert sind und nicht genug erfahren haben, um zur Ruhe zu kommen. So erschaffen sie eine eigene Wirklichkeit, die parallel zu den Tatsachen existiert. Nicht selten fallen die Versionen der Kinder wesentlich düsterer aus, sodass sie die Lage ernster sehen, als sie ist.

**Andreas erzählte mir:**
*Mein Großvater starb, als ich ein kleiner Junge war – meine Eltern sagten, er sei »friedlich eingeschlafen«. Also dachte ich, er würde schlafen, und fragte mich immerzu, wo er denn liegen würde. Das war verwirrend. Als ich dann jemanden sagen hörte, dass er tot sei, hat mich das schockiert und ich war am Boden zerstört – mein Opa war tot! Danach hatte ich jeden Abend Angst, ins Bett zu gehen. Wer garantierte mir, dass ich nicht sterben würde, wenn ich einschlief? Es dauerte lange, bis ich aus diesem Dilemma herauskam. Es war meine Lehrerin, die mich erlöste und mir erklärte, dass »friedlich einschlafen« nichts mit Schlafengehen zu tun hat.*

Als die Türme des World Trade Centers 2001 einstürzten, wurden rund um die Uhr Bilder davon ausgestrahlt. Manche Kinder, die zusahen, wie die Flugzeuge in die Türme krachten, meinten, es würde sich jedes Mal um ein neues Flugzeug handeln. Niemand hatte ihnen erklärt, dass dieselben Bilder immer wieder aufs Neue gezeigt wurden.

## Tipps, wenn du mit deinem Kind über Krieg und Katastrophen sprichst

- **Gemeinsam Nachrichten sehen**
  Ein kleiner Mensch sollte nicht allein vor dem Fernseher sitzen und Nachrichten sehen oder die Zeitung durchblättern. Wenn ihr das gemeinsam macht, könnt ihr euch direkt darüber austauschen und Ungereimtheiten klären.

- **Nimm das Kind ernst**
  Seine Sorgen sind von Bedeutung und dürfen nicht auf die leichte Schulter genommen werden. Nur weil Kinder andere Fragen stellen, sind diese nicht weniger wichtig.

- **Zuhören und zustimmen**
  Halte den Kontakt aufrecht, indem du aktiv zuhörst. Stimm dem Kind zu oder bestätige, dass du spürst, wie es ihm geht: »Ich höre, wie sehr dich das traurig macht« oder »Ich kann verstehen, dass dir das Sorgen bereitet«.

- **Beantworte alle Fragen aufrichtig und ehrlich, ohne überflüssige Details**
  Wenn Kinder nicht explizit fragen, musst du ihnen nicht sagen, wie viele Tote es gab oder mit welchen Waffen sie getötet wurden. Aber antworte wahrheitsgemäß: Wenn es 200 Tote gab, reduzier die Anzahl nicht auf 20, weil du meinst, das wäre leichter zu ertragen. Auch wenn Kinder zu Schaden

gekommen sind, kannst du es erzählen. Kinder spüren es, wenn sie belogen werden, und verlieren dann ihr Vertrauen. Sie müssen nicht übermäßig geschützt werden, solange sie präsente und zuversichtliche Erwachsene um sich haben.

- **Zeit nehmen für das Gespräch**
  Nicht alle Kinder schießen gleich wie eine Rakete los. Manchmal braucht es ein wenig Zeit, bis sie sich äußern, weil sie ihre Gedanken erst sortieren müssen oder sichergehen wollen, dass wir tatsächlich interessiert sind. Nimm dir also genügend Zeit für das Gespräch.

- **Schweigen ist auch eine Art zu reden**
  Zerrede nicht den Augenblick. Dein Schweigen gibt dem Kind mehr Raum zu reden.

- **Ruhe bewahren**
  Auch wenn du selbst aufgewühlt bist, solltest du Ruhe und Sicherheit ausstrahlen. Nimm ein paar tiefe Atemzüge und konzentrier dich ganz auf den jungen Menschen, mit dem du sprichst. Wenn deine Angst dich übermannt, such Trost bei einem Freund, nicht beim Kind.

**Ville (12 Jahre) erzählte mir:**
*Als das mit dem Tsunami war, hatte ich große Angst, dass noch ein zweiter kommt – diesmal bei uns zu Hause. Wir wohnen ja auch am Meer. Ich konnte ganz schlecht einschlafen, weil ich immer wieder Albträume hatte. Damals habe ich mich nicht getraut, jemanden zu fragen, ob der Tsunami auch zu uns kommt. Heute weiß ich, dass das Unsinn war.*

Ich habe viele Jahre lang für eine Organisation gearbeitet, die sich um Kinder aus sozial schwachen Familien kümmert. Dabei wurde ich mit Themen konfrontiert wie familiäre Gewalt, sexueller Missbrauch, Mobbing, mangelndes Selbstwertgefühl, Liebesentzug, Teenager-Schwangerschaften, Hass zwischen Kindern und Erwachsenen, um nur einige zu nennen.

Der Mut der Kinder, sich mit ihrer Geschichte mir anzuvertrauen, hat mich immer wieder berührt. Ihr Vertrauen in Erwachsene wird aber allzu oft gestört, wenn sie zu hören bekommen: »Das wird schon wieder, das hat er bestimmt nicht so gemeint« (zu einem Jungen, der in der Schule gemobbt wird) oder: »Ja, es ist nicht einfach, ein Teenager zu sein. Aber das geht auch vorüber« (zu einem autoaggressiven Mädchen).

Genauso fatal ist es, wenn Erwachsene bohrende Fragen stellen und darauf bestehen, dass das Kind etwas erzählt. Wenn sie endlich aufgeben, bleibt das Kind eingeschüchtert zurück, ohne sich geöffnet zu haben. Meistens ist es gar nicht angebracht, alle Fakten auszusprechen, sondern viel wichtiger, dem Kind nah zu sein und ihm genügend Zeit zu lassen, um Vertrauen aufzubauen. Wenn wir aufrichtig interessiert und offen neugierig sind, geht es schneller.

In manchen Lebenslagen fällt es Kindern auch leichter, sich einer Person außerhalb der eigenen Familie anzuvertrauen. Das können Nachbarn, Lehrer, Verwandte, Trainer, Eltern von Freunden oder Freunde der Eltern sein. Sie können helfen, wenn die familiäre Situation angespannt ist oder ein Interessenkonflikt besteht. Im Idealfall hat das Kind mehrere Erwachsene um sich, denen es sich anvertrauen kann.

## Wenn ein geliebter Mensch tot ist

### Meine Geschichte

*Ich war neun, als mein Vater starb. Er war Pilot und stürzte mit seinem Flugzeug ab. Er war sofort tot. Es geschah an einem ganz normalen Donnerstagnachmittag: Meine ältere Schwester war beim Schwimmtraining, meine Mutter bereitete das Abendessen vor, und ich spielte mit meiner besten Freundin. Auf einmal war Papa tot. Ich machte die Erfahrung, dass die Grenze*

*zwischen Leben und Tod innerhalb einer Sekunde überschritten werden kann. Unwiderruflich und schrecklich.*
*Das war das schlimmste Erlebnis meiner Kindheit. Schon vor dem Tod meines Vaters war ich ein schüchternes, schweigsames Kind gewesen, darum überraschte es niemanden, dass ich auch in diesem Moment keine Worte fand.*
*Meine Mutter weinte viel. Sie vergoss unzählige Tränen über den Verlust ihres Mannes, der Liebe ihres Lebens, aber auch über die Tatsache, dass ihre Töchter ohne Vater aufwachsen mussten. Wenn ich traurig war und bei ihr Trost suchte, war sie immer verzweifelter als ich. Darum zog ich mich immer mehr zurück. Für meine Tränen war kein Raum.*
*Zum Glück hatte ich den besten Opa auf der Welt. Er machte jeden Tag einen Mittagsschlaf. Dann lag er auf dem Sofa, hatte die Augen geschlossen und schnarchte vor sich hin. Aber bevor er einschlief, durfte ich in seinen Armen liegen. Wir hielten unsere Hände, er hatte ganz weiche, faltige Hände, die waren groß und warm und gaben mir Geborgenheit. So lagen wir auf dem Sofa und plauderten über meinen Vater. Opa sagte, dass wir über unsere Erinnerungen sprechen sollten, denn es würden keine neuen hinzukommen. Also redeten wir über Papas Aussehen, seine Klamotten, seinen Gang, seine Stimme, sein Lachen und was er als kleiner Junge so angestellt hatte. Es war überhaupt nicht schwer, mit Opa zu reden, nichts daran fühlte sich komisch oder schwierig an. Es waren magische Stunden. Ich glaube, mein Opa hat mir so viel mehr gegeben, als ich damals und auch heute begreifen kann. Ich bin so dankbar, dass er da war – für mich und meine Tränen.*

Wenn ein Kind sich einen anderen Gesprächspartner als seine Eltern aussucht, ist daran nichts verkehrt. Erwachsene haben auch für unterschiedliche Situationen verschiedene Gesprächspartner. Manchmal sind die eigenen Eltern einfach zu nah dran am Geschehen, sodass das Kind sich lieber erst mit einem Außenstehenden bespricht.

## Tipps, wenn du mit deinem Kind über den Tod sprichst

Wir können uns nicht auf den Augenblick vorbereiten, wenn der Tod plötzlich in unser Leben tritt. Oft ist er noch schrecklicher, härter und hässlicher, als wir es uns vorstellen konnten. Aber wir können uns vorher ein paar Gedanken darüber machen und sie uns ins Gedächtnis rufen, sobald es notwendig wird.

- **Sei ehrlich und sprich eine klare Sprache**
  Tot ist tot und nichts anderes. »Eingeschlafen«, »im Himmel«, »von uns gegangen«, »umgekommen«, »auf einer langen Reise« – vergiss das alles. Solche Formulierungen machen es noch schwerer, den Verlust zu begreifen. Ein Kind, das angenommen hat, jemand sei »eingeschlafen«, kann einen furchtbaren Schock bekommen, wenn es erfährt, dass die Person tatsächlich tot ist.

- **Altersgemäße Ansprache**
  Das kindliche Verständnis von Sterben und Tod entwickelt sich in etwa parallel zum Verständnis der anderen großen Lebensthemen.

- **Kinder unter fünf Jahren**
  Kleinkinder können schwer begreifen, dass der Tod etwas Endgültiges ist. Sie verstehen nicht, dass jemand für immer tot ist, sondern denken, man könnte das rückgängig machen. Sie machen sich Gedanken darüber, wie der Tote Essen bekommen oder ob er von einer Wolke herunterfallen kann. Dass wir alle sterben werden, wissen sie nicht. Beim Thema Tod können sie ganz konkrete Vorstellungen entwickeln, wollen eine Wegbeschreibung in den Himmel haben und wissen, welchen Bus man dorthin nehmen muss. Darum kann es auch verheerend sein, dem Kind zu sagen »Oma ist auf eine lange Reise gegangen«, denn sonst glaubt das Kind am Ende, dass alle Reisenden hinterher auch sterben müssen.

- **Kinder zwischen fünf und zehn Jahren**
  Sie verstehen zunehmend, dass der Tod irreversibel ist, was mit dem Körper eines Gestorbenen passiert und dass allen Menschen auf der Welt dasselbe bevorsteht. Um den Tod in seiner Totalität zu begreifen, muss man wissen, wie der menschliche Körper funktioniert, was geschieht, wenn das Herz aufhört zu schlagen. Für Kinder ist es wichtig, sich und ihre Gedanken an bestimmten Dingen festzumachen: an einem Grabstein, an Erinnerungsfotos, an einer angezündeten Kerze, an einem Gebet … Sie beschäftigen existenzielle Fragen über den Tod und dessen Ursachen, oder warum jemand wie Oma nicht länger leben durfte, da sie doch immer so lieb war. Aber auch ganz pragmatische Fragen kommen auf, zum Beispiel, was mit Omas Hund passiert, wenn sie mit ihm jetzt nicht mehr Gassi gehen kann.

- **Kinder ab zehn Jahren**
  Sie begreifen das ganze Ausmaß von Tod und seine Konsequenzen. Die oft heftigen Reaktionen von Jugendlichen hängen mit der Erkenntnis zusammen, dass der Tod auch sie treffen wird. Sie analysieren und stellen hypothetische Fragen. Anders als die relativ konkreten und realitätsnahen Fragen jüngerer Kinder stellen sich die Jugendlichen verstärkt abstrakte Fragen: Welchen Sinn hat das Leben, wenn wir eines Tages alle sterben müssen?

- **Es dauert so lange, wie es dauert**
  Die Toten sind für immer tot. Es gibt also keine Eile, den Tod zu bearbeiten. Und unser Bedürfnis, sich damit zu beschäftigen, hat sein ganz eigenes Tempo. Wie Ebbe und Flut hat auch die Trauer ihren Gang, sie kommt und geht.

  Vor einiger Zeit schrieb mir ein junges Mädchen, deren Oma vor vier Jahren gestorben war. Sie erzählte, dass im ersten Jahr alle in ihrer Umgebung unglaublich rücksichtsvoll und lieb zu ihr waren: Verwandte, Lehrer und Freunde. Aber dann kehrten die anderen in ihr normales Leben zurück, das Trauerjahr war vorbei, man hatte den Traditionen Genüge getan. Das Mädchen fragte mich, ob etwas mit ihr nicht stimme, weil sie noch so traurig sei wie am ersten Tag, obwohl es schon so lange zurückliege. Was stimmte nicht mit ihr?

Ich antwortete ihr, dass Trauer keinen Zeitplan habe, weder wann sie einsetzt noch wann sie endet. Man kann vier oder vierzig Jahre lang trauern. Aber im Laufe der Jahre verliert die Trauer an Kraft, ihr Aussehen verändert sich, je nach Lebensphase, sogar von Tag zu Tag. Es ist ein schreckliches Gefühl, sich als Trauernde falsch zu fühlen. Denn dann können wir unser Herz nicht erleichtern aus Angst, dass uns niemand auffängt.

- **Kein sofortiger Ersatz**
  Für einen erlittenen Verlust kann es niemals Ersatz geben. Ein neuer Hund kann das Kind zwar glücklich machen, aber niemals den alten ersetzen. Die Trauer um den toten Opa bleibt ungebrochen groß, auch wenn man darauf hinweist, dass die Oma bei guter Gesundheit ist.

- **Pflegt die Erinnerungen**
  Denn es kommen keine neuen hinzu. Sprich mit deinem Kind über seine Erinnerungen, lass es von seinen Bildern und Geschichten erzählen. Und korrigiere es nicht, denn jeder darf seine Version bewahren, sie wird sich mit der Zeit von ganz allein wandeln.
  Bei mir dauerte es 30 Jahre, bis ich es zulassen konnte, eine negative Geschichte über meinen Vater zu hören. Erst nachdem ich ein Trauerseminar besucht hatte, durfte mein Vater aus seinem Glorienschein heraustreten.

## Wenn der Schulhof zur Hölle wird

Kannst du dir vorstellen, jeden Tag auf dem Weg zur Arbeit Todesängste auszustehen? Nicht zu wissen, welche Beleidigungen dir im Büro entgegengeschrien werden? Oder du wirst geschnitten, niemand spricht mit dir oder alle tun so, als wärst du unsichtbar?

Leider ist das für ziemlich viele Kinder alltäglich. Wer gemobbt wird, ist furchtbar allein. Allein mit seinem Schmerz, allein mit seiner Einsamkeit und Hilflosigkeit, allein mit der Unsicherheit und der Gewissheit, dass alle Bescheid wissen, aber keiner handelt.

Die meisten Menschen haben ein großes Bedürfnis, Teil einer Gruppe zu sein. Das nicht zu dürfen, ist schmerzhaft.

Aber nicht nur das Mobbingopfer leidet, auch der Täter trägt tief in sich einen großen Schmerz, den er überkompensiert mit einem rabiaten Gebaren, um seine Unsicherheit zu verbergen. Darum erscheinen Mobbingtäter extrem selbstsicher und unbesiegbar. Oft können sie gar keine andere Rolle mehr spielen als die des starken Anführers. Es fällt auch nicht leicht, eine solche Machtposition abzutreten. Welche Alternativen bleiben überhaupt noch, wenn man in der Schule einmal der Allerhärteste gewesen ist? Den heimlichen Wunsch, dass das Mobbing aufhört, zeigen weder Opfer noch Täter. Ihr Herz schreit permanent »Aufhören«, während sich äußerlich nichts verändert.

Dann gibt es noch die vielen anderen, die weder Täter noch Opfer sind, sondern nur zusehen und nichts tun. Das Risiko, selbst zum Opfer zu werden, ist zu groß. Und die Angst davor ist mächtiger als der Mut einzugreifen.

Auch sie leiden – im Stillen. Sie leiden an ihrem Mangel an Zivilcourage, an ihrer Ohnmacht. Sie haben Angst und je länger sie schweigend zusehen, desto größer wird diese Angst. Das Fantastische ist, dass man sich augenblicklich besser fühlt, wenn man dazwischengeht oder einen Lehrer holt, um das Mobbing zu beenden. Mut besiegt die Angst.

## Tipps, wenn dein Kind gemobbt wird

- **Misch dich ein**
  Nichts hört von alleine auf. Oder zumindest kaum etwas. Mobbing gehört jedenfalls nicht dazu. Ein einziger Tag mit Mobbing – als Opfer oder Täter – ist ein Tag zu viel. Die Erwachsenen müssen sich einmischen. Auch wenn das zu Zerwürfnissen in der Gemeinschaft führen kann, müssen Eltern und Erziehende ihre Verantwortung übernehmen und sich einmischen, wenn Kinder und Jugendliche die Kontrolle über ihre Beziehungen verloren haben.

- **Zuhören, zuhören, zuhören**
  Sei eine Stütze, indem du zuhörst. Der Leidende hat oft das Bedürfnis, das Erlebte immer wieder zu erzählen. Meistens wollen sie keine Ratschläge oder Lösungen, jedenfalls nicht sofort. Hör zuerst ausgiebig zu, später kannst du immer noch aktiv werden.

- **Achte auf das Verhalten deines Kindes**
  Will dein Kind morgens nicht zur Schule gehen? Klagt es häufig über Bauchweh oder Kopfschmerzen oder andere Beschwerden? Hast du den Eindruck, dein Kind fühlt sich nicht wohl in der Schule? Wird es unruhig, wenn es um das Thema Schule geht? Um Freunde, Lehrer oder etwas anderes?

- **Handeln – im kleinen und großen Radius**
  Mein Kind, euer Kind? Haben wir Verantwortung für alle Kinder dieser Erde? Für jedes einzelne Mobbingopfer, das einsam leidet, und für sämtliche Täter, die geschädigt sind, nur weniger sichtbar?
  Wenn du ein Kind siehst, das ausgeliefert scheint – tu etwas! Sprich mit dem Kind, den Lehrern, den Erziehern, dem Direktor, den Behörden, dem Sozialamt, mit wem auch immer, nur lass es nicht im Stich.

## Wenn die Familie zerbricht

Ich denke, Kinder kommen lieber aus einer kaputten Familie als in einer zu leben. Auf lange Sicht ist es sicher besser für sie, harmonisch und glücklich mit getrennten Eltern zu leben, als bei unglücklichen Eltern zu sein, die zwar zusammenbleiben, aber eine lieblose und konfliktreiche Beziehung führen. Und doch wünschen sich die meisten Kinder, dass die Eltern wieder zusammenkommen und sie als Familie zusammenleben.

Eine Scheidung zu verarbeiten braucht seine Zeit. Es kostet viel Kraft, Energie und mehr Tränen, als man erwartet hat. Ein Freund von mir meinte einmal, dass neun von zehn Paaren sich nicht scheiden lassen würden, wenn sie vorher wüssten, wie schmerzhaft es ist. Genauso gut könnte man sagen: Neun von zehn Paaren wussten eigentlich schon auf dem Weg zum Traualter, dass sie da nicht den Traumpartner an ihrer Seite haben.

Es gibt viele Dinge, die wir berücksichtigen können, um den Kindern den Umgang mit einer Scheidung zu erleichtern: keine unnötigen Veränderungen am Anfang, nicht sofort einen neuen Partner präsentieren, das Kind an Veränderungen teilhaben lassen, gemeinsam eine neue Wohnung suchen und dafür sorgen, dass es Menschen in der Umgebung gibt, an die sich das Kind vertrauensvoll wenden kann.

## Tipps, wenn du mit deinem Kind über Scheidung sprichst

- **Die kindlichen Bedürfnisse stehen an erster Stelle**
  Wenn die Entscheidung getroffen ist, muss ab sofort das Wohl des Kindes im Mittelpunkt stehen. Versetz dich in die Position deines Kindes und handele und kommuniziere entsprechend.

- **Chaos der Gefühle und Trauer**
  Trauer, Wut, Frustration, Verzweiflung, Einsamkeit, Angst, Verwirrung, Unsicherheit – eine Scheidung löst einen Sturm

von Gefühlen in einem Kind aus. Es benötigt Hilfe bei der Verarbeitung der vielen Emotionen, die in ihm keinen Platz finden. Kinder, deren Eltern sich getrennt haben, tragen in ihrer Seele eine tiefe dauerhafte Trauer, wie eine dünne Schneedecke auf einem Acker. Mit dieser Trauer stehen sie morgens auf und gehen abends wieder ins Bett. Bei manchen Kindern äußert sie sich in Wutausbrüchen, andere werden regressiv und benötigen auf einmal wieder Hilfe beim Anziehen und beim Schuhebinden. Hol dein Kind dort ab, wo es mit seiner Trauer steht. Setz es nicht unter Druck. Verniedliche oder verharmlose keines seiner Gefühle.

- **An einem Strang ziehen**
  Soweit möglich sollten beide Elternteile das Kind gemeinsam begleiten, das verhindert Stress und Spekulationen. Denn in dieser Situation, die angsteinflößend, neu und unangenehm ist, braucht das Kind unbedingt Geborgenheit. Das bedeutet nicht, dass der verlassene Elternteil seine Traurigkeit nicht zeigen darf. Wenn auch Erwachsene ihre Gefühle zeigen, ist es auch für das Kind einfacher, die eigenen Emotionen zuzulassen.

- **Keine Tabus**
  Sag, wie es ist, nenn die Dinge beim Namen. Kinder verstehen viel. Und zögere die Wahrheit nicht heraus, sie haben die Krise wahrscheinlich ohnehin längst bemerkt. Nicht eingeweiht zu werden ist enttäuschend und ein Zeichen von mangelndem Vertrauen. Beantworte alle Fragen, die großen und die kleinen, alltägliche und theoretische: vom Ende der Liebe bis zum künftigen Wohnsitz des Haustieres.

- **Mit Liebe überschütten**
  Kuscheln, knutschen, streicheln, umarmen, umsorgen, zuhören – Kinder brauchen bergeweise Liebe, wenn sie von der Scheidung ihrer Eltern erfahren. So viel es geht. Viele Kin-

der hinterfragen auf einmal die Liebe ihrer Eltern: Wenn sie zwischen Mama und Papa weggehen kann, dann ist auch Mamas Liebe zu mir in Gefahr … Gib Liebe ohne Ende.

- **Das Konzept »Liebesbank«**
  Die Liebesbank ist eine Bank für unsere Liebe und Gefühle. Bei dieser Bank kann niemand das Konto eines anderen plündern. Das bedeutet, wenn Papa eine Frau und drei Kinder hat, und er löst das Liebeskonto zu seiner Frau auf, bleiben die Konten für seine Kinder unverändert. Das verstehen Kinder, weil sie von ihrem eigenen Liebeskonto wissen. Sie lieben Mama und Papa, ihre Geschwister, Großeltern, Freunde und Haustiere. Und wenn eines der Konten aufgelöst wird, hat das keinen Einfluss auf die anderen Konten.

- **Die Kinder sind nicht schuld**
  Manche Kinder entwickeln ein starkes Schuldgefühl, weil sie der festen Überzeugung sind, für die Trennung ihrer Eltern verantwortlich zu sein. Dieses Gefühl kann durch eine zufällige Bemerkung vor Jahren ausgelöst worden sein. Egal ob du Anzeichen für ein Schuldgefühl erkennst oder nicht, sag deinem Kind explizit, dass es keinerlei Verantwortung an dem trägt, was zwischen dir und deinem Partner passiert ist.

- **Sag es noch einmal**
  »Papa kann doch gar nicht heiraten, er ist doch mit Mama verheiratet!«, hörte ich eine Siebenjährige entrüstet sagen, obwohl sie nach der Scheidung ihrer Eltern schon eine Weile mit ihrem Vater und dessen neuer Lebensgefährtin zusammenlebte. Größere Veränderungen brauchen einfach länger, um »verdaut« zu werden, deshalb müssen Kinder manche Erklärungen immer wieder hören. Sei geduldig und wiederhole die Dinge, so oft es nötig ist.

- **Kein böses Wort über den Ex**
  Keine Scheidung ist leicht. Vor allem, wenn man vorher zusammengelebt und schon einige Konflikte hinter sich hat. Egal was vorgefallen ist, dein Exmann bleibt der Vater deiner Kinder. Respektier das. Kinder sind ihren Eltern gegenüber ungeheuer loyal, deswegen trifft sie jedes böse Wort über Mutter und Vater. Deine Frustration über den Expartner musst du also bei anderen Menschen loswerden. Und wenn dir doch einmal etwas Verächtliches rausrutscht, versuch den Schaden zu begrenzen, indem du deinen Kindern Auskunft über deine Gefühle gibst.

- **Das Kind darf beide Eltern lieben**
  Kinder, die ihre Liebe zu beiden Elternteilen nicht ausdrücken dürfen, bekommen Schwierigkeiten bei der Suche nach ihrer Identität. Der Wunsch, die eigenen Gefühle zeigen zu dürfen, Nähe zu spüren und lieben zu dürfen, ist fundamental. Vor allem Kinder, die mit einer Scheidung konfrontiert werden, haben ein starkes Bedürfnis, Liebe zu empfinden. Sie müssen nun neue Wege finden in dem dunklen, unheimlichen Wald, der entstanden ist, als die Liebe der Eltern erlosch.

- **Hilfe von außen**
  Eine Scheidung ist für alle ein langwieriger und schwieriger Prozess. Wenn die Belastung zu groß wird, sollten die Eltern professionelle Gesprächspartner einbeziehen – für sich selbst und für die Kinder: Therapeuten, Psychologen, Coaches, Familienberatungsstellen, Trauerarbeiter.

## Wenn ein Kind sich selbst verletzt

Manche Kinder sind so frustriert, dass sie gar nicht mehr leben wollen. Sie fügen sich selber Schaden zu, indem sie Beziehungen eingehen, die sie auf schiefe Bahnen bringen. Sie schaden sich, indem sie trinken, rauchen, Drogen oder Tabletten nehmen, destruktive sexuelle Beziehungen eingehen, sich ritzen oder andere gefährliche Dinge machen und Grenzen verletzen.

Diese Kinder fühlen sich nicht wohl in ihren eigenen Körpern, in ihren Familien und Lebensumständen. Vier Prozent aller Erwachsenen haben sich in Krisensituationen selbst verletzt, die Zahlen bei den Jugendlichen sind bedeutend höher, und manche ihrer Hilfeschreie enden tödlich.

- **Aufmerksam bleiben und hellhörig sein**
  Schließt sich dein Kind viel in seinem Zimmer ein? Und will nicht mit dir reden? Vermeidet dein Kind, seinen Körper zu zeigen, und verweigert es sich Aktionen, bei denen man sich entkleiden muss – schwimmen gehen zum Beispiel? Sei hellhörig, wenn Kinder und Jugendliche ihr Verhalten ändern.

- **Neugierig bleiben**
  Auch wenn es so scheint, als wolle dein Kind dir keine Antwort auf deine Fragen geben – gefragt werden will es trotzdem. Denn so zeigst du dein Interesse, dein Engagement und deine Fürsorge. So merkt es, dass es jemandem etwas bedeutet.
  Hör nicht auf zu fragen, stell offene Fragen und bleib neugierig. Aber vergiss nicht: Dein Kind hat ein Recht auf seine Privatsphäre und seine Integrität. Vielleicht will es lieber mit einem anderen Menschen über seine Gefühle sprechen, dann respektier das.

**Statt:** *Hattest du einen guten Tag in der Schule?*
(in der Regel bekommst du dann ein »Ja«, »Hmm« oder »Geht so« als Antwort)
**Sprich's aus:** *Erzähl mir, was du erlebt hast!*

- **Professionelle Hilfe annehmen**
  Kinder mit autoaggressivem Verhalten benötigen dringend professionelle Hilfe. Die Angst, die so ein Verhalten verursacht, können Eltern schwer alleine bewältigen. Deshalb gibt es zahlreiche Einrichtungen, an die du dich wenden kannst: Kinder- und Jugendpsychiatrie, Familienhilfe, Schulpsychologen und andere Stellen.

- **Think big**
  Dem Kind kann es schwerfallen, die Ursache für seinen inneren Schmerz zu benennen. Oft wirken mehrere Umstände gleichzeitig auf sein Innenleben ein. Betrachte sein Verhalten, seine Äußerungen und kleinen Gesten als Einheit, statt nur die Details zu beachten – entdecke die ganze Landschaft deines Kindes, nicht nur den einen Pfad.

# Kommunikation mit Freunden und Verwandten

# 28. Energiefresser

Die sechzehnjährige Enkelin schaut bei ihrer Oma auf einen Kaffee vorbei. Das Mädchen hat sich gerade die Haare leuchtend rot färben lassen und findet sich supercool und schick. Aber der erste Kommentar ihrer Großmutter raubt ihr in Sekundenschnelle alle Energie:

*Ach du Schreck, du siehst ja schlimm aus! Welcher Teufel hat dich denn geritten? Mein liebes Kind, das ist ja so was von unnötig. Du siehst ganz furchtbar aus.*

Ein einziger Kommentar, und das Kaffeetrinken wird zur Qual. Das Mädchen will nur noch nach Hause.

Energiefresser lassen sich nicht so einfach aus unserem Leben verjagen, denn sie verlangen nach unserer Stärke. Ein Energiefresser, der dich überfällt, verhält sich wie ein Verhungernder beim Anblick von Lebensmitteln – er klammert sich an das, woraus er seine Energie zieht. Ihm geht es ums Überleben, dabei handelt es sich aber eher um psychische Bestätigung als um körperliches Fortbestehen.

Energiefresser sind kräftezehrend, deshalb überlegen wir, wie wir sie loswerden können. Weitaus menschlicher wäre es allerdings, ihnen zu sagen, wie sehr uns ihr Verhalten stört.

Es ist schwierig zu sagen, was genau Energiefresser eigentlich machen, obwohl wir es sofort spüren, wenn sie loslegen: Du machst einen Spaziergang, bist guter Laune und fühlst dich frei. Da kommt ein Energiefresser um die Ecke, der dich in eine Unterhaltung verwickelt. Es kann auch ein Telefonat sein, ein gemeinsames Essen, ein Familientreffen, ein Meeting oder eine andere Begegnung. Fühlst du dich danach wie ein ausgewrungener Waschlappen, hattest du es mit einem Energiefresser zu tun. Du bist vollkommen erschöpft.

Mit anderen Menschen erlebst du das genaue Gegenteil: Sie beleben dich, schenken dir Energie und schaffen es, dass deine schlechte Laune in Sekundenschnelle verpufft.

**Martina erzählte mir:**
*In den letzten zwei Jahren habe ich viel über Energiefresser nachgedacht – und bin zu dem Schluss gekommen: Verschwende keine Lebenszeit mit solchen Menschen, reduziere den Umgang mit ihnen auf ein absolutes Minimum. Leider gibt es keinen anderen Weg. Wenn es dir unmöglich ist, den Kontakt abzubrechen (zu Arbeitskollegen, Nachbarn, Freunden von Freunden), dann bestimme selbst die Häufigkeit und Intensität der Begegnungen.*

## Stimmungen sind ansteckend

Wenn dich jemand anlächelt – lächelst du zurück und bist automatisch fröhlicher. Lächeln steht für Frieden, Vergnügen, Wohlwollen und Kontaktfreudigkeit. Es überträgt menschliche Wärme von der lächelnden Person auf die angelächelte.

Oder wenn jemand frischen Wind in eine lahme Veranstaltung bringt – auf einmal hebt sich die Stimmung im Raum und alle werden enthusiastischer und hoffnungsvoller. Ausgelassene Stimmungen sind ansteckend!

Leider passiert mit negativer Energie aber dasselbe: Wenn jemand schlechte Laune hat oder chronisch pessimistisch ist, verfliegt sämtliche Freude und die Atmosphäre ist von einem Moment zum nächsten wie ausgewechselt.

Energiefresser haben eine geradezu unheimliche Fähigkeit, ihre negative Energie auf ihre Mitmenschen zu übertragen. Ohne zu wissen, wie uns geschah, haftet sie uns auf einmal an.

## Wie erkennst du Energiefresser?

- **Sie geben immer anderen die Schuld**
  Fehler oder Fehleinschätzungen sehen Energiefresser nur bei andern. Sie sind Weltmeister darin, sich zu verteidigen.

- **Sie sind konfliktscheu**
  Energiefresser weichen Konflikten aus und fahren große Verteidigungsstrategien auf, wenn sich einer anbahnt. Denn jeder Konflikt offenbart Gefühle – der reinste Horror für Energiefresser.

- **Sie wollen über alles und jeden bestimmen**
  Energiefresser streben danach, über andere zu bestimmen und deren Position so zu beschneiden, dass die eigene gestärkt wird.
  Ich erinnere mich an eine Arbeitskollegin, die immer unglaublich wütend wurde, wenn etwas nicht so lief, wie sie es wollte. Bald widersprach ihr niemand mehr und alle schlichen auf leisen Sohlen um ihr Büro herum.

- **Sie erheben sich über andere**
  Energiefresser genießen es, sich über andere zu erheben und sie nachgeben zu sehen. Unablässig entwerten sie die Leistungen anderer, was zermürbend für alle Beteiligten ist.

- **Sie hungern nach Anerkennung**
  Energiefresser brauchen permanent Anerkennung, entweder durch positiven Einsatz, Leistung und Fleiß – oder indem sie zum Störenfried werden. Letzten Endes tun sie alles, um Aufmerksamkeit zu bekommen – auch auf Kosten anderer.

- **Sie haben eine ausgeprägte Kontrollsucht**
  Wie alle unsicheren Menschen haben auch Energiefresser das Bedürfnis, ihre Umgebung zu kontrollieren. Denn Chaos

im Inneren erfordert die Kontrolle der Außenwelt. Daher drangsalieren alle durch ihre ständig Kontrolle, was andere machen, und vor allem, wie sie es tun.

- **Sie sind neidisch**
  Neid ist ein immer wiederkehrendes Phänomen bei Energiefressern. Sie gönnen ihren Mitmenschen weder Freude, Glück, Erfolg noch Reichtum jedweder Art – egal ob sie selbst darüber verfügen oder nicht.

- **Sie leiden unter Eifersucht**
  So wichtig dem Energiefresser die Kontrolle über den Besitz und die Errungenschaften seiner Mitmenschen ist, so sehr hütet er auch das, was er hat. Seine Kontrollsucht erhöht auch die Verlustangst, was Besitz, Beziehungen und Positionen angeht.

- **Sie sind schlechte Zuhörer**
  Da Energiefresser extrem egozentrisch sind, fällt es ihnen nicht leicht, anderen zuzuhören. Anderen hören sie eigentlich nur zu, um eine passende Replik zu platzieren und um am besten noch eine Gemeinheit draufzusetzen.

✎ **Sieh dich in deinem Bekanntenkreis um. Mit welchen Menschen hast du zu tun – Nachbarn, Freunden, Eltern von Freunden deiner Kinder, Freunden aus der Kindheit, Verwandten, Kollegen, flüchtigen Bekannten. Wer von ihnen zieht mehr Energie von dir ab, als er dir gibt? Wie geht es dir, wenn du ihnen begegnest? Wie verhältst du dich ihnen gegenüber? Wie fühlst du dich hinterher?**

✎ **Stell dir vor, du hast noch ein halbes Jahr zu leben. Du wirst in dieser Zeit nicht krank sein und deine Lust und Kraft auf Gesellschaft sind unverändert groß. Also wählst du dir die Menschen aus, mit denen du die letzten Monate deines Lebens verbringen willst – es ist und bleibt nur eine Übung: Niemand wird wütend,**

**beleidigt oder enttäuscht sein, weil du dich nicht für ihn oder sie entschieden hast. Fühl dich ganz frei in deiner Wahl und lass dich nur von deinen Gefühlen und Wünschen leiten.**

✎ **Mach eine Liste mit zehn, fünfzehn oder einer von dir bestimmten Anzahl von Personen. Das einzige Kriterium, um auf diese Liste zu kommen, ist, dass dieser Mensch dir Freude, Förderung, Liebe, Wärme und Energie gibt. Nimm dir Zeit. Überprüf die Liste mehrfach. Was sagt diese Wahl über dich aus? Wie verteilst du normalerweise deine Freizeit auf deine sozialen Kontakte? Welche Menschen haben es nicht auf die Liste geschafft? Und warum nicht?**

## Wenn du Energiefressern begegnest

- **Vorsicht: In diesen Menschen explodiert permanent ein emotionales Feuerwerk**
  Energiefresser haben einen schwierigen Umgang mit ihren Gefühlen. Entweder haben sie es als Kind nicht gelernt oder sie sind es einfach nicht gewohnt, ein Verhältnis zu ihren Gefühlen zu pflegen. Es ist nicht ungewöhnlich, dass sie sich äußerlich cool oder fröhlich geben, um ihre innere Unsicherheit und Traurigkeit zu verbergen. In der Regel sind sie launisch, ihre Stimmung kippt schnell – von heiter und umgänglich zu stocksauer und strafend. Da sie sich wahnsinnig anstrengen, die eigenen Gefühle in Schach zu halten, lassen wir uns von ihrem Verhalten leicht täuschen. Aber erst wenn wir hinter seine Fassade aus Wut und Herablassung sehen, können wir dem Energiefresser mit Nähe und Verständnis begegnen. Wir dürfen nur nicht vergessen, ihm unsere Grenzen deutlich aufzuzeigen, damit uns sein Verhalten nicht alle Kraft raubt.

- **Dem Energiefresser helfen, sich zu verändern**
  Man könnte meinen, es sei gegen die Freundschaft bzw. die kollegiale Beziehung, Energiefresser zu kritisieren. Das Ge-

genteil ist der Fall. Obwohl jeder Mensch nur für sich selbst verantwortlich ist und nur sich selbst ändern kann, ist es von Nutzen, wenn destruktives Verhalten eingeschränkt wird. Viele Energiefresser machen so lange weiter, wie es geht. Sie benötigen Hilfe von außen, ein vernehmliches Stopp, das es ihnen unmöglich macht, an ihrem Verhalten festzuhalten. Sich gegen einen Energiefresser zu wehren ist der erste Schritt hin zu einem Veränderungsprozess, den der Energiefresser selbst absolvieren muss.

- **Keine Kompromisse**
  Nachdem du den ersten Schritt getan hast, behalte die Richtung bei. Was deine eigenen Grenzen angeht, darfst du keine Kompromisse machen. Tust du es doch, ist der Erfolg dahin.

- **Nachhaken**
  Die kleine Frage »Was meinst du damit?« wirkt Wunder, denn sie bringt das routinierte Verhalten von Energiefressern ins Wanken und zwingt ihn zum Nachdenken. »Denk selber drüber nach, dann verstehst du schon …« habe ich auf diese Frage schon zu hören bekommen. Und daraufhin geantwortet: »Nein, das tue ich nicht. Erklär es mir bitte.« Das kostet Zeit und Nerven, bringt das Gespräch aber im besten Falle weiter.

## Verabschiede dich von Energiefressern

Es kann sein, dass du dich eines Tages gegen einen Energiefresser aus deinem Freundes- oder Bekanntenkreis entscheidest und ihm den Rücken kehrst. Das klingt dramatisch und kann sich auch so anfühlen. Trennung ist kein einfacher Prozess, aber wenn es dein persönliches Wohlergehen gefährdet ist, ist es der einzige richtige Weg.

Veränderung passiert erst dann, wenn es unmöglich ist, so

weiterzumachen wie bisher. In diesem Fall bedeutet das, dass die Nähe zu dem Energiefresser so nervenaufreibend geworden ist, dass eine Veränderung zwingend notwendig wird. Oder das Gefühl von Freiheit und Erleichterung ist so verlockend, dass es die Veränderung auslöst.

Sich von jemandem abzuwenden ist schwierig. Aber es fällt leichter, wenn du dich bewusst dafür entscheidest. So nimmst du dir selbst die Last von den Schultern und fühlst dich plötzlich zehn Kilo leichter. Das klingt weniger paradox, wenn du es einmal selbst ausprobiert hast.

Für die Duldung eines Energiefressers zahlst du dagegen einen hohen Preis: Du fühlst dich nach jeder Begegnung müde, verwirrt, leer, ausgenutzt oder verletzt. Und obwohl du das erkennst, hast du noch nie versucht, dich zu wehren oder es zumindest nicht deutlich genug getan. Zu allem Unmut kommt also noch das Gefühl, hilflos ausgeliefert zu sein.

Sich gegen einen Energiefresser zu wehren ist anstrengend, aber es ist ein einmaliger Aufwand, der durch viel wiedergewonnene Energie mehr als ausgeglichen wird.

## Bist du auch ein Energiefresser?

Hast du dich in den Beschreibungen der Energiefresser wiedererkannt? Zählst du zu jenen, die mehr nehmen als geben? Dann hast du schon viel Einsicht bewiesen und kannst anfangen, deine Kommunikation zu ändern.

✎ **Wie verhältst du dich im Umgang mit anderen Menschen? Bist du interessiert und neugierig? Stellst du Fragen zu den Dingen des Lebens und alltäglichen Ereignissen? Gibst du genauso viel von dir preis wie deine Gesprächspartner? Lässt du auch anderen Raum und schenkst Anerkennung, indem du zeigst, dass dein Gegenüber von dir gesehen und gehört wird?**

✎ **Bis hierhin hast du schon einen großen Schritt getan. Wenn du noch mutiger bist, ruf einen Freund an und bitte ihn um ehrliche Antworten auf deine Fragen.**

## Tipps, um selbst rücksichtsvoller zu werden

- **Liebe dein Leben**
  So entfernst du Schicht für Schicht deine Mauern aus Verleugnung und Verteidigung. Konfrontiere dich mit dir selbst. In dir stecken sämtliche Möglichkeiten, Dinge zu verändern und Wärme und Respekt entstehen zu lassen.

- **Hab keine Angst**
  Mit Angst steuern wir unser Leben auf ein beklemmendes und lebloses Loch zu, während Mut und Liebe so viel Freude und Kraft verleihen, die dich innerlich stark machen werden.

- **Beschäftige dich mit deiner Vergangenheit**
  Du kannst deiner Vergangenheit nicht davonlaufen und in ein vermeintlich perfektes Leben flüchten. Wenn du dich mit dem beschäftigst, was dich geprägt hat, und die Herausforderungen des Lebens angehst, fühlst du dich frei und kannst mit Hoffnung und Freude in die Zukunft sehen. Erst dann sind Kindheit und frühere Erlebnisse tatsächlich Vergangenheit.

- **Nimm Hilfsangebote an**
  Einsamkeit ist nicht immer gleichbedeutend mit Stärke. Es gibt Menschen, sowohl professionelle Begleiter als auch Freunde, die dich auf deinem mutigen Weg deiner persönlichen Entwicklung unterstützen können.

# 29. Familienbande – Nähe und Distanz

Wie in allen Gruppen, in denen Menschen aufeinandertreffen, besetzen auch Verwandte bestimmte Rollen innerhalb deines sozialen Netzwerks. Obwohl du immer dieselbe Person bist, funktioniert jedes Verhältnis zu einem Verwandten jeweils anders.

**Mit welchen Verwandten stehst du regelmäßig im Kontakt? Mit welchen hast du, deiner Meinung nach, eine gute Kommunikation (Gespräche ohne Grenzen, mit aktivem Zuhören, bei dem beide Seiten einander mit Respekt und Wärme begegnen)?**

**Barbara erzählte mir:**
*Wir sind vier erwachsene Geschwister, und trotzdem bin ich die Einzige, die sich um unsere alte Mutter kümmert. Zwar bin ich auch die Einzige von uns, die keine eigene Familie hat, aber ich habe doch auch ein Leben! Alle rechnen damit, dass ich mich um sie kümmere. Das macht mich noch verrückt!*

In Barbaras Fall geht es eigentlich nicht um ihre Mutter, die Pflege und Gesellschaft benötigt. Es geht auch nicht um ihre Geschwister, die ihr eine große Last aufbürden, sondern um Barbara selbst. Sie ist es, die sich verrückt macht, weil sie sich seit Jahren ausnutzen lässt. Scheinbar erkennt niemand ihr Bedürfnis nach Zusammenarbeit und Respekt, dass ihr Leben ebenso wertvoll ist wie das der anderen – unabhängig davon, wie sie es verbringt.

Um etwas zu verändern, könnte sie zum Beispiel ihre Geschwister zum Kaffee einladen und erzählen, wie es sich für sie anfühlt, sich seit Jahren allein um die Mutter zu kümmern und der Erwartung ausgesetzt zu sein, das auch weiterhin zu tun. Dann müssten die Geschwister besprechen, wie die Pflege der Mutter gerechter aufgeteilt werden könnte. Vielleicht erstellen sie einen Wochenplan oder kümmern sich paarweise – die Möglichkeiten sind unendlich, sobald man miteinander ins Gespräch kommt. Sollte keine Lösung gefunden werden, muss Barbara aufhören, sich für das Wohl anderer Menschen mehr verantwortlich zu fühlen als für sich selbst.

**Aus meinem Posteingang:**

*Hallo Elizabeth!*

*Meine Mutter lässt manchmal Kommentare fallen, die mich unterschiedlich hart treffen. Manchmal verletzen sie mich schon, bevor sie ausgesprochen wurden, weil ich sie erwarte. Aber meistens überrumpeln sie mich einfach, und danach bin ich traurig und wütend. Ich versuche, ihr immer wieder deutlich zu machen, dass ich bestimmte Dinge, die sie sagt, nicht ausstehen kann. Ich würde solche Sachen nie sagen, weder zu ihr noch zu jemand anderem. Betrachtet man nur die Worte, die sie sagt, sind diese gar nicht so hart, ernst oder merkwürdig – bedrohlich und anstrengend wird das Ganze erst durch den Unterton. Sie schafft es, ganz harmlose Dinge auf eine sehr gemeine Art zu sagen. Vor kurzem hat sie es wieder getan: Wir wollten unser Haus verkaufen und ich erzählte ihr, dass wir spontan einen Makler bestellt haben, um den Wert schätzen zu lassen. Da lachte sie nur und fragte, ob ich es denn geschafft hätte, das Haus so ordentlich zu putzen, dass man einen Fremden hereinlassen konnte.*

*Gehört habe ich: »Bei euch ist es so dreckig, dass man sich schämen muss, wenn jemand spontan vorbeikommt!«*

*Wie soll ich ihr begegnen? Meine bisherige Art scheint überhaupt nicht zu funktionieren.*

*Daniella*

**Meine Antwort:**
*Für deine Mutter wirst du immer die kleine Tochter bleiben. Hinter ihren ungeschickten Worten verbirgt sich eine Sorge, die sie offenbar nicht anders ausdrücken kann. Vielleicht befürchtet sie, dass der Makler das Haus falsch einschätzt oder nicht an den am meisten bietenden Interessenten verkaufen kann.*
*Frag sie beim nächsten Mal: »Wie meinst du das?« Dann muss sie erklären, was sie sagen wollte – das führt entweder dazu, dass sie den Kommentar zurücknimmt, oder dass sie ihren Gedankengang transparent macht.*
*Erzähl deiner Mutter, wie du dich fühlst, wenn sie solche Kommentare abgibt. Sag ihr, was du dir stattdessen wünschst, wie sie dir begegnen soll, und frag nach, ob ihr das möglich wäre. Mach es ihr vor, indem du dich ihr gegenüber respektvoll und liebevoll ausdrückst. Vielleicht lässt sie sich von dir inspirieren.*

## Frust frisst Energie

Unseren Partner können wir uns aussuchen – seine Familie bekommen wir gratis dazu. Bei der Verwandtschaft haben wir keine Wahl, dennoch gilt es, mit ihr auszukommen und die verschiedenen Beziehungen zu pflegen.

In einigen Familien ist es überdeutlich, dass die Leute lieber andere Geschwister, Cousins, Tanten oder Onkel hätten, in anderen ist der Zusammenhalt auffallend gut. Je nachdem sind Familientreffen ein notwendiges Übel oder Anlässe, die man auf keinen Fall verpassen möchte.

Die Familie hat eine Geschichte, die noch weiter zurückreicht als lange gewachsene Freundschaften. Du bleibst für immer Teil der Familie, auch wenn du ihr nicht mehr begegnen solltest.

Gerade wegen dieser starken Verbindung sind innerhalb der Familie viele Rollen fest verankert, entsprechend schwer fällt es, alte Muster zu durchbrechen, um eine neue Art der Kommunikation aufzunehmen. Es ist nicht unmöglich, erfordert aber Geduld.

Warum halten so viele Menschen an Kommunikations- und Verhaltensmustern fest, obwohl sie sich damit nicht wohl fühlen? Liegt es daran, dass ihnen die Muster nicht bewusst sind? Haben sie Angst vor Konflikten? Oder sehen sie keine Perspektive, die einen Veränderungsprozess motivieren könnte?

**Tina erzählte mir:**
*Keiner in meiner Familie stellt sich gegen unseren Vater. Er flippt nämlich aus, wenn man ihm widerspricht. Daher kann er sich benehmen, wie er will: Er dominiert alle Familienfeste mit seinen Geschichten von früher oder prahlt damit herum, was für ein toller Kerl er ist. Außerdem trinkt er zu viel und fängt dann an herumzubrüllen. Aber niemand sagt etwas. Keiner traut sich.*

Solange keiner etwas sagt, wird Tinas Vater weiterhin sämtliche Familienfeiern verderben. Jemand sollte in einer ruhigen Situation das Gespräch mit ihm suchen und erzählen, wie es sich anfühlt, wenn er so viel Raum für sich beansprucht.

Gelingt die Kommunikation nicht, stellt sich schlussendlich die Frage, ob Familienfeiern überhaupt noch stattfinden sollen. Zumindest muss Tina sich fragen, ob sie weiterhin daran teilnimmt, wenn es für sie so frustrierend ist. Denn Frust frisst Energie.

Niemand ist gezwungen, zu Familienfeiern gehen. Wenn du dich dagegen entscheidest, sag ab. Punktum.

**Victor erzählte mir:**
*Meine Frau kann meine Familie nicht ausstehen. Es gefällt ihr nicht, dass wir uns so oft treffen und in so engem Kontakt stehen. Sie will, dass unsere kleine Familie beisammen ist und nicht noch zusätzlich meine Eltern, meine Geschwister, meine Tanten und alle Cousins und Cousinen dabei sind, ja, vor allem die und deren Eltern und Kinder. Und das ist nur die engste Verwandtschaft. Aber es fällt mir so schwer, Nein zu sagen, denn mein Leben lang war ich meiner Familie sehr nah.*

Victors Frau kommt nicht aus einer Familie, deren Bindungen untereinander so stark sind. Ihrem Mann hat sie versucht deutlich zu sagen, dass sie in ihrer gemeinsamen Familie eigene Traditionen schaffen möchte. Die Familientreffen ihres Mannes empfindet sie als aufgezwungenen Fahrplan. Viel lieber möchte sie spüren, dass sie eingebunden ist, und mitbestimmen – statt immer nur »mitzufahren«.

Nach mehreren Gesprächen beschlossen sie, bestimmte Feiertage weiterhin im Kreis von Victors Familie zu feiern und an anderen Anlässen eigene Traditionen zu pflegen. Von Victors Familie wurde das nicht gerade mit Jubel begrüßt, aber er und seine Frau sind entschlossen, an der Veränderung festzuhalten.

## Tipps für die Kommunikation mit Verwandten

- **Mach dir bewusst, welchen Umgang du dir wünschst**
  Es wird nicht unbedingt ein schönes Fest, wenn verschiedene Leute, die sich einmal im Jahr sehen und manchmal gar nicht besonders interessiert aneinander sind, zusammen Weihnachten feiern. Heutzutage können wir zum Glück frei wählen, wie wir dieses Fest feiern. Im Zweifelsfall sollen die Kinder entscheiden, wie sie Weihnachten verbringen möchten.

- **Durchbreche alte Muster**
  Wenn sich alle anderen in ihren Rollen eingerichtet haben, wage den ersten Schritt und breche aus. Entscheide dich, wie du dich verhalten willst, wie du kommunizieren willst.

- **Und die, die sich nicht verändern?**
  Begegne ihnen mit Wärme und Respekt, lass sie an deinen Gedanken und Gefühlen teilhaben. Die kann dir keiner nehmen. Es gibt kein Zurück, wenn du den Weg zur Eigenständigkeit eingeschlagen hast!

# 30. Klare Worte gegenüber Freunden

Familie hat man immer, egal was passiert. Aber wie geht man mit seinen engen Freunden um? Wie verhält man sich ihnen gegenüber in schwierigen Situationen?

**Anne erzählte mir:**
*Ich wünschte, es würde mir leichter fallen, meinen Freunden einfach zu sagen, was ich will, und es dann tun!*

Anne kann zunächst versuchen, ihren Wünschen in entspannten Situationen Ausdruck zu verleihen, und zwar jenen Freunden gegenüber, denen sie am meisten vertraut.

## Mut zur Konfrontation

Ann-Marie schickte mir eine Mail und bat mich um Rat, wie sie mit einer Freundin umgehen solle. Die beiden kannten sich seit ein paar Jahren und hatten ähnliche Lebensumstände. Beide waren geschieden und kümmerten sich mehr oder weniger allein um die Kinder. Sie wohnten in einer kleinen Gemeinde, wo jeder jeden kannte, hatten aber auch gemeinsame Freunde und eigene Bekannte. Ann-Marie beschrieb in ihrer Mail, dass sie von dieser Freundin gerade ein wenig die Nase voll habe. Sie kam häufig spontan zu Besuch, ließ sich aufs Sofa fallen und wollte sich bei ihr ausheulen.

Aber die Energie, die ihre Freundin auf diese Weise tankte,

ging Ann-Marie verloren. Sie erlebte die Freundin als egoistisch und hatte keine Lust mehr, auf sie Rücksicht zu nehmen. Sie ging nicht mehr ans Telefon, wenn die Nummer der Freundin auf dem Display erschien, und vermied Situationen, bei denen sie befürchtete, auf sie zu treffen. Das Problem war, dass die Freundin weiterhin Energie kostete, weil Ann-Marie so viele Umwege machte, um ihr nicht zu begegnen. Außerdem hatte sie den Eindruck, die Freundin permanent zufällig zu treffen. Ann-Marie war nicht frei.

Was sollte sie tun?

Ich riet ihr, einfach zu tun, was sie wollte. War sie zu einem Fest eingeladen, zu dem sie gehen wollte, sollte sie zusagen. Wollte sie die Straße hinuntergehen, in der die Freundin wohnte, sollte sie es tun. Rief die Freundin an, sollte sie ans Telefon gehen, sich aber vorher im Klaren sein, was sie ihr eigentlich sagen wollte. Wie konnte sie der Freundin erklären, dass sie ihre Treffen als Energieverlust empfand, ohne die Freundin zu verletzen?

Eines Tages klingelte das Telefon und Ann-Marie erkannte die Nummer auf dem Display. Ihr Magen zog sich zusammen, doch sie ging ran, ließ die Freundin eine Weile erzählen und sagte dann, was sie vorbereitet hatte:

*Wenn du zu mir kommst, um dich über dein Schicksal zu beklagen, fühle ich mich ausgenutzt und nicht beachtet. Nie fragst du, wie es mir geht, sondern redest andauernd nur von dir. Für mich geht Freundschaft in beide Richtungen. Deshalb hatte ich keine so große Lust mehr, dich zu treffen, und wollte nicht ans Telefon gehen oder mich mit dir verabreden. Ich weiß nicht, wie es in Zukunft sein wird, aber jetzt habe ich gesagt, wie ich es sehe, und ich hoffe, du nimmst es an und denkst darüber nach. Du kannst es als totalen Quatsch verwerfen oder es dir zu Herzen nehmen, das ist deine Entscheidung. Aber so geht es mir damit.*

Ann-Marie fügte noch hinzu, dass sie nicht sofort darüber reden wolle, aber sie in ein paar Tagen wieder telefonieren könnten. Sie beendeten das Gespräch und haben sich seitdem nicht mehr gesprochen oder gesehen. Reinen Tisch zu machen war wichtig, um die Angst davor zu verlieren, der Freundin zu begegnen. Ann-Marie hat dieses Ziel erreicht.

## Klarheit im Großen wie im Kleinen

Egal, ob es darum geht, zu welcher Uhrzeit wir uns zum Kaffeetrinken verabreden, oder wie wir es prinzipiell mit Vertrauen halten – Klarheit erleichtert es, unser Ziel zu erreichen.

Ein Mädchen vertraut einer Freundin ein Geheimnis an. Sie geht nach Hause und macht sich Sorgen, weil sie das Gesagte nicht mehr zurücknehmen kann. Sie ruft die Freundin an oder schickt eine SMS, um deutlich zu machen, dass sie das Geheimnis absolut niemandem erzählen darf. Die Freundin beteuert, dass sie es nicht weiterplaudern wird. Und erwähnt nicht, dass sie das Geheimnis schon ihrem Freund erzählt hat. Aber der eigene Freund zählt sowieso nicht, oder?

## Tipps, um Freunden gegenüber deutlich zu sein

- **Kannst du ein Geheimnis für dich behalten?**
  Geheimnisse brauchen klare Regeln. Am besten fragst du deine Freundin vorher, ob sie bereit ist, die Verantwortung zu übernehmen, wenn du ihr ein Geheimnis erzählst. Sag, wie du es dir vorstellst: Dürfen es die engsten Freunde wissen oder nicht? Mach es dir zur Gewohnheit, Richtlinien festzulegen, so vermeidest du Enttäuschungen.

- **Lieber überdeutlich als undeutlich**
  Es schadet nicht, überdeutlich zu sein, wenn es darum geht, bei Vereinbarungen Zeit und Ort oder etwas anderes auszumachen, um Missverständnisse und unnötige Konflikte zu vermeiden. Lass es aber nicht zum Kontrollzwang werden, sonst hast du ein Problem gegen ein anderes ausgetauscht.

## Wut in der Stimme

Kennst du die Situation: Du willst jemandem etwas deutlich machen und dabei ruhig und sachlich bleiben, aber stattdessen klingen deine Worte kalt und aggressiv? Und dennoch versteht dich derjenige nicht, an den deine Botschaft gerichtet ist.

Von Kindesbeinen an haben wir gelernt, unsere Gefühle zu kontrollieren, uns nach dem zu richten, was die Erwachsenen für richtig halten und womit sie umgehen können. Damit wird das Gefühlsspektrum auf ein paar Emotionen reduziert, die gesellschaftlich akzeptiert sind. Aber die Gesellschaft sind wir, also können wir auch den Umgang mit Gefühlen aktiv verändern: Ein Kind, das sich weh tut, muss weinen dürfen. Ein Kind, das eine Eins geschrieben hat, muss jubeln dürfen, auch wenn andere in der Klasse Sechsen haben. Ein Kind, das Angst hat, muss Trost und Geborgenheit bekommen.

Wer als Kind mit einem begrenzten Gefühlsspektrum aufgewachsen ist, dem fällt es als Erwachsenen schwerer, sich in der Vielzahl unterschiedlicher Beziehungen angemessen zu verhalten.

**Kalle erzählte mir:**

*Ich habe einen Kumpel, der auf dem Land wohnt, aber hin und wieder in die Stadt fährt, in der ich wohne. Dann will er sich gern mit mir treffen, und um Geld zu sparen, geht er nicht ins Hotel, sondern wohnt in unserem Gästezimmer. Es ist immer sehr nett, denn er ist ein gemütlicher Typ. Aber wenn es uns einmal nicht passt und ich versuche, Nein zu sagen, kommt es mir vor, als würde er gar nicht zuhören. Ich finde, dass es deutlich ist, wenn ich sage: »Wir haben viel zu tun am Wochenende, daher klappt es diesmal eher nicht.« Aber er antwortet dann nur, dass er uns nicht im Weg sein wird und ja nur bei uns schlafen will. Das stimmt auch, trotzdem bedeutet eine weitere Person im Haus mehr Aufwand. Und am Ende sitzen wir doch wieder bei einer Flasche Wein zusammen. Ich habe keine Ahnung, wie ich mich anders verhalten soll. Er ist wie ein Politiker – hat auf alles eine Antwort, ohne das eigentliche Thema zu berühren.*

Kalle und seine Frau sind gute Gastgeber. Sie haben ihren Freund mit offenen Armen aufgenommen und sind wahrscheinlich allen Freunden gegenüber so großzügig. Problematisch wird es dann, wenn ihre Großzügigkeit sie auffrisst und die eigenen Bedürfnisse immer mehr zurückgestellt werden.

Die beiden müssen noch deutlicher werden. Wenn es nicht passt, dass der Freund zu Besuch kommt, sollten sie sagen:

*Nein, das passt dieses Wochenende nicht.*

Und zwar ohne um Verzeihung zu bitten oder tausend Erklärungen abzugeben und dadurch ihr eigenes Nein wieder zu untergraben. Ohne zögerlich zu klingen oder ein schlechtes Gewissen zu haben. Und wenn der Freund verspricht, sich unsichtbar zu machen und nicht zu stören, können sie antworten:

*Das glaube ich dir, aber dieses Mal passt es nicht. Du kannst dieses Wochenende nicht bei uns wohnen.*

Danach muss ein Punkt kommen, um das Ende der Diskussion zu markieren. Wenn der Freund die Antwort nicht akzeptiert, müssen sie von vorn beginnen. Jetzt nachzugeben, weil es so viel Kraft kostet, daran festzuhalten, ist keine Alternative, denn dann verliert der Freund den Respekt und lernt außerdem, dass er mit ein bisschen Ausdauer sein Ziel erreicht.

✎ **Wie hältst du es mit der Klarheit deinen Freunden gegenüber? Wem gegenüber kannst du deutlich sein? Bei wem nicht? Wann fällt es dir schwer und wann leicht?**

## Tipps, um versöhnlich zu klingen

- **Wut ist ein Warnsignal dafür, dass dir etwas Wichtiges fehlt**
  Reagiere auf deine Wut mit Liebe und Respekt, denn dahinter verbergen sich Informationen, die wichtig für dich sind.

- **Betrachte deine Freunde als Mitmenschen mit individuellen Gefühlen und Bedürfnissen**
  Geh nicht gleich davon aus, dass dir jemand schaden möchte oder dich nicht versteht. Solange du nicht klar und deutlich bist, fällt es anderen schwer, dich zu verstehen.

- **Sag die Wahrheit, aber mit Wärme**
  So vermeidest du Missverständnisse und angespannte Situationen. Formuliere exakt, was du denkst, fühlst und brauchst – und frag auch deine Freunde, was sie denken, fühlen und brauchen.

## Alles bleibt beim Alten – bis sich etwas ändert

»Du hast die Freunde, die du verdienst«, sagte ein Bekannter zu mir. Bei Freundschaften ist es wie bei vielem anderen: Was wir einbringen, bekommen wir auch zurück. Wie es in den Wald hineinruft, so ruft es heraus.

Eine Kollegin erzählte mir, dass sie nach einem Essen mit ihren Freundinnen sehr verstört war, weil sie zum ersten Mal die bestehenden Beziehungen in dieser Clique hinterfragt hatte. Die Gespräche waren langweilig und oberflächlich gewesen, niemand hätte etwas Persönliches preisgegeben. Stattdessen drehte sich alles um Klamotten, Möbelläden und Prominente. Die Kollegin erkannte frustriert, dass auch sie ihren Anteil an dieser Art der Kommunikation hatte, und kam zum Schluss, dass sich diese Frauen eigentlich gar nicht richtig kannten. Sie selbst war aber an einem Punkt in ihrem Leben angekommen, wo sie ihre Zeit als kostbar empfand und sich nur noch warmherzigen Beziehungen widmen wollte.

Ich glaube, viele von uns kennen solche Momente von Entfremdung. Nicht aus jeder Begegnung entsteht eine tiefe Freundschaft. Einige von uns haben nur eine Handvoll Freunde und sind damit zufrieden, andere kennen zwar die ganze Stadt, wissen aber gar nicht, wen sie anrufen sollen, wenn sie dringend Hilfe brauchen.

Seinen Freunden gegenüber deutlich zu sein bedeutet nicht nur, sich klar auszudrücken, sondern auch, offen und aufrichtig zu zeigen, was sie uns bedeuten.

✎ **Wie sehen deine Beziehungen aus? Lebst du die Beziehungen, die du wirklich willst? Gibt es Menschen, denen du gerne näher wärst?**

**Maja erzählte mir:**
*Mir fällt es total schwer, meinen Freunden gegenüber deutlich zu sein. Bei der Arbeit kann ich mit meinen Kollegen richtig wild diskutieren, aber bei meinen Freunden schleiche ich um den heißen Brei herum. Sollte es nicht eigentlich umgekehrt sein?*

**Kristin erzählte mir:**
*Ich habe eine Freundin, die es nicht erträgt, dass ich einen coolen Job und ein hohes Gehalt habe. Früher verband uns das Klagen, aber mein Leben hat sich inzwischen verändert. Leider erträgt sie es scheinbar nicht, dass es mir gut geht. Ich will ihr das bald mal deutlich sagen, sonst muss ich mich zurückziehen.*

**Noah erzählte mir:**
*Ich bin so genervt von einem Kumpel, der immer möchte, dass wir etwas trinken gehen, aber dann besäuft er sich total. Ich möchte, dass wir unsere Freundschaft pflegen, indem wir zusammen Sport treiben oder sonst was Vernünftiges machen. Aber dazu ist er nicht zu haben, also habe ich die Freundschaft beendet. Er wurde wahnsinnig sauer, seitdem haben wir keinen Kontakt mehr. Mir macht das gar nichts aus.*

Alles bleibt beim Alten – bis man es ändert. Für deinen Anteil in einer Beziehung bist du verantwortlich, das gilt auch für Freundschaften. Und je klarer du weißt, was du willst, desto deutlicher kannst du es sagen.

# 31. Die Kunst des Tröstens

Was ist Trost eigentlich? Wen trösten wir? Trösten wir denjenigen, dem es schlecht geht, oder uns selbst? Wollen wir es dem Betroffenen leichter machen oder uns selbst?

Trost kann die Welt verändern, aber er kann auch verstören und niederschmettern, wenn er nicht dem entspricht, was der Trostsuchende braucht.

## Jagen traurige Menschen dir Angst ein?

Oft erschrecken uns Trauer, Niedergeschlagenheit, Sorge, Schmerz oder Mutlosigkeit. Wir wissen dann nicht, was wir sagen sollen, und gehen deswegen lieber auf Distanz.

So gerne würden wir alles wiedergutmachen, die Situation in Ordnung bringen, unsere Mitmenschen wieder fröhlich machen, damit alles so weitergeht wie bisher.

Warmherzig, respektvoll und liebevoll sind wir aber erst, wenn wir von unseren eigenen Gefühle absehen und den Trost spenden, der erwünscht ist. Wer dem Traurigen zuliebe trösten will, muss darauf achten, welche Bedürfnisse er hat.

**Statt:** *Du wirst sehen, das wird schon …*
*Sei nicht traurig …*
*Nimm dir was Schönes vor …*
*Denk an etwas anderes …*
*Die Zeit heilt alle Wunden …*
*Es gibt noch so viele andere Menschen …*
*Immerhin haben wir Glück mit dem Wetter …*

**Sprich's aus:** *Ich sehe, dass du traurig bist, willst du mit mir darüber sprechen?*
*Was kann ich für dich tun?*
*Wie kann ich dir helfen?*

Kein Mensch muss sich wegen seiner Gefühle schämen. Traurig zu sein bedeutet, traurig zu sein. Und das ist vollkommen in Ordnung. Wenn du damit nicht zurechtkommst, ist es ehrlicher, das zu sagen und dafür Sorge tragen, dass ein anderer die Person tröstet.

Wenn jemand gerade traurig ist, spielt es keine Rolle, dass »die Zeit alle Wunden heilt«. Wenn das Herz aus Liebeskummer zu zerbrechen droht, hilft es nicht, dass man sich jeden Tag neu verlieben kann. Solche Sprüche entziehen individuellen Gefühlen ihre Berechtigung.

Im Bemühen, etwas Gutes zu tun, wollen wir dem anderen unbedingt etwas geben, das ihn sich besser fühlen lässt. Oft glauben wir, dass gerade das von uns erwartet wird, und täuschen uns darin.

**Elaine erzählte mir:**
*Wenn eine meiner Freundinnen anruft, um ihr Herz auszuschütten, setzt sich in meinem Hirnstübchen sofort ein Prozess in Gang. Ich merke, dass ich gar nicht mehr richtig zuhöre, weil ich schon dabei bin, die kluge Antwort zu formulieren, die ich geben will, sobald die Freundin verstummt ist. Es wäre doch schrecklich, wenn ich ihr nicht helfen könnte, wenn sie traurig oder wütend ist, oder? Ich setze mich selbst wahnsinnig unter Druck und habe die Rolle der großen Trösterin übernommen. Die fällt mir manchmal ganz schön schwer.*

Wie schnell urteilen wir über jemanden, der traurig ist. Besonders, wenn seine schlechte Stimmung lange anhält und unsere Geduld schwindet. Dann streift uns der Gedanke, dass der Betreffende sich allmählich wieder aufraffen und zusammenreißen sollte. In diesem Augenblick urteilen wir und sind nicht mehr in der Lage, Trost zu spenden.

**Victor (11 Jahre) erzählte mir:**
*Meine Mama ist vor drei Jahren gestorben. Im ersten Jahr waren alle superlieb zu mir, trösteten mich und kümmerten sich besonders viel um mich. Dann plötzlich war es, als hätten es alle vergessen, und alles war wie immer. Aber für mich ist gar nichts wie früher, ich vermisse meine Mama jeden Tag, aber ich traue mich nicht, jemandem zu erzählen, wie traurig ich bin, weil sie sonst vielleicht sagen, dass es jetzt gut sein müsste. Muss ich sie inzwischen vergessen haben?*

Trauer braucht Zeit. Keiner kann vorherbestimmen, wie lange ein Junge trauert, der seine Mutter verloren hat. Wir haben nicht einmal den Ansatz einer Vorstellung davon. Aber viele können dem Jungen auf seinem Weg helfen, damit er es ein wenig leichter hat, mit seiner Trauer umzugehen.

## Tipps, wenn du tröstest

- **Zuhören**
  Sei ein Herz mit zwei Ohren, aber ohne Mund. Hör deinen Mitmenschen zu und übe dich darin, nicht über die Gefühle und Gedanken anderer zu urteilen.

- **Bestärken**
  Spiegele, was die betreffende Person sagt:
  *Du vermisst sie, ja?*
  *Ich sehe/höre, dass du traurig bist.*
  *Ich verstehe, dass du dich in den Hintergrund gedrängt fühlst.*
  *Du bist also enttäuscht?*

Wenn du eine Rückmeldung gibst, verwende dieselben Ausdrücke wie dein Gegenüber. Wenn er gesagt hat: »Ich bin jetzt ziemlich traurig«, dann solltest du nicht sagen: »Ich verstehe, dass du vollkommen niedergeschlagen bist!« Die Nuancen können gering sein, aber sie spielen eine wichtige Rolle, also antworte mit denselben Worten.

Es geht um das, was du hörst, nicht um das, was du denkst. Ziel des Tröstens ist, dass die traurige Person sich gehört und verstanden fühlt. Nur so kann das Tal der Trauer durchschritten werden.

- **Erzähl weiter!**
  Vielleicht gibt es gar nicht immer mehr zu sagen, aber oft kommen weitere Dimensionen hinzu. Manchmal gelingt es auf diese Weise herauszufinden, was als Nächstes ansteht: Hilfestellungen, Zuspruch, Pläne für die Zukunft.

- **Grenz dich von dem Getrösteten ab**
  Versuch bei dem zu bleiben, was dein Freund gerade erlebt, und mach es nicht zu deinem Schmerz. Lass deine eigenen Gefühle in dieser Situation außen vor.

- **Wiederholung muss sein**
  Wenn du die immer gleiche Geschichte nicht mehr hören kannst, wechsle dich mit anderen ab. Besprich im Freundeskreis, wie ihr euch gegenseitig helfen könnt, damit wiederholtes Erzählen möglich wird. Für den Heilungsprozess ist Wiederholung wesentlich.

- **»Was brauchst du jetzt im Moment?«**
  Wenn du unsicher bist, welche Art von Trost dein Freund haben will, frag ihn! Bezieh den Trauernden mit ein und lass ihn bestimmen, wie er behandelt werden möchte.

**Mona erzählte mir:**

*Das Allerschlimmste ist, wenn ich getröstet werden will und meine Freundin beginnt, über ihre eigenen Probleme zu sprechen! Das macht mich wahnsinnig! Ich schütte mein Herz aus und möchte und suche Mitgefühl, stattdessen bekomme ich zu hören, was sie erlebt hat! Das kann ich dann kaum verkraften. Ich erkenne zwar, dass sie mir zeigen will, dass ich nicht allein bin mit dem, was ich erlebt habe, aber in dem Augenblick spielt das für mich keine Rolle. Mittlerweile wende ich mich an andere, wenn ich Trost suche.*

Trost finden wir, wenn wir die Gelegenheit bekommen, ein Problem wieder und wieder zu erzählen und durch diese Wiederholung zu verarbeiten. Denn so betrachten wir die Situation von allen Seiten und gehen Fragen nach, auf die wir vielleicht niemals eine Antwort bekommen.

Wiederholen ist eine Form des Bearbeitens. Aber man darf nicht steckenbleiben, denn das führt zu Verbitterung, und die blockiert unsere persönliche Entwicklung. Woher weiß man also, wie lange man sich wiederholen kann?

Als Trauerbegleiterin werde ich manchmal gefragt, wann man mit dem Trauern aufhören soll. Wann ist es zu früh? Wann zu spät? Meine Antwort: Wenn der Trauernde nicht mehr weiterkommt, sollte er den nächsten Schritt machen und einen Weg finden, sein Leben so zu akzeptieren, wie es jetzt ist – und die neuen Voraussetzungen näher betrachten.

**Emilia erzählte mir:**

*Als mir gekündigt wurde, war ich wie betäubt und habe tagein, tagaus gegrübelt und mir den Kopf zerbrochen.*

*Das Beste, was mir dann passiert ist, war, dass mein Mann sagte, ich müsse jetzt endlich aufhören, diesem Job hinterherzutrauern, und mir eine neue Stelle suchen. Er war sehr bestimmt und sagte deutlich, dass er nicht vorhabe, sich noch ein weiteres Wort darüber anzuhören, wie ungerecht das alles sei, schließlich hatte ich dort ohnehin nicht länger arbeiten gewollt. Zunächst war ich wahnsinnig sauer, aber nachdem ich eine Nacht darüber geschlafen hatte, wurde mir klar, dass es wirklich höchste Zeit für den nächsten Schritt war. Wäre er mir gegenüber sanfter gewesen, würde ich heute noch dasitzen und schimpfen!*

## Tipps, wenn du Trost suchst

- **Von wem willst du getröstet werden?**
  Wem vertraust du? Wer erträgt, was dir Kummer bereitet? Wem gegenüber kannst du deine Gefühle und Gedanken offen ausdrücken?

- **Wie willst du getröstet werden?**
  Möchtest du, dass man dir einfach nur zuhört, dann sag das. Willst du gute Ratschläge und kluge Tipps, sag es. Willst du nur umsorgt werden, gib Bescheid. Du selbst bestimmst, wie du getröstet werden willst, es zählt nur dein Wunsch.

- **Kannst du mich so trösten?**
  Besprich mit der Person, die dich trösten will, ob sie dich einfach nur umarmen oder dir zuhören soll. Dann weiß sie, was du dir wünschst und was du brauchst. Wenn sie deinem Bedürfnis nicht entsprechen kann, ist es besser, jemand anderen um Trost zu bitten.

**Fabio erzählte mir:**
*Ich habe eine ziemlich schlechte Erfahrung mit meiner Mutter gemacht, als ich mich gerade von meiner Freundin getrennt hatte und ihr erzählen wollte, wie traurig ich war. Ich wollte getröstet werden und rief sie an. Es war ein ganz normaler Werktag, aber für mich gab es nur Trauer und Einsamkeit. Ich fand mich sehr mutig, weil ich es wagte, von meinen Gefühlen zu sprechen, und wünschte mir, dass sie mich so trösten würde wie*

*damals, als ich klein war. Aber als ich zu Ende erzählt hatte, sagte sie nur: »Jedenfalls ist es gut, dass es draußen langsam aufklart …« Das fühlte sich an wie ein Schlag ins Gesicht.*

Gutes Wetter tröstet keinen, der unter akutem Liebeskummer leidet. Für Fabio wäre es besser gewesen, wenn seine Mutter ihm Verständnis entgegengebracht und ihn gefragt hätte, was sie für ihn tun könne. Vielleicht hat er seine Mutter in einem ungünstigen Moment erwischt – oder sie hat einfach so kommuniziert, wie sie es gelernt hat und für richtig hält.

# Kommunikation mit dir selbst

# 32. Deine Werte

Deine Werte sind das Fundament, auf dem du stehst. Sie bestimmen, wie du dich anderen gegenüber verhältst und welche innere Haltung du hast – was sich dann wiederum darin zeigt, wie du dich benimmst und wie du handelst, wie du mit anderen Menschen in deiner Umgebung umgehst und schlussendlich, wie du dich dir selbst gegenüber verhältst. Dein Verhalten spiegelt am deutlichsten wider, wie du kommunizierst.

Das ist wie die Kettenreaktion bei einem Dominospiel: Änderst du etwas an deinem Wertesystem, wird auch zu spüren sein, dass du dich anderen gegenüber anders verhältst, zum Beispiel in deiner Kommunikation.

Mit deinen Werten wirst du jeden Tag konfrontiert, ohne dass du ihnen besondere Aufmerksamkeit schenkst. Du triffst unterschiedliche Entscheidungen, spontane oder wohlüberlegte Beschlüsse. Wie du deine Entscheidungen triffst, beruht darauf, wie du erzogen wurdest und in welcher Umgebung du aufgewachsen bist, welche früheren Erfahrungen du mit deinen Entscheidungen gemacht hast, was du gehört und gesehen hast, welche Ansichten du zu den verschiedensten Themen hast – teils sehr klare und teils eher vage.

*Wenn ich mit dem Einkaufswagen an der Kasse stehe und eine Kassiererin ruft: »Freie Kasse!«, passiert in neun von zehn Fällen etwas Merkwürdiges. Diejenigen, die am weitesten hinten in der Schlange stehen und daher die beste Übersicht über alle Kassen haben, wuseln flink wie Haselmäuse nach vorne direkt an die neue Kasse und laden ihre Waren ohne Zögern auf das Band. Dabei haben gerade sie am kürzesten angestanden! Die anderen Kunden, die schon viel länger da waren, müssen weiterhin warten. In meinen Augen ist das unfair und unsolidarisch. Ein solches alltägliches Verhalten verstößt gegen meine Wertvorstellungen: sich ohne Rücksicht auf andere einen Vorteil verschaffen.*

## Niveaus der Wertvorstellungen

Der holländische Soziologe Geert Hofstede hat festgestellt, dass sich unsere Wertvorstellungen auf drei verschiedenen Niveaus manifestieren:

**Das universelle Niveau**
Diese Werte sind universell anerkannt und gelten für die meisten Menschen, zum Beispiel, dass man andere Menschen nicht töten darf (allerdings, welche Werte gelten dann im Krieg?) oder dass Tierquälerei nicht vertretbar ist.

**Das kollektive Niveau**
Dabei handelt es sich um gemeinsame Werte einzelner, variabler Gruppen und Gesellschaften, beispielsweise am Arbeitsplatz oder im Freundeskreis.

**Das individuelle Niveau**
Dies ist die Wertegrundlage jedes Einzelnen, also der Referenzrahmen des Individuums, das stark variieren kann – auch unter Menschen, die sich nahestehen (Geschwister, Kollegen).

Einige Werte bedeuten uns mehr als andere. Während wir bei manchen Themen leichter unsere Meinung ändern, halten wir bei anderen unverrückbar an unserer Überzeugung fest. Vielleicht lädst du illegal einen Film aus dem Internet herunter, würdest aber niemals etwas in einem Laden stehlen … obwohl beides Diebstahl ist.

Aber unsere Werte sind in ihrer Bedeutsamkeit austauschbar. Für den einen ist eine kleine Notlüge vollkommen in Ordnung: etwa zu sagen, dass der neue Pullover von XY schön ist, obwohl wir ihn uns nie im Leben kaufen würden. Für den anderen sind Lügen absolut tabu, er kann nur mit der Wahrheit leben.

Immer wieder interessant ist die Frage der Treue. Zum Beispiel ein offenbar harmonisierendes Paar aus deinem Bekanntenkreis: Sie fährt auf eine Konferenz, hat abends ein paar Drinks zu viel und landet mit einem Kollegen im Bett, den sie schon immer attraktiv fand. Am nächsten Morgen wacht sie auf und hat eine Riesenangst. Alle im Büro wissen Bescheid, aber keiner sagt etwas. Alle kennen ihren netten Mann – du bist sogar mit ihm befreundet. Und jetzt? Mischst du dich ein? Sagst du ihr, dass du es ihm erzählen wirst, wenn sie es nicht tut?

Bestimmte Werte haben wir unser ganzes Leben, während andere ausgewechselt werden, je nachdem, wie sich das Leben so entwickelt. Manchmal werden wir zu dem aufreibenden Prozess gezwungen, unsere Werte der Wirklichkeit anzugleichen, da es umgekehrt nicht geht.

**Maria erzählte mir:**
*Mir wurde von zu Hause mitgegeben, dass die Kernfamilie die einzig wahre Form des zwischenmenschlichen Lebens ist. Mutter, Vater, Kind – eine Frau muss alles tun, um sie zu erhalten. Bevor ich meinen Mann nach zehn Jahren unglücklicher Ehe verließ, geriet ich also in einen schrecklichen inneren Konflikt. In meinem Kopf tobte ein Kampf – Eheglück gegen Beziehungstragödie, Alleinsein gegen Familie. Heute, viele Jahre später, bin ich endlich zur Ruhe gekommen, weil ich eingesehen habe, dass Familien ganz unterschiedlich sein können. Das ist vollkommen in Ordnung.*

Einige Werte aus der Kindheit scheinen ganz selbstverständlich, zum Beispiel, Blumen mitzubringen, wenn du bei jemandem zu Hause eingeladen bist. Oder einer älteren Person im

Bus den eigenen Platz anzubieten. Aber eigentlich geht es um die ideelle Ebene, die solchen Ritualen zugrunde liegt: den Gastgebern Wertschätzung entgegenzubringen, Verständnis zu haben für Schwächere.

Gesunde Werte, die dir in deiner Kindheit von Eltern, Lehrern, oder anderen Erwachsenen vermittelt wurden, haben dich geprägt. Solange du dich an sie erinnerst, kannst du dich an ihnen festhalten und orientieren. Um eine tragfähige und flexible Wertegrundlage zu entwickeln, sollten die eigenen Werte aber hin und wieder überprüft und hinterfragt werden.

**Welche Werte wurden dir in deiner Kindheit vermittelt? Sind es Werte, an denen du ernsthaft festhältst, die dir bis heute wichtig sind?**

Es ist nicht leicht, an seinen individuellen Wertvorstellungen festzuhalten, wenn diese von denen der Gruppe abweichen, zu der du gehörst – sei es familiär oder beruflich. Die Situation ist heikel, wenn du in einem Umfeld lebst, das mit deinen Werten nicht konform ist.

*Vor vielen Jahren habe ich in einem Büro gearbeitet, wo die Person, die sich um Buchhaltung und Verwaltungsfragen kümmerte, eine zentrale Stellung innehatte. Von einem Tag auf den anderen begann sie, immer mehr von zu Hause aus zu arbeiten. Sie war selten an ihrem Platz, sodass wir nie wussten, wann sie anzutreffen war. Die Leute begannen, ihren Missmut zu äußern, da die Gehälter verspätet ausgezahlt wurden und die Verwaltung durcheinandergeriet. Es dauerte nicht lange, bis die Kollegen anfingen zu tratschen und sich Geschichten auszudenken. Aber niemand sagte es ihr ins Gesicht. Nur der Flurfunk sendete permanent Unzufriedenheit und üble Nachrede, die betreffende Person selbst erhielt jedoch nie die Gelegenheit, darauf zu reagieren.*
*Ich wollte bei diesem Spiel nicht mitmachen.*

*Ich mochte sie, aber vor allem missfiel es mir, wie sich die Leute verhielten. Hinter dem Rücken eines anderen zu reden steht definitiv auf meiner schwarzen Liste, damit wollte ich nichts zu tun haben.*
*Also entschloss ich mich, ihr die Möglichkeit zu geben, darauf zu reagieren, damit sie die Dinge ändern konnte. Ich ging in ihr Büro, schloss die Tür und setzte mich. Dann erzählte ich ihr ohne Umschweife: »Es wird schlecht über dich geredet. Die Leute fragen sich, warum du so oft weg bist, und ärgern sich darüber, dass du nicht da bist, wenn man dich braucht. Wenn ich du wäre, würde ich wissen wollen, was hinter meinem Rücken vorgeht, und ich denke, dass diejenigen feige sind, die es dir nicht direkt sagen. Deshalb spreche ich aus, was los ist.«*
*Sie kommentierte meinen Bericht mit einem knappen »Danke« und sprach dann kein Wort mehr mit mir. Aber sie war wieder an ihrem Arbeitsplatz, von morgens bis abends, lief von einem Büro zum anderen und engagierte sich wie nie zuvor, um ihre Präsenz und Zugänglichkeit zu beweisen – zugänglich für alle, außer für mich. Die Überbringerin der schlechten Nachricht wurde bestraft!*
*Am Anfang hat mich ihr Schweigen irritiert, aber bis heute bin ich nach wie vor der Meinung, dass meine Reaktion richtig war. Und auch sie hat das Recht zu reagieren, wie sie es für richtig hält.*
*Es kostet viel Kraft, an seinen Werten festzuhalten, aber sich selbst zu verleugnen ist aufreibender. Denn wenn du immer wieder von etwas abweichst, das dir viel bedeutet, wachsen Angst, Zweifel und Unsicherheit.*

Deine Wertvorstellungen und dein Menschenbild bilden die Grundlage deiner Kommunikation. Deine innere Haltung spiegelt sich in deinem Verhalten und in der Art und Weise wider, wie du mit deinen Mitmenschen sprichst.

Unsere Werte sind interessant, weil sie so viel über uns aussagen. Du hast die Reise deiner persönlichen Entwicklung angetreten und kannst viel über dich lernen, wenn du dein Fundament im Blick behältst.

# 33. Deine Gefühle und Bedürfnisse

Alle Menschen auf der Welt haben Bedürfnisse. Nur wer tot ist, hat keine Bedürfnisse.

Ich will damit klarstellen, dass individuelle Bedürfnisse ernst zu nehmen sind, das gilt für die Bedürfnisse deines Partners, deiner Eltern, deiner Kinder, deiner Freunde, deines Chefs, deiner Kollegen, deiner Nachbarn. Und für deine eigenen Bedürfnisse.

Zu uns selbst und zu unseren Bedürfnissen in Kontakt zu stehen ist der Schlüssel zum eigenen Wohlbefinden. In uns entstehen permanent Gefühle, sie haben Erinnerungsfunktion und sind ein Antrieb, den Bedürfnissen nachzuspüren, die dahinterstecken – und dann aktiv zu werden. Wenn du das verinnerlicht hast, verstehst du nicht nur die eigenen Bedürfnisse besser, sondern wirst auch einfühlsamer für die Bedürfnisse anderer.

## Wenn Bedürfnisse ungestillt bleiben

### Wut

Wut ist wie ein Regenschirm, der sich über andere Gefühle spannt. Sie steht nämlich stellvertretend für etwas anderes: Eine verärgerte Person kann traurig sein hinter ihrer Wut oder auch enttäuscht, müde, wehmütig, einsam oder frustriert, weil ihr etwas fehlt.

Wut ist nur dann gut, wenn wir uns die Informationen zunutze machen, die sich dahinter verbergen.

Wut kann in einem Menschen Wunderkräfte freisetzen, weil

ein Bedürfnis – oder mehrere – lange Zeit unbefriedigt blieb. Es ist keinesfalls sicher, ob die wütende Person weiß, um welches Bedürfnis es sich handelt. Das ist sogar eher unwahrscheinlich, denn oft richtet jemand, der verärgert ist, seinen Blick von sich weg und beschuldigt andere Menschen oder Ereignisse.

Das klingt dann so:

*Mir geht es nur wegen dir so schlecht!*

*Du machst mich wütend!*

Wut beeinträchtigt unser Urteilsvermögen und unsere Sprache. Wir wählen Worte und Ausdrücke, die wir in besonneneren Momenten nie sagen würden. Einen Großteil dessen, was wir im Zorn sagen, bereuen wir hinterher, bitten dann um Verzeihung deswegen und würden es gerne zurücknehmen. Manchmal ist es dafür aber zu spät.

Wenn wir wütend sind, konzentrieren wir uns in neun von zehn Fällen darauf, wie wir es *nicht* haben wollen, was wir *nicht* dulden oder was wir *nicht* tun wollen. So geraten wir leicht in einen Teufelskreis, in dem wir nur noch die Ursache unserer Wut sehen und gar nicht mehr wissen, wie wir eigentlich leben wollen.

Ein Beispiel: Ich bekam eine Mail von einem Mann, den ich hier Roger nenne. Roger erzählte mir von seiner Ehe. Er schrieb viel darüber, was seine Frau *nicht* tat, dass sie etwa *nie* die Initiative beim Sex ergriff, ihn *nie* bestätigte und sie *nie* Zeit hätte, um mit ihm auf dem Sofa zu kuscheln, weil sie abends immer nur den Haushalt machte.

Roger fragte sich, was er tun könnte, damit sich etwas änderte. Als er mit seiner Frau sprechen wollte, formulierte er Sätze wie »Du willst nie Sex haben« und »Du willst nie kuscheln« und »Dir ist das Staubsaugen wichtiger als ich«. Das nahm sie natürlich persönlich, wurde wütend und schrie ihn an, dass er ihr ja auch mal beim Staubsaugen helfen könne, dann wäre genug Zeit für Kuscheln und Sex!

Ich meinte zu Roger, dass er herausfinden solle, was er haben will, und es seiner Frau sagen. Man kann darüber sprechen, wer die Initiative beim Sex ergreift, aber ohne denjenigen zu verurteilen, der dies seltener tut. Roger musste üben, seinen Gefühlen Ausdruck zu verleihen und den Bedürfnissen nachzugehen, die sich dahinter verbergen. »Kuscheln auf dem Sofa« steht vielleicht für das Bedürfnis, Aufmerksamkeit zu erhalten und sich wichtig und geliebt zu fühlen.

Roger und ich blieben per E-Mail in Kontakt und so erfuhr ich, dass er viele Gespräche mit seiner Frau führte und beide intensiv an ihrer Beziehung arbeiteten. Auch die Partnerin sprach ihre Wünsche aus: mehr Zusammenarbeit im Haushalt, mehr Wertschätzung und mehr Entlastung. Statt sich darauf zu konzentrieren, was sie *nicht* wollten, konnten sie einander sagen, wonach sie sich sehnten oder was sie brauchten.

Wie oft sagen wir »Nie« oder »Immer« und verzichten auf die Nuancen, die unseren individuellen Gefühlen und Bedürfnissen angemessen sind.

**Statt:** *Immer musst du mich unterbrechen!*
**Sprich's aus:** *Mich frustriert es, wenn ich nicht ausreden darf. Ich brauche das Gefühl, dass man mir zuhört und dass ich meine Sätze beenden kann.*

**Statt:** *Du hilfst nie mit!*
**Sprich's aus:** *Ich wünsche mir mehr Hilfe.*

✎ **Rück deine Wut ins Scheinwerferlicht. Was macht dich wütend? In welchen Situationen wirst du wütend? Wie zeigt sich das? Schreist du dann? Oder weinst du? Wie kommunizierst du mit deiner Umgebung, wenn du wütend bist? Wann bist du zuletzt wütend gewesen? Kannst du ein Muster entdecken?**

Wut ist ein Warnsignal: Wenn in dir das rote Wut-Lämpchen anfängt zu blinken, ist deine Seele am Schreien und will dich darauf aufmerksam machen, dass es Zeit ist, sich um deine Bedürfnisse zu kümmern. Und wie bei allen Alarmleuchten gilt es, das Problem sofort anzugehen. Spür deinen Gefühlen sofort nach, anstatt sie auszublenden. Wenn du aufgewühlt oder traurig bist, haben deine Bedürfnisse Priorität.

Wut verleitet uns zu der Annahme, dass wir das Richtige tun und die anderen falschliegen – dass sie das Falsche glauben, denken, fühlen, wollen oder sagen. Aber andere zu verurteilen ist weder besonders nett noch bringt es einen weiter. Denn dahinter steht immer die Haltung, dass es die anderen sind, die etwas ändern müssen.

### Enttäuschung

Bei diesem Gefühl spuken die unterschiedlichsten Erwartungen im mentalen Raum. Vielleicht hattest du konkrete Erwartungen an eine bestimmte Person, die nicht erfüllt wurden … Aber auch Erwartungen sind verborgene Sehnsüchte und unbefriedigte Bedürfnisse.

*Eine langjährige Freundin von mir, eine wunderbare Gefährtin und Kameradin, organisiert die großartigsten Feste, Essen und Reisen. Wenn sie früher die Idee hatte, eine Party zu geben, war ich sofort begeistert und übernahm verschiedene Aufgaben, die sie mir gab. Nach ein paar Jahren ertappte ich mich bei der Frage, ob ich das überhaupt wollte. Es waren auch Veranstaltungen dabei, die einiges kosteten – ein aufwendiges Überraschungsfest zum Beispiel –, aber nicht immer hatte ich das nötige Geld zur Verfügung. Als ich mich bei der nächsten Gelegenheit nicht beteiligen wollte, war meine Freundin richtig beleidigt. Dann ereignete sich etwas, das zu einem Wendepunkt in unserer Beziehung wurde. Meine Freundin plante, über Neujahr zu verreisen, ich weiß nicht mehr wohin, und betonte, wie sehr sie sich freuen würde, wenn ich mitkäme. Ich antwortete etwas in der Art, dass es natürlich großartig wäre, aber meine finanziellen Möglichkeiten im Moment begrenzt seien. Sie antwortete, man müsse »die Feste feiern, wie sie fallen«. Ich meinte, wir könnten ja schauen, wie es gegen Ende des Jahres finan-*

*ziell bei mir aussehe. Zu einem Nein konnte ich mich nicht durchringen, obwohl es viel realistischer und aufrichtiger gewesen wäre. Aber sie nahm meine Antwort als ein Vielleicht, aus dem sicher ein Ja werden würde.*
*Silvester rückte näher und die Reise musste gebucht werden. Als die Sprache darauf kam, sagte ich klipp und klar, dass ich nicht mitfahren würde. Da wurde meine Freundin so wütend, dass sie mich nach allen Regeln der Kunst beschimpfte. Ihr Wunsch war zur Erwartung geworden, die nun enttäuscht wurde. Und Enttäuschung tut weh!*
*Wenn ich auf dieses Ereignis zurückblicke, erinnere ich mich, dass ich sie einfach nur für schrecklich egoistisch und verständnislos hielt. Heute weiß ich, dass ich damals ein starkes Bedürfnis nach Verständnis und Mitgefühl hatte. Ich wünschte mir, dass sie sich in meine Lage versetzt und meine Entscheidung akzeptiert hätte.*

### Trauer

Trauer empfinden nicht nur Menschen, die einen Nahestehenden verloren haben. Es gibt auch die Trauer über enttäuschte Hoffnungen, dass unser Leben nicht so verläuft, wie wir es einmal geträumt haben. Auch verlorene Illusionen können Trauer auslösen – eine zerbrochene Liebe oder Freundschaft, zerstörte Zuversicht, mangelnde Nähe oder ein traumatisches Erlebnis, das wir nicht verarbeitet haben.

Menschen, die ihre tiefe Unzufriedenheit durch Wut ausdrücken, verbergen häufig eine große Trauer hinter cholerischer Fassade. Aber irgendwann bricht dieser Damm.

### Einsamkeit

Allein zu sein ist nicht dasselbe, wie sich einsam zu fühlen. Selbst gewählte Einsamkeit kann sehr schön und erfüllend sein, während unfreiwillige Einsamkeit gefährlich ist. Denn wer einsam ist, ohne es zu wollen, leidet unter einem ungestillten Bedürfnis nach Zusammenhalt und Gemeinschaft. Wer sich Gesellschaft wünscht, sollte sie aktiv suchen und dabei aufrichtig sein, was die eigenen Bedürfnisse angeht.

### Angst

Es gibt Angst, die kribbelt, zum Beispiel wenn du vor einer Prüfung nervös bist. Dieses Gefühl kann sogar angenehm sein, wenn du dich aufgedreht und glücklich fühlst.

Schlimmer ist die Angst, die an dir zehrt, die in die Seele schneidet und am Herzen nagt. Das kann die Angst davor sein, abgewiesen und vergessen zu werden, die Angst vor Bedeutungslosigkeit und mangelnder Liebe, die Angst, nicht mehr zu genügen, Job, Position und Ansehen zu verlieren.

Es ist leichter zuzugeben, dass wir uns vor Spinnen fürchten, als dass wir Angst haben zu versagen. Sich zu trauen, eine Spinne anzufassen, ist sicher mutig und steigert das Selbstbewusstsein für einen Moment. Aber die Angst einzugestehen, nicht geliebt zu werden, macht dauerhaft stark. Mehr dazu in Kapitel 6 (Angst oder Liebe).

### Unzulänglichkeit

Fühlst du dich manchmal unzulänglich? Dann sind wir schon zwei. Die Anforderungen des Lebens scheinen oft genug übermächtig – wie sehr ich mich auch in die eine Richtung strecke, reicht es für die andere nicht mehr aus. Zum Beispiel als Mutter: Nach heißer Schokolade, Zähneputzen, Gutenachtgeschichte und Zu-Bett-bringen kommt noch die Bitte, den Rükken zu kratzen und ein bisschen zu kuscheln. Wenn ich mich dann hinausschleiche, kommt meistens die Frage: »Gehst du schon?«, und zwei große traurige Augen blicken mich an … Es ist kaum möglich, alles richtig zu machen und immer zu genügen. Manchmal sage ich auch: »Mir reicht's!« Dann ist es für diesen Abend genug und mein Kind soll jetzt schlafen, weil ich noch ein wenig lesen möchte. »Morgen sehen wir uns wieder. Für heute: Gute Nacht.«

## Werde Bedürfnis-Detektiv

- **Schritt 1: Was ist geschehen?**
  Was hat dich erschüttert oder enttäuscht, traurig oder wütend gemacht? Formuliere es wertfrei. Eine kluge Vorgehensweise ist es, sich vorzustellen, wie ein neutraler Beobachter das Ganze gesehen oder eine Videokamera es gefilmt hätte.

- **Schritt 2: Welche Gefühle hast du dabei empfunden?**
  Erzähl davon, was du tief in deinem Inneren spürst.

- **Schritt 3: Hinter jedem Gefühl steckt ein Bedürfnis.**
  Welches Bedürfnis steckt hinter dem, was du gerade fühlst? Oder sind es vielleicht mehrere Bedürfnisse?

- **Schritt 4: Welche Art von Veränderung wünschst du dir?**
  Werde so konkret wie möglich, aber bleib offen für einen Dialog mit deinem Gesprächspartner. Was wünschst du dir? Was willst du anders haben? Hier geht es nicht darum, Forderungen zu stellen, zu drohen oder ein Ultimatum zu stellen, sondern um das, was du dir wünschst und worüber ihr euch austauschen könnt.

Hinter jedem Gefühl steckt ein Bedürfnis. Um zu verstehen, warum ein Gefühl in uns aufkommt, müssen wir dem Bedürfnis nachgehen, das sich dahinter verbirgt. Eventuell ist es eines der folgenden …

Abwechslung · Akzeptanz · Angenommenwerden · Aufmerksamkeit · Aufmunterung · Autonomie · Behutsamkeit · Berührung · Bereicherung des Lebens · Beweglichkeit · Bewegung · Demut · Echtheit · Ehrlichkeit · Einfachheit · Entdecktwerden · Entwicklung · Erholung · Feiern · Freiheit · Freude · Fürsorge · Geborgenheit · Gegenseitigkeit · Gelassenheit · Gemeinschaft · Gerechtigkeit · Gesehenwerden · Gesundheit · Gewissheit ·

Glaube · Harmonie · Hoffnung · Information · Innere Stärke · Inspiration · Integrität · Intimität · Klarheit · Kommunikation · Kontakt · Kreativität · Liebe · Lernen · Luft · Mitgefühl · Motivation · Nähe · Nahrung · Offenheit · Ordnung · Respekt · Rücksicht · Ruhe · Schönheit · Schutz · Selbstbestimmung · Selbstrespekt · Sex · Sich-Amüsieren · Sich-Mitteilen · Sicherheit · Sinn · Spiel · Selbstständigkeit · Spiritualität · Spannung · Spontaneität · Stabilität · Stille · Struktur · Teilnahme · Trauern · Träumen · Umsicht · Unterstützung · Verständnis · Vertrauen · Visionen · Wärme · Wasser · Wertvoll-Sein · Zärtlichkeit · Zugehörigkeit · Zusammenarbeit · Zusammenhang · Zuverlässigkeit · Zuversicht · Zweck

Bedürfnisse ändern sich nämlich. In manchen Lebensabschnitten sind Verständnis und Anerkennung wichtiger sein als in anderen. Erfährt dein Leben etwa eine einschneidende Veränderung, den Wechsel des Arbeitsplatzes, einen Umzug oder eine Trennung, prägt sich vermutlich das Bedürfnis nach Sicherheit stärker aus.

Also gilt es, sich in jeder Situation bewusst zu machen, welches Bedürfnis gerade ansteht.

Das kann von Situation zu Situation unterschiedlich sein, abhängig davon, was dich gerade beschäftigt. Eine Person, die den ganzen Tag am Schreibtisch sitzt und routiniert arbeitet, wünscht sich in der Regel mehr Spontaneität außerhalb des Büros als ein Rettungssanitäter, dessen Arbeitstag hektisch und voller Abwechslungen ist. Der Rettungssanitäter hat am Feierabend eher ein Bedürfnis nach Rückzug und Stille.

**Sei der Detektiv deiner eigenen Bedürfnisse und ordne sie den unterschiedlichen Situationen zu. Was war zum Beispiel letzte Woche? Welche Situationen haben welche Gefühle in dir ausgelöst? Notier sie und überleg dann, welche Bedürfnisse hinter den verschiedenen Gefühlen gesteckt haben könnten.**

Die eigenen Bedürfnisse können sich von Mensch zu Mensch ändern, weil unsere Beziehungen so unterschiedlich sind. Bei dem einen Freund ist dein Sicherheitsbedürfnis weniger stark ausgeprägt als bei dem anderen, je nachdem wie sehr du ihm vertraust.

Die Menschen, bei denen du ganz du selbst sein kannst und vollkommen entspannt bist, sind wahrscheinlich auch diejenigen, die deine Bedürfnisse stillen können, ohne groß darüber nachzudenken. Dies geschieht ganz beiläufig, bedeutet aber nicht, dass solche Beziehungen zum Stillstand gekommen sind, sondern dass du dich in ihnen besonders sicher fühlst.

✎ **Wie verändern sich deine Bedürfnisse je nach Beziehung? Welche deiner Freunde stillen welche Bedürfnisse? Und wer ist dabei besonders wichtig?**

Mit der Spurensuche nach deinen Gefühlen und den Bedürfnissen dahinter hast du eine neue Welt betreten. Als würdest du untertauchen und die Welt unter der Wasseroberfläche betrachten – all die Korallen und Fische in verschiedenen Farben und immer neuen Mustern.

Wenn du den Dreh mit den Bedürfnissen raus hast, überleg einmal, welche Bedürfnisse die Menschen in deiner Umgebung haben. Auf welche Bedürfnisse verweisen die Emotionen, die sie offenbaren?

Es genügt, die Menschen in deiner Umgebung zu beobachten, ohne sie zu befragen. Ich spiele gerne Bedürfnis-Detektiv, wenn ich an der Supermarktkasse anstehe. Besonders abends, wenn die Leute müde sind und nach Hause wollen. Dann ist die Toleranzschwelle oft niedriger, wenn sich jemand vordrängelt oder der Vordermann nicht schnell genug bezahlt. In solchen Momenten reagieren die Leute auf einmal spontan. Jene Gefühle, die ansonsten unterdrückt werden, artikulieren sich dann umso vehementer als ungestillte Bedürfnisse.

**Patrick erzählte mir:**
*Ich weiß, dass ich mehr sagen sollte, was ich will. Aber ich habe immer so viel im Kopf, und es fällt mir schwer, das alles zu kommunizieren. Dann werde ich oft grantig oder wehleidig. Meine Umgebung wundert sich, was los ist. Wenn ich dann die richtigen Worte finde, bekomme ich zu hören: »Aber warum hast du das denn nicht gleich gesagt?« Ja, warum eigentlich?*

Wenn wir nicht davon ausgingen, dass unser Handeln andere wütend, enttäuscht, sauer oder traurig macht, könnten wir leichter auf unser Herz und unseren Willen hören. Leider wurden wir so erzogen, unsere eigenen Wünsche und Gefühle zurückzustellen.

Es ist gar nicht möglich, in eine andere Person einzutauchen und Verantwortung für ihre Gefühle zu übernehmen. Diese Verantwortung hat jeder einzelne Mensch für sich selbst zu tragen. Niemand kann seine Gefühle einem anderen übertragen.

*Du machst mich traurig!*

Nein. Ein Mensch wird traurig aus einem bestimmten Bedürfnis heraus, das nicht befriedigt wird. Deshalb fühlt er sich bedrückt, trostlos, nicht gesehen und unverstanden.

Andere Menschen können zwar die Ursache bestimmter Gefühlszustände sein, für die Reaktion sind wir aber selbst verantwortlich. Was andere tun, ist eine Sache – wie wir reagieren und damit umgehen, eine andere.

**Lisa erzählte mir:**
*Manchmal möchte ich widersprechen, tue es aber nicht, weil ich nicht will, dass der andere schlecht von mir denkt. Ich will, dass mich alle mögen, und hab eine Riesenangst davor, dass mich die Leute nicht leiden können.*

Unser Verhalten anderen gegenüber hängt auch mit dem Bedürfnis nach Akzeptanz zusammen, zum Beispiel wenn wir

Leistungen erbringen, um Anerkennung zu erhalten. Dann hat die Handlung für uns erst dann eine Bedeutung, wenn wir gelobt werden. Ein weit verbreiteter Trugschluss.

*Ich habe mich beinahe zu Tode geschuftet. Und das zweimal. Jahrelang war Anerkennung wie eine Droge für mich. Für alles, was ich tat, wollte ich Lob oder zumindest irgendein Feedback. Nach dem Motto: »Ich werde gesehen, also bin ich.« Als wäre man unbedeutend, solange man nichts Sichtbares hinterlässt. Für mich galt: »Wenn ich keine Anerkennung bekomme, war es offenbar nicht gut genug, also muss ich noch mehr leisten.«*
*Und ich wurde viel gelobt, bei allen möglichen Gelegenheiten bekam ich zu hören, dass ich großartig sei – als Freundin, Mutter und als Ehefrau. Aber ich wollte immer mehr.*
*Es kann bereichernd sein, viel um die Ohren zu haben. Aber es zehrt an den Kräften, sich ständig darüber den Kopf zu zerbrechen, was andere von dir denken. Das hat mir am Ende alle Kraft geraubt. Ich dürstete danach, dass die Leute in meiner Umgebung nette Sachen über mich und meine Leistungen sagten, und meine Sehnsucht nach Nähe, Zuspruch und Trost war enorm. Nach außen wirkte ich unbeschwert und glücklich, aber in meinem tiefsten Inneren hatte ich großen Kummer.*
*Das ist viele Jahre her. Ich hatte zwei Krankheiten, die tödlich hätten ausgehen können. Heute gibt es in meinem Leben Wichtigeres als Leistung. Ich denke nicht mehr, dass sich die Welt um mich dreht und dass sie untergeht, wenn mir einmal etwas misslingt.*

## Wenn Wünsche in Erfüllung gehen

### Verliebtheit

Verliebte sind glücklich, kindisch und ausgelassen. Sie erleben den Gipfel der Zufriedenheit, kichern und tun Dinge, die ihnen spontan einfallen. Wenn wir verliebt sind, leben wir unbesorgt im Hier und Jetzt. Wir genießen einfach, es geht uns physisch und psychisch gut.

Wir können nicht nur in andere verliebt sein, sondern auch in das Leben und in uns selbst. Diejenigen, die eine Reise durch die eigene Persönlichkeit unternommen haben, die an ihren Ängsten gearbeitet und es gewagt haben, ins Leben hinauszugehen, die verlieben sich neu in sich selbst. Das mag vermessen klingen, fühlt sich aber schön an.

Verliebtheit spürt man im ganzen Körper. Ob Jung oder Alt, überall auf der Welt. Dieses fantastische Gefühl macht uns ganz euphorisch.

**Erfolg**

Wie fühlt sich für dich Erfolg an? Erfolg wird oft daran gemessen, welche Position wir im Beruf haben oder wie dick unser Bankkonto ist – meine Definition lautet: Erfolg ist, wenn wir im Einklang mit unseren Vorstellungen vom Leben sind.

*Wenn ich gerne mit einem bestimmten Menschen zusammenarbeiten will und das wird möglich, fühle ich mich beruflich erfolgreich. Wenn ich die liebevolle Beziehung lebe, die ich mir lange gewünscht habe, bin ich in der Liebe erfolgreich. – Erfolg lässt sich für mich nicht in Geld und Positionen messen. Wenn ich gefragt werde, wie viele Bücher ich verkaufe und welche Honorare ich bekomme, antworte ich mit Zahlen. Als eine erfolgreiche Autorin empfinde ich mich, wenn mir eine Leserin erzählt, dass mein Buch Mir reicht's ihr in einer schwierigen Lebenslage geholfen hätte. Das ist für mich Erfolg. Oder wenn ich nach einer Lesung eine E-Mail von jemandem erhalte, der inspiriert wurde zu neuen Strategien, sein Leben zu meistern. Das ist für mich Erfolg.*

✎ **Was ist für dich Erfolg? In welchen Lebensbereichen fühlst du dich erfolgreich? Lebst du das Leben, das du dir wünschst? Erstelle eine Liste mit den Erfolgen, die du in deinem Leben hattest oder hast.**

**Sicherheit**

Ein Bedürfnis nach Sicherheit haben alle Menschen auf der Welt, es ändert sich aber je nach Lebenssituation. Eine Person, die in einem Kriegsgebiet lebt, erfährt eine andere Unsicherheit als jemand, der Schikanen am Arbeitsplatz ausgesetzt ist, oder jemand, der von der Bushaltestelle durch den dunklen Park nach Hause gehen muss. Ein Mensch kann sich unsicher fühlen, wenn er vor einer fünfköpfigen Arbeitsgruppe sprechen muss, während ein anderer vor 5000 Personen einen Vortrag hält, ohne sich im Geringsten unwohl zu fühlen.

✎ **Notier dir die Situationen und Momente, in denen du dich zuletzt unsicher fühltest. Wie ist es dir gelungen, dich wieder sicher zu fühlen? Es hilft, sich solche Situationen ins Gedächtnis zu rufen, um ihnen künftig vorbeugen zu können. So kannst du – mental oder konkret – bereitstellen, was du brauchst, um deine Unsicherheit zu überwinden.**

**Aus meinem Posteingang:**

*Hallo Elizabeth!*

*Ich will dir von meiner Unsicherheit erzählen. Ich bin nämlich mit einer Frau zusammen, die furchtbar launisch ist. Wenn ich von der Arbeit nach Hause komme, weiß ich nie, was mich erwartet, entweder herrscht Friede, Freude, Eierkuchen und sie hat gute Laune. Dann wird es ein schöner Abend und wir essen gemütlich zusammen und sehen uns vielleicht einen Film an. Oder aber sie ist fuchsteufelswild, rennt herum und verwüstet die Wohnung. Dann kann ich sie nicht einmal fragen, was sie so aufregt, ohne dass sie die Türen zuknallt und mit Sachen wirft. Manchmal geht es dabei um jemanden in ihrem Job, der etwas*

*Falsches gesagt hat oder etwas Bescheuertes gemacht hat, aber ausbaden muss es immer ich.*
*Was soll ich tun? Obwohl ich mich für stark halte, fühle ich mich unsicher! Wenn das nicht bald aufhört, können wir nicht länger zusammen sein. Ich habe aber keine Ahnung, wie ich ihr das sagen soll. Eigentlich liebe ich sie. Hilfe!*
*Dennis*

Dennis fehlt die Sicherheit, die er dringend braucht. Die E-Mail bot ihm die Möglichkeit, seine Bedürfnisse in aller Ruhe zu formulieren. Als Nächstes empfahl ich ihm, seiner Freundin in einem ruhigen Moment zu erzählen, wie er es erlebt, wenn sie die Beherrschung verliert.

Wenn er die vier Schritte des Bedürfnis-Detektivs geht, kann er Folgendes formulieren:

*Wenn ich nach Hause komme und nicht weiß, ob du fröhlich oder wütend sein wirst, bin ich ganz unsicher und unruhig. Dann fühle ich mich überhaupt nicht wohl in meiner Haut, wenn ich den Schlüssel in die Hand nehme. Ich brauche Sicherheit und wüsste gerne, was mich zu Hause erwartet. Wie können wir es schaffen, dass sich deine Laune stabilisiert?*

Die Freundin von Dennis fing an, fürchterlich zu weinen, was ihn zunächst nur noch ängstlicher machte. Nachdem sie sich aber beruhigt hatte, sprachen sie lange miteinander, und es stellte sich heraus, wie unwohl sie sich an ihrem Arbeitsplatz fühlte. Bisher trug sie ihren Ärger an den Ort, wo sie sich am sichersten fühlte. Dennis war ja immer für sie da und duldete es.

### Freude

Freude muss nichts kosten, sie muss weder anstrengend noch zeitraubend sein. Oft ist Freude gratis: wenn dir etwa ein Fremder auf der Straße zulächelt oder jemand dir seine Wartenummer überlässt. Freude ist so individuell wie alle Gefühle.

Ich habe einige Menschen in meiner Umgebung gefragt, was ihnen Freude bereitet, und das haben sie geantwortet:

**Meine Tochter Emilie, 17 Jahre:**
*Wenn ich aufwache und die Sonne scheint und der Himmel ist blau. Wenn ich auf Reisen neue Orte entdecke. Wenn ich Spiele der spanischen Fußballliga sehe.*

**Meine Tochter Alexandra, 13 Jahre:**
*Ich freue mich, wenn ich tanze und wenn ich eine Hausaufgabe abgebe, mit der ich zufrieden bin. Kuscheln macht mich auch froh, darum mache ich das oft.*

**Meine Tochter Bianca, 7 Jahre:**
*Filme ansehen. Meine Puppe im Puppenwagen spazieren fahren. Mit Hunden spielen. Kuscheln.*

**Katja, meine Freundin, seit wir 15 sind:**
*Ich freue mich über einfache Dinge, etwa wenn die Sonne scheint, ich freihabe, wenn ich nach einem langen kalten Winter keinen Schnee mehr unter den Fahrradreifen habe. Natürlich freue ich mich auch über große Sachen wie die Liebe zu meinen Kindern und die Liebe meiner Familie – allein der Gedanke daran macht mich froh. Freude ist für mich ein Gefühl von Erwartung, Hoffnung und den Möglichkeiten des Lebens.*

**Pontus, mein alter Freund und Mentor:**
*Freude bedeutet für mich Fürsorge: sie zu zeigen und sie zu erhalten.*

**Patrick, mein Gefährte, seit wir 14 sind:**
*Für mich ist Freude Gesundheit und jeden Tag der Woche zu genießen. Ich freue mich über meine Frau und meine Kinder. Ein tolles Auto macht mich weniger froh, aber ein feines Essen mit gutem Wein.*

**Lotta, meine allererste Klientin:**
*Freude, das sind meine Familie und meine Freunde. Wenn ich mich gebraucht, geliebt und sicher fühle. Es gibt vieles, das mich froh macht; gemütliche Abende mit der Familie, Sport treiben, wenn mir bei der Arbeit ein Projekt gelingt, reisen, Briefe erhalten (die keine Rechnungen sind) und sympathische Arbeitskollegen.*

**Ich selbst:**
*Mich machen einzelne Erlebnisse und Augenblicke sehr froh. Das müssen keine großen Sachen sein wie eine Safari oder mit Delfinen zu schwimmen, es können ganz kleine Begebenheiten im Alltag sein. Etwa wenn meine Kinder mir sagen, dass sie mich liebhaben, wenn ich meine Freunde treffe oder ein neuer Tag beginnt. Oder wenn mein Mann mit frisch gekochtem Kaffee ans Bett kommt und mich auf die Stirn küsst, um mich aufzuwecken.*

✎ **Was ist Freude für dich? Wann freust du dich besonders? Überleg, welche Menschen oder Situationen dich froh machen.**

# 34. Dein innerer Dialog

Alles beginnt in dir. Die Kommunikation, die du mit dir selbst führst, stellt die Weichen für deinen persönlichen Weg. Klingst du abwertend, so wertest du dich auch selbst ab. Formulierst du Visionen von dir selbst, wirst du deine eigenen in den Vordergrund stellen. Der innere Dialog setzt uns in Gang, auch wenn es vieler einzelner Schritte bedarf, um vorwärtszukommen. Einige müssen erst bestimmte Erfahrungen verarbeiten – Beziehungen, Erinnerungen und Verhaltensmuster, die wir mit uns herumschleppen, aber loswerden wollen. Manche nehmen Trauerbegleitung, einen Coach oder Therapeuten in Anspruch, andere versuchen, alleine klarzukommen.

Es gibt Menschen, die schlimme Krankheiten oder sogar Nahtoderfahrungen hinter sich haben und dennoch das Leben positiv sehen. Sie sind glücklich, denn sie ziehen Gewinn aus der Gegenwart. Sie sind mit sich im Reinen, sind mutig und begegnen dem Leben und sich selbst im Hier und Jetzt.

Dann gibt es andere, bei denen die Angst den größten Platz im inneren Dialog einnimmt. Die ganze Zeit gehen sie vom Schlimmsten aus und interpretieren Botschaften und Bewertungen in alles hinein, was ihre Umgebung von sich gibt. Permanent empfinden sie Zurückweisung und Mangel an Liebe und Aufmerksamkeit.

Alles beginnt in dir. Dein Glück hängt von dir ab.

Wie gehst du damit um? Wie viel Platz räumst du Kummer, Wut, Freude, Wachstum und Entwicklung ein? Schätzt du dich selbst genug, um dich als aktive Größe im Spiel des Lebens zu begreifen? Oder lebst du für andere?

Das sind große Fragen, aber das Leben ist groß, und die Zeit für große Fragen ist immer JETZT. Morgen kann es zu spät sein.

**Unabhängig davon, wie beschwerlich das Leben auch sein mag wegen äußerer Faktoren wie Krankheit, geringem Einkommen oder unerwiderter Liebe – eine lebensbejahende Haltung macht Menschen glücklicher. Du kannst deine Gesundheit durch gute Gedanken beeinflussen. Was tust du, damit es dir gut geht? Wie sehen deine zuversichtlichen Gedanken aus?**

## Von Geburt an sind wir alle Optimisten

Der amerikanische Automobilhersteller Henry Ford sagte einmal: »Egal ob du meinst, dass du es schaffst oder dass du scheiterst – du wirst immer Recht haben.« Für mich hat sich dieser Satz schon oft bewahrheitet, also:

**Statt:** *Das wird niemals gut gehen!*
**Sprich's aus:** *Das wird wunderbar klappen!*

Es ist eine Sache, sich das zu sagen, aber eine andere, es in die Tat umzusetzen. Dafür braucht es Übung wie bei jeder Veränderung der inneren Einstellung und des persönlichen Verhaltens. Und üben, es anders zu machen, kann man bei jeder Gelegenheit, damit Selbstsicherheit und mentale Stärke mehr und mehr wachsen.

Optimisten haben eine ganz andere Lebenseinstellung als Pessimisten. Sie nehmen Misserfolge als notwendige Hindernisse wahr – nicht als das Ende der Welt, wie Pessimisten es tun. Optimisten sehen in allem Möglichkeiten, während Pessimisten vor allem Probleme erkennen. Pessimisten geben schneller auf, weil sie die Hoffnung verlieren und davon ausgehen, dass sie scheitern.

Von Geburt an sind wir alle Optimisten, schauen frohgemut

in die Welt, bis wir die Einstellungen der Eltern und anderer Menschen in uns aufnehmen.

**Beata erzählte mir:**
*Ich werde so wütend, wenn mir etwas misslingt! Ich werde richtig wahnsinnig und beschimpfe mich selbst aufs Übelste. Ich kapiere gar nicht, wie ich es mit mir aushalten kann.*

**Tanja erzählte mir:**
*Ich habe so etwas wie eine Waschmaschine in meinem Kopf. Wenn ich bei der Arbeit etwas falsch mache, zu spät komme, mich blamiere oder etwas Dummes sage, dann schaltet sich diese Maschine scheinbar selbst an. Sie dreht und dreht sich … und ich kann die negativen Gedanken nicht anhalten. Ich habe es wirklich versucht, aber es geht nicht.*

Viele der Klienten, mit denen ich arbeite, stellen sich ein Stopp-Schild vor, um aufzuhören zu grübeln oder negatives Verhalten abzustellen. Andere rufen sich einen guten Freund ins Gedächtnis, der sie ermahnt, wenn sie in alte Muster zurückfallen.

Meinen ersten Radioauftritt werde ich nie vergessen. Er zählt zu den größten Misserfolgen meines Lebens, zumindest in professioneller Hinsicht. Ich hatte ein vollständiges Blackout und konnte auf keine einzige Frage antworten, die der Moderator mir stellte, und das in einer Live-Sendung. In mir herrschte reine Panik und totale Leere.

Eine Stunde pure Angst.

Die wirkliche Herausforderung kam aber am nächsten Tag, als eine große Pressekonferenz angesetzt war, bei der mir Fragen von verschiedenen Journalisten gestellt werden sollten. Der Radioauftritt war nur das Warm-up. Dazwischen lag eine Nacht im Hotel.

Als ich aus dem Studio stakste und der Prüfung des nächsten Tages entgegenblickte, gelang mir kein aufmunternder Dialog mit mir selbst. Ich fuhr zum Hotel, wo ich mich eigentlich nur umziehen sollte, um gleich darauf an einem Arbeitsessen teilzunehmen. Im Hotelzimmer brach ich in Tränen aus. Wie eine Fontäne spritzten sie mir aus den Augen.

*Wie um alles in der Welt konntest du dich nur so blöd anstellen? Wozu hast du dich tagelang vorbereitet, um dann kein Wort herauszubekommen? Kein einziges. Du wolltest doch so gerne etwas Qualifizierteres tun, etwas mit Substanz? Und dann bekommst du die Chance und vermasselst sie. Morgen wird jeder an deine elende Stümperei denken, und das werden sie noch lange tun. Also zieh die Konsequenzen und reise ab. Ja, fahr nach Hause! Du Versagerin!*

*Pressekonferenz?! Glaubst du tatsächlich noch, das schaffst du?! Lächerlich. Fahr besser deine Ansprüche runter und überlass das Feld denen, die professioneller sind. Verkriech dich zu Hause und mach etwas, das dir weniger abverlangt, du übergeschnappte Idiotin …*

So in etwa sprach ich mit mir selbst, während Mascara über meine geschwollenen Wangen lief und das Hotelkissen schwarz färbte. Gleichzeitig war ich furchtbar hungrig und musste dringend etwas essen. Also zog ich mir ein Käppi in die Stirn und ging doch zum Abendessen. Es war angenehmer, als ich erwartet hatte.

Danach schlief ich wie eine kleine Prinzessin, erwachte am nächsten Morgen, duschte, frühstückte und dachte, dass nichts mehr zu verlieren war. Noch mehr blamieren konnte ich mich gar nicht mehr, und auf einmal klang auch meine innere Stimme ganz anders:

*Das wird schon, meine Liebe. Was kann schon passieren? Nichts Gefährliches. Nur ein paar Leute und ein paar Fragen, und alles wird laufen wie geschmiert. Das wird super. Mit ein bisschen guter Energie und guter Laune regelt sich alles von selbst. Das wird lustig. Du wirst Spaß haben, da auf dem Podium mit wichtigen Menschen und einer Menge Reportern. Ja, Spaß!*

Und es lief ausgezeichnet. Ich war vollkommen entspannt, antwortete konzentriert auf alle Fragen und kam mir vor, als hätte ich schon Hunderte von Pressekonferenzen hinter mir. Gar nicht schwer. Henry Fords Maxime bestätigte sich aufs Neue: »Egal ob du meinst, dass du es schaffst oder dass du scheiterst – du wirst immer recht haben.«

✎ **Erinnere dich an ähnliche Situationen, die du erlebt hast. Wann lief alles so glatt, wie du es vorhergesehen hattest? Wann erfüllte sich deine Prophezeiung, dass es schiefgehen würde?**

Jeder muss von Zeit zu Zeit einen Misserfolg wegstecken. Wir tun dies nur auf unterschiedliche Art und Weise. Einige berührt es gar nicht weiter, sie rappeln sich wieder auf und versuchen die Sache erneut. Andere gehen bei jedem Misserfolg an die Decke und werden stinkwütend auf sich selbst.

Stell dir vor, dir misslingt etwas, dann nimmst du gleich eine schwere Pfanne und schlägst sie dir auf den Kopf. Ungefähr so fühlt es sich an, wenn man die eigene Wut gegen sich selbst richtet.

## Von Misserfolgen lernen ...

Aus allem, was passiert, lässt sich lernen. Gerade aus dem, was schiefläuft. Denn auch Misserfolge haben ihre Gründe. Welche könnten das sein? Und was kannst du daraus lernen?

✎ **Erinnere dich an deinen letzten Misserfolg – es kann eine Kleinigkeit oder eine große Enttäuschung sein. Was hast du daraus gelernt? Hast du gelernt, dich besser vorzubereiten, oder geht es darum, klarer zu kommunizieren? Mach dir bewusst, was du aus deinem letzten Misserfolg gelernt hast. Du kannst die Aufgabe auch mit weiter zurückliegenden Erfahrungen wiederholen.**

## ... und von Erfolgen!

Oft konzentrieren wir uns so sehr auf Misserfolge, dass wir vergessen, in gleichem Maße unsere Erfolge zu betrachten. Zu wissen, was wir richtig machen und worin unsere Erfolge bestehen, ist aber mindestens genauso wichtig.

✎ **Betrachte jetzt deine Erfolge. Erinnere dich an das letzte Mal, als du mit deiner Leistung richtig zufrieden warst oder dir etwas besonders gut gelungen ist. Notier dir, wie du das erreicht hast.**

## Wenn du mit dir selbst sprichst

- **Sprich mit dir wie mit deiner besten Freundin**
  Da deine Kommunikation dein Verhalten und deine Werte beeinflusst, führt ein wärmerer und liebevollerer Dialog mit dir selbst auch dazu, dass du dir mit mehr Wertschätzung begegnest. Das wird sich auch darauf auswirken, wie du deinen Freunden begegnest.

- **Sei klar und deutlich**
  Sprich aus, für welche Alternative du dich entscheidest, wenn du schwanken solltest.

- **Sprich mit freundlicher Stimme**
  Viele von uns können milder oder schärfer klingen, das gilt auch für die innere Stimme. Probier einen milden Ton aus und horche, wie es klingt, wenn du zu dir selbst sprichst.

- **Mach dir schöne Gedanken**
  Schöne Gedanken machen die innere Stimme wärmer. Und umgekehrt: Wenn du freundlich mit dir sprichst, wirst du auch positive Assoziationen haben. Probier's aus!

Vielleicht hast du jahrelang nur unbewusst mit dir gesprochen. Dann wird es eine Weile dauern, den inneren Dialog zu verändern, mindestens einige Wochen oder Monate, je nachdem, wie tief deine bisherige Stimme verwurzelt ist.

Wenn du schon als Kind ständig kritisiert wurdest, wirkt sich das auch auf deinen inneren Dialog aus. Aber für Veränderung ist es nie zu spät! Vor dir liegt eine spannende Aufgabe, die es anzugehen lohnt.

✎ **Stell dir deinen eigenen 100. Geburtstag vor. Alle, die du magst, sind gekommen, deine Kinder, dein Partner, Freunde, Verwandte, Kollegen, Nachbarn und flüchtige Bekannte – alle sind da, um dich zu feiern. Einer nach dem anderen hält eine herzliche Rede, deren Thema du bist. Schreib in dein Notizbuch:**

1. **Was sagen sie? Welche Eigenschaften sprechen sie dir zu?**
2. **ist du mit den Eigenschaften einverstanden oder wünschst du dir andere?**

✎ **Überleg dir, wie du an deinem 100. Geburtstag beschrieben werden willst.**

## Dein Glück

Es gibt unterschiedliche Arten von Glück: kurzfristiges und langfristiges. Das kurze Glück besteht für einen intensiven Augenblick, dann ist es vorbei. Zum Beispiel wenn du etwas besonders gut gemacht hast, wenn du Trampolin springst, auf Reisen oder – die stärkste Form von kurzem Glück – beim Sex. Sex entfesselt eine Menge Emotionen und ruft Genuss und Glück hervor.

Langfristiges Glück spürst du hingegen, wenn du dich bedeutsam fühlst oder etwas Wichtiges tust, wenn du gute Freunde und stabile Beziehungen hast. Dauerhaftes Glück empfindest du, wenn du gelassen umgehen kannst mit schwierigen

Situationen, unvorhergesehenen Problemen und schmerzhaften Erfahrungen.

**Bist du eher auf kurzfristiges Glück aus? Oder arbeitest du parallel daran, langfristig glücklich zu sein? Wie kannst du nach beidem streben – Glück und Zufriedenheit?**

Glück und Zufriedenheit beginnen in dir selbst. Um Freude an anderen zu genießen, musst du dich über dich selbst freuen können. Um jemand aus tiefstem Herzen zu lieben, musst du dich selbst lieben.

Manchmal scheint es so, als sei es nur wenigen, mutigen Menschen vorbehalten, glücklich zu sein, während andere kein Talent dafür haben. Das ist vollkommen falsch. Alle Menschen sind per se in der Lage, ihr individuelles Glück zu finden. Das Problem ist, dass viele sich selbst begrenzen und es nicht wagen, Großes von sich zu erwarten. Lebenslang gehen sie eher vom Scheitern aus als vom Gelingen, aber …

*Wenn es unmöglich wäre zu scheitern und nur möglich, dass einem alles gelingt, was würdest du dann tun?*

Diese Frage entfacht gewöhnlich ein Leuchten in den Augen der Menschen, denen ich sie stelle. Denn ohne die Angst vor dem Scheitern kann man seinen Träumen freien Lauf lassen. Und da sie diese Perspektive für irreal halten, lassen sie plötzlich Gedanken zu, die ansonsten unterdrückt bleiben. Aber nichts ist unmöglich!

Jeder erwachsene Mensch trägt die Verantwortung für sein eigenes Leben. Wie lebendig du deine Tage gestaltest, hängt von dir ab. Wie eng deine Beziehungen sind, liegt in deiner Hand. Du bestimmst, wie du mit deinen Ängsten umgehst, deine Wünsche zum Ausdruck bringst und deine Träume wahr werden lässt. Wie du lebst, wirkst, arbeitest, liebst, spielst, kommunizierst und anderen begegnest – das alles steht in deiner Macht. Die Kraft dazu hast du. Nutze sie.

# Literatur

**Dellner, Anja:** *Kulturdimensionen: Das Fünf-Dimensionen-Modell von Geert Hofstede*, Grin Verlag 2013

**Dyregrov, Atle:** *Grief in Children. A Handbook for Adults*, Second Edition, Jessica Kingsley Publishers Ltd 2008

**Ekenberg, Johan:** *Kroppsläsning* (Körpersprache), ICA Bokförlag 2007

**James, John W. & Friedman, Russell:** *The Grief Recovery Handbook. The Action Program for Moving Beyond Death, Divorce, and Other Losses*, 20th Anniversary Expanded Edition, Harper Perennial 2009

**Gummesson, Elizabeth:** *Mir reicht's! So befreist du dich aus Perfektionismus und Burnout*, Beltz Verlag 2012

**Gummesson, Elizabeth:** *Svartsjukakuten* (Eifersucht), Forum 2010

**Hofstede, Geert:** *Culture's Consequences. Comparing Values, Behaviors, Institutions and Organizations Across Nations*, Sage Publications 2003

**Kashtan, Inbal:** *Von Herzen Eltern sein. Die Geschenke des Mitgefühls, der Verbindung und der Wahlfreiheit miteinander teilen. Gewaltfreie Kommunikation: Die Ideen und ihre Anwendung*, Junfermann 2005

**Klein, Shari & Gibson, Neill:** *Was macht dich wütend? Zehn Schritte zur Transformation von Wut, durch die alle gewinnen können. Gewaltfreie Kommunikation - Grundlagen und Praxis*, Junfermann 2004

**Pausch, Randy:** *Last Lecture. Die Lehren meines Lebens*, Goldmann 2009

**Renander, Bengt:** *Konsten att lyssna* (Die Kunst zuzuhören), Kreativitetsutveckling 2010

**Roos, Ingalill:** *Energitjuvar* (Energiefresser), Forum 2006

**Rosenberg, Marshall B.:** *Das können wir klären! Wie man Konflikte friedlich und wirksam lösen kann*, Junfermann 2013; *Gewaltfreie Kommunikation. Eine Sprache des Lebens*, Junfermann 2012

**Skorwronska, Martina:** *Kärleksretorik* (Die Rhetorik der Liebe), ICA Bokförlag 2009

**Stalfelt, Pernilla:** *Und was kommt dann? Das Kinderbuch vom Tod*, Moritz Verlag 2013

**Walsch, Neale Donald:** *Gespräche mit Gott*, vollständige Ausgabe, Arkana Verlag 2009

# Dank

Mein Dank gilt meiner fantastischen Herausgeberin Karin Linge Nordh und der kompetenten und sorgfältigen Lektorin Marie Age – ihr seid unschätzbar gewesen für das Konzept des Buches, seine Sprache und hattet immer den Blick fürs Ganze und fürs Detail.

Auch vielen Dank an euch andere Kollegen vom Bokförlaget Forum: Anna Käll, Sara Lindegren, Isabella Falkowska.

Weiteren Dank an die Grand Agency, besonders an Lena Stjernström, und an meine Umschlagprofis Elisabeth Ohlson Wallin, Minna Wallin, Robert und Ann Sköld Wiklund.

Ich danke all den wunderbaren Menschen, die mir gemailt, geschrieben, mich angerufen, für Interviews zur Verfügung gestanden und meine Fragen beantwortet haben, die meine Ideen ausprobiert, sich mir geöffnet und von ihrem Lebensweg erzählt haben. Ihr seid mutig und einmalig und habt eine große Bedeutung für mich und dieses Buch.

Dank an meine heißgeliebten, wunderschönen, einzigartigen Töchter Emelie, Alexandra und Bianca! Vielen Dank, ihr lieben Trolle, dass ihr mich ausgehalten habt – mit Laptop auf den Knien: »Warte, warte kurz, ich muss nur eben diesen Satz zu Ende schreiben!« Danke für euer liebevolles Nachfragen, wie es mir geht und »Wie viele Seiten musst du denn noch schreiben, Mama?«. Emelie hat den Text gelesen und ihre Meinung dazu gesagt, Alexandra hat mir bei der Auswahl der Klamotten für das Covershooting geholfen und Bianca hat ein eigenes Buch geschrieben, Zettel aneinandergetackert und gesagt: »Jetzt sind wir beide Schriftstellerinnen, Mama!« Ihr seid das Beste, was es gibt auf der Welt!